DANGDAI ZHONGGUOREN DE SHEHUI GUANXI
FAZHAN YU XIETIAO JIZHI

当代中国人的社会关系
发展与协调机制

刘小龙 著

知识产权出版社
全国百佳图书出版单位

图书在版编目（CIP）数据

当代中国人的社会关系发展与协调机制 / 刘小龙著 .—北京：知识产权出版社，2019.5
ISBN 978-7-5130-6235-0

Ⅰ . ①当… Ⅱ . ①刘… Ⅲ . ①社会关系—研究—中国—现代 Ⅳ . ① D66

中国版本图书馆 CIP 数据核字 (2019) 第 081897 号

内容提要

本书从人的发展基本向度的视野来审视人的社会关系发展，对当代中国人的社会关系发展所呈现出来的整体图景、发展动态和问题进行了深入的探讨，在此基础上提出协调人的社会关系发展的机制，从而力图从理论与实践的双重维度推动学术的发展创新，构建当代中国人的社会关系发展及其协调机制。

责任编辑：安耀东　　**责任印制**：孙婷婷

当代中国人的社会关系发展与协调机制

DANGDAI ZHONGGUOREN DE SHEHUI GUANXI FAZHAN YU XIETIAO JIZHI

刘小龙　著

出版发行：知识产权出版社有限责任公司
网　　址：http://www.ipph.cn
http://www.laichushu.com
电　　话：010–82004826
社　　址：北京市海淀区气象路 50 号院
邮　　编：100081
责编电话：010–82000860 转 8534
责编邮箱：anyaodong@cnipr.com
发行电话：010–82000860 转 8101
发行传真：010–82000893
印　　刷：北京九州迅驰传媒文化有限公司
经　　销：各大网上书店、新华书店及相关专业书店
开　　本：720mm × 1000mm　1/16
印　　张：12.75
版　　次：2019 年 5 月第 1 版
印　　次：2019 年 5 月第 1 次印刷
字　　数：200 千字
定　　价：65.00 元

ISBN 978-7-5130-6235-0

C O N T E N T S 目录

第一章　社会关系的理论视域与中国语境

社会关系是构成人的本质属性、体现人的发展境况的重要维度。只要有人类社会的历史存在，人的社会关系就会不断发展并发挥作用，并且随着社会历史的变迁，人的社会关系也会表现出鲜明的历史性和时代性。“把人的世界和人的一切关系还给人自己”，建构和协调人的社会关系，实现人对社会关系的全面占有和自觉控制，乃是马克思主义追求人类解放和发展的最终目标。

一、现代社会与人的社会关系命题的凸显

现代社会，人的发展问题越来越成为一个焦点，这既与人类社会现代化过程中所引发的一系列关于人与人、人与社会、人与自然之间关系的矛盾与冲突紧密相联，又与现代社会中人的生存与发展需要密不可分。现代社会不仅带来了物理空间的不断扩展，而且构建了一个日益广泛和复杂的社会交往空间，构成人的社会关系发展的基本语境。“广义的现代化主要指自工业革命以来现代生产力导致社会生产方式的大变革，引起世界经济加速发展和社会适应性变化的大趋势；狭义的现代化主要是指第三世界落后国家采取适合自己的高效率途径，通过有计划的经济技术改造和学习世界先进，带动广泛的社会改革，以迅速赶上先进工业国和适应世界环境的发展过程。”[1]在这个过程中，人的社会关系也发生了革命性的变化。如现代生产方式带来了新的生产和分配关系；信息化发展导致了交往的间接化、虚拟化和全球化；现代人主体意识的觉醒剥离了人对人的相对依附性；

[1] 罗荣渠．现代化新论 [M]. 北京：北京大学出版社，1993：16–17.

人类实践活动能力的增强导致了人与自然的割裂与对立，等等。

现代社会人的社会关系嬗变的实践发展，推动了关于社会关系问题研究的理论热潮。社会关系问题的研究在哲学、社会学、政治学领域都已形成一定规模，在当代更是成为一个引人注目的焦点，有学者称之为“交往学转向”[1]。社会关系研究的兴起，就西方而言，是由于在理论层面上发生于思辩哲学和意识哲学等传统哲学的内在缺憾与危机；在实践层面上则发轫于对西方文明与生存危机的超越与反思。就我国而言，是由于“一方面在于试图向马克思唯物史观本质内容的回归，深化对马克思哲学核心范畴——实践范畴的理解，另一方面则基于社会发展的实践关切即对社会转型和现代化进程中交往模式的期待、设计与建构”[2]。

在西方，关于社会关系的研究自古就有，在柏拉图的《理想国》和亚里士多德的《政治学》中就有对于古代城邦社会关系的构想与阐述。在德国古典哲学中，康德批判哲学中的“理性自我—感性自我”，费希特哲学中的“自我—非我”，黑格尔哲学中的“自我—他人”，费尔巴哈人本唯物主义中的“我—你”等关系理论都对这一问题做了研究。但是直到马克思主义理论的出现，“社会关系”这一范畴成为唯物史观的基础范畴，才打开了社会关系研究的新篇章。此后，西方又有一批哲学社会理论家从事涉及社会关系问题的研究，取得了不少新的重要进展。大体说来有两条路线：一条是通过韦伯对马克思部分观点的汲取与改造，提出了合理化理论，并通过卢卡奇把马克思的异化理论与韦伯的合理化理论相结合，逐渐形成了西方马克思主义的以“物化”为主题的合理化理论，并发展成霍克海默、阿多诺、马尔库塞等以工具理性批判为核心的“批判理论”；另一条是米德“符号互动”交往理论和迪尔凯姆“有机团结”社会理论，以及后来的帕森斯的社会系统论和结构功能主义，关注人类语言符号、伦理道德、文化价值观念等在人的社会关系中的基础作用，探索比物质生产活动更广泛的社会和人的联系和整合方式。当代著名社会理论家哈贝马斯的“交往行动理论”和吉登斯的“结构二重性”理论，则是在此基础上，分别进行了全面的整理和深入的分析，又密切关

---

[1] 姚纪纲．交往的世界 [M]. 北京：人民出版社，2002：186.

[2] 王晓东．交往理论研究中的若干问题 [J]. 求是学刊，2000（3）.

注当代社会发展趋势，批判借鉴最新学术成果，从而成为最有影响力的理论成果，对当代西方社会关系研究的发展产生了重要的影响。

哈贝马斯以马克思主义理论为重要的理论资源，以交往概念为切入点，对马克思的历史唯物主义进行了批判与重建。他以交往理性为基点、以系统和生活世界的二元分裂为框架，通过主体间的合理交往消解工具理性的异化，由此构建了自己的交往行为理论。他将合法化危机的解决寄希望于理性沟通，并为人类未来勾勒了一幅世界公民社会的美好蓝图。之后，霍耐特延续着哈贝马斯的理路，继续为社会关系重构规范。他用米德的社会心理学改造了黑格尔的理论，创造出承认理论，在三种承认形式——爱、法律和团结的基础上，展开了一种规范社会的构想，为社会关系研究提供了新的生长点。西方马克思主义的社会关系理论从技术之维、道德之维、法律之维切入，从根本上来说都是对人的交往行为规范的分析，而抛弃其背后的深层的物质动因，由此决定了其理论的乌托邦性质。

吉登斯的结构化理论也是直接从马克思实践观里面寻找智慧。他从开放的、互动的、实践的角度来解释人与社会，其目的是为了克服和超越个体与社会、主体与客体、宏观与微观的二元对立，最终走向融合。他的理论旨在瓦解“正统共识”社会理论中客观主义与主观主义、整体论与个体论、决定论与唯意志论之间的二元对立，用结构的二重性去说明个人与社会、人的主观能动和社会结构的客观制约性之间的互动关联。在之后对现代性的反思当中，吉登斯从时空角度对现代社会关系的特性和控制规则进行了进一步研究。在这方面，贝克和鲍曼与吉登斯有着视野的交汇点。他们都关注个体在现代社会中的生存境遇，把人置于广阔的社会联系中进行观察和分析。贝克从风险社会的视角判断出全球范围内相互依存进程的速度、强度和意义与日俱增，把人的发展困境与社会的发展问题联系起来。鲍曼则站在后现代主义的立场上对人的存在方式、思维方式、行为方式进行了分析与解读，特别是对现代社会发展危机给现代人所造成的灾难性后果进行了阐述，虽然他的解读比较悲观，但是对于我们探讨现代人的社会关系发展以及发展中的风险问题有重要的借鉴价值。

我国学者对社会关系的专门化研究还不多见，过去探讨的内容和重点都是围绕旧的马克思主义哲学体系框架，主要论证社会发展基本矛盾和社会主义制度的优越性，因此，从理论创新上乏善可陈。正如有学者指出的，以往的历史唯物主义研究只提物质资料生产对人类社会发展的决定作用，而较少关注现实的“物质的生活关系”，特别是其实际内容和发展变化。[1]社会关系的实质内涵，在唯物史观中的地位和在社会历史发展当中的真实作用及其作用的机制等重要问题，往往被唯物主义基础——物质资料生产的光辉掩盖。然而，这一问题的重要性并不会因为人们的忽视或偏置而淡化。在近些年“回到马克思”或“发现马克思”研究和讨论中，涌现出对马克思哲学的多种解读，分别对马克思哲学中的“人”“实践”“社会”“社会关系”等重要但以往关注较少的概念进行了较深入的研究。随着社会发展大量新问题、新现象的产生和马克思主义学界内在问题的逐渐深入发展，近来一些学者已经意识到这一缺环并开始关注起这方面的研究。

总体来看，国内学者对社会关系理论的研究，除了社会科学的探索，主要是哲学研究的理路，大都是从人的历史发展与社会的互动关系出发进行认识的，而且一般都沿袭了马克思的“三种基本形态”的观点。

第一是当代哲学的“关系实在论”主张。这就是由中国社会科学院哲学研究所罗嘉昌教授倡导的“关系实在论”。所谓“关系实在论”，“是主张关系是实在，实在即关系，关系先于关系者，关系者和关系可随透视方式而相互转化的一种哲学观点和理论。它期望通过‘关系’和‘实在’的相互诠释达到对存有的辩证理解，而破除形而上学的绝对实有观。”[2]从关系实在论的视角来看，人和世界是处于多重的整体关系中，即构成多种关系性的整体。这些关系性整体之间是否具有相互关联的可能性，决定了人和世界之间是否可以形成多中心的整体。

第二是对西方哲学“非实体主义”的反思。许多学者从西方哲学“实体”概念的内涵及演变过程作了梳理，从中得出的比较一致的看法是，西方哲学所理解的“实体”概念是一种形而上学的本体概念，而以“实体”为本体即实体主义的

---

[1] 吴晓明．“理性的法”和“私人利益”[J]. 复旦学报，1994（5）.

[2] 罗嘉昌，张昌盛．视角变换中的世界的显现：从关系实在论到关系整体论 [J]. 天津社会科学，2010（6）.

做法就是西方哲学的传统思想。它发端于亚里士多德的规定，即实体就是固定不变的作为其他东西的主体，基础、原因、本质并先于其他东西而独立自存的东西。因此，有必要进行“非实体主义转向”，对哲学及其内在问题进行重新认识。“非实体主义转向”，是罗嘉昌在倡导关系实在论时提出的一个主张，广义上指的是当代一些西方哲学理论采取场域的或关系的思维方式，对传统实体本体论的解构。在他看来，与西方哲学出现过的“认识论转向”“语言的转向”不同，“非实体主义转向”作为一个存有论的口号，是在东西方哲学比较的背景下，伴随着形而上学和本体论的复兴而提出来。孙伯鍨、张一兵等在肯定生产概念在马克思历史唯物主义中的基础性作用和意义的前提下，认为社会关系是马克思研究的又一个主题。马克思所讲的生产内涵着生产关系，他所创立的历史唯物论和历史辩证法的原则就在于，无论是客体还是主体，物质还是观念，只有将其真实地置于特定的社会历史和具体的社会关系中，才有可能科学地加以把握，从而突出了社会关系在马克思历史唯物主义中的方法论意义。[1]

第三是对马克思文本“关系本体论”解读。张一兵与孙伯鍨、陈胜云等人，从马克思在《关于费尔巴哈的提纲》中“实践”逻辑过渡到《德意志意识形态》中的“物质生产”的角度，对社会关系范畴在马克思主义哲学中的地位和意义做了进一步的分析。他们在肯定生产概念在马克思历史唯物主义中的基础性作用和意义的前提下，认为社会关系是马克思研究的又一个主题。仰海峰和青锋从另外角度从正面明确了社会关系范畴在马克思主义中的重要地位和意义。俞吾金教授则从本体论角度，在近几年明确提出“马克思哲学是社会生产关系本体论”，对社会关系在马克思哲学中的重要性给予了定位。

当下对社会关系问题的探讨已经不再像过去所探讨的那样，仅仅局限于在教科书式马克思主义研究框架，而是既具有当代社会发展的高度，又有西方哲学发展反思的广度和马克思哲学文本解读的深度，其实质都是旨在理清马克思哲学中“社会关系”概念的内涵及其演发的问题。这对于回到或发现马克思的真实蕴意

[1] 孙伯鍨，张一兵，陈胜云．从“实践”转向“物质生产”的逻辑过渡——试析社会关系范畴在马克思主义哲学中的地位和意义 [J]. 江苏社会科学，1997（1）.

无疑有着重要的理论和实践的意义。然而，我们也看到，对马克思哲学社会关系问题的研究与其说已经成为一种理论，还不如更准确地说尚只是一个趋势。其内在的原因就在于，虽然各学者从不同角度对社会关系在马克思哲学思想中的重要性作了程度不同的指认，并对由此引发的更广而深的问题进行了批判式的分析。但这种指认、批判和分析，在广度和深度上还是有限的，对诸如马克思思想的社会关系所指是什么，它涵盖了哪些方面，其实质是什么，在社会历史当中发挥了怎样的作用，以及譬如在马克思思想中应当如何予其定位等更深层次问题均尚未有更全面、系统而深入的整理。

从根本上来说，理论的关切源于实践发展提出的课题，社会关系研究的理论热潮源于当代中国社会关系实践的发展。在中国的现代化进程中，经济市场化、政治民主化、科技信息化、社会多样化等发展特征和趋势引起了人的社会关系的一系列变化，传统社会关系从性质到形态都发生了重大转变，其中具有促进人的全面性和现代化的积极因素，也同时带来了一系列问题。旧的关系淡化甚至消失，新的关系出现或者凸显，在新旧关系的转换中人会发生适应性问题，建立在旧的社会关系基础之上的一系列价值观念和行为规范以及人的发展模式，都受到了严重的冲击；现代社会关系的多层次、多变化使一些人产生认同危机和协调性困难；科技理性造成人与人之间的交往方式异化和扭曲，人的现实交往困境成为一个日益紧迫的问题。从理论上来说，人的社会关系发展研究既丰富了马克思主义的理论内涵，又丰富了马克思主义的时代内涵。通过对社会关系理论的系统发掘、梳理和阐释，对于马克思主义科学理论体系的丰富和完整是有必要的；通过对中国现代化进程这一现实语境下的社会关系发展考察，以及在一定程度上与当代西方相关理论进行批判性对话，对于弘扬马克思主义理论的当代价值是有益的。从实践上来说，开展社会关系的研究有较强的现实针对性，能够推动中国现代化进程中人的社会关系的丰富与发展。概括来说，在现代社会条件下，从社会关系的维度深度观照人的发展问题，实现社会关系由现代冲突走向现代和谐，从根本上变革和改善人的发展境遇，是一个值得深入探讨的时代性课题。

二、作为人的发展基本向度的社会关系

“社会关系”是马克思主义理论的一个基本范畴。从理论上讲，人类从事的一切生产活动，无论是物质生产、精神生产还是人类自身的生产及其取得的文明成果，都是在一定的社会关系中得以展开和获得的。从现实性上讲，社会关系贯穿于人类社会发展的始终，反映在社会生活的各个领域和各个方面。然而，在马克思看来，人的社会关系发展不仅是一种由生产力结构推动的社会事实，更蕴含着人的发展这一价值维度。因此，着眼于社会关系及其历史转换来考察人的发展问题，既是马克思主义关于人的研究的独特贡献和基本要求，也是现代社会条件下适应时代发展、培养和造就全面发展的人的现实旨归。

（一）关于马克思社会关系理论的不同视角

（1）作为人的本质的社会关系。社会性是人的本质属性，这是马克思主义对于人的基本判断，也是马克思主义人的研究的重大贡献。马克思主义哲学把抽象的“人”还原到现实中的“人”，从而深刻揭示了人的社会性本质。“人不是抽象的蛰居于世界之外的存在物。人就是人的世界，就是国家，社会。”[1]因而“人的本质不是单个人所固有的抽象物，在其现实性上，它是一切社会关系的总和”[2]。在这里，马克思正是以社会关系作为着眼点来阐释人的本质的。“人的本质是人的真正的社会联系，人在积极实现自己的本质的过程中创造、生产人的社会联系、社会本质。”[3]在马克思看来，人是社会关系之中的人，不同的社会关系造就了人的不同规定性，造就了每个人与他人的根本区别。人的社会属性决定人的自然属性，“只有在社会中，自然界才表现为他自己的属人的存在的基础。只有在社会中，人的自然的存在才成为人的属人的存在”。[4]

（2）作为人的生活场域的社会关系。处于具体的历史的社会之中的人是唯

---

❶ 马克思，恩格斯 . 马克思恩格斯文集：第 1 卷 [M]. 北京：人民出版社，2009：3.

❷ 马克思，恩格斯 . 马克思恩格斯文集：第 1 卷 [M]. 北京：人民出版社，2009：531.

❸ 马克思，恩格斯 . 马克思恩格斯全集：第 42 卷 [M]. 北京：人民出版社，1979：24.

❹ 马克思，恩格斯 . 马克思恩格斯全集：第 42 卷 [M]. 北京：人民出版社，1979：24.

物史观的逻辑起点。如果说实践是人的存在方式，那么，社会关系就构成了人的“生活场域”。换言之，社会关系的总和构成一种“总体性效果”，一种具有整体性的生存系统，它构成了人的生活的具体历史境况。人以实践作为自己的存在方式和活动方式，以社会关系总和所构成的“生活场域”作为自己的存在环境和活动条件。马克思在《〈政治经济学批判〉序言》中说：“人们在自己生活的社会生产中发生一定的、必然的、不以他们的意志为转移的关系，即同他们的物质生产力的一定发展阶段相适合的生产关系。这些关系的总和构成社会的经济结构，即有法律和政治的上层建筑竖立其上并有一定的社会意识形式与之相适应的现实基础。”❶这就阐明了在一定的物质生产基础上通过交往活动产生的社会关系构成了人类社会，构成了人们生活的现实基础。将人以及人类生活实践基础上形成各种对象性存在都置于社会关系之中并以社会关系的逻辑来加以考察，是历史唯物主义的基本特征和深刻之处。

（3）作为人的发展尺度的社会关系。人是社会中的人，人的存在是处于一定社会关系中的存在，那么社会关系就不仅仅作为人的一种存在坐标而存在，而应与人的发展有直接的和本质性的关联。首先，人的发展程度和发展状况，只有将其真实地置于特定的社会历史和具体的社会关系中，才有可能科学地加以把握。“既然人天生就是社会的生物，那他就只有在社会中才能发展自己的真正的天性，而对于他的天性的力量的判断，也不应当以单个个人的力量为准绳，而应当以整个社会的力量为准绳。”❷其次，人的发展程度和发展状况，从根本上决定于社会关系的发展状况。“社会关系实际上决定着一个人能够发展到什么程度。”❸不合理的社会关系造成人的片面发展和对抗，充分和谐的社会关系才能实现人的全面发展。

（二）社会关系的发展是人的发展的基本向度

在马克思那里，人的发展的最终目标是人的全面发展，是“通过人并且为了

❶ 马克思，恩格斯．马克思恩格斯选集：第 2 卷 [M]. 北京：人民出版社，1995：32.

❷ 马克思，恩格斯．马克思恩格斯全集：第 2 卷 [M]. 北京：人民出版社，1960：167.

❸ 马克思，恩格斯．马克思恩格斯全集：第 2 卷 [M]. 北京：人民出版社，1960：295.

人而对人的本质的真正占有”[1]。如上所述，社会性是人的本质属性，而社会关系的发展是对人的社会性本质的占有和体现，因此社会关系的发展作为人的发展的一个基本向度，是有理论依据和现实意义的。

1. 对社会关系的全面占有是人的发展的目的本身

学术界大部分将社会关系的发展仅仅理解为人的发展的途径或者表征，而实际上，“个人的全面性不是想象的或设想的全面性，而是他的现实联系和观念联系的全面性。”[2]马克思这句话的内涵是：人的发展不是抽象的发展而是现实的发展，社会关系的发展并不是作为途径或手段处在人的发展目标的相对面和较低层次，不是由此岸通向彼岸的交通工具，而是作为与人的发展相同一的目的本身而存在。“社会关系作为人的本质存在和实现形式，实际上包含了与人的发展相联系的一切现存的、历史的、社会的条件和关系，人的发展就其实质而言就是对作为人的本质的社会关系的充分实现和全面占有的过程。”[3]

第一，人的发展目标的提出缘起于社会关系的矛盾和对抗。马克思提出人的全面发展，不是一种脱离社会现实的抽象人道主义的“超验”设定，而是针对以往社会发展过程中、特别是资本主义社会普遍存在的社会关系的对抗性，以及由于这种对抗性关系作为某种外在必然性的强制对人的发展所产生的限制和束缚，从而导致人的异化和片面发展这一现实提出来的。因此，人的全面发展的首要和基本含义就是要改变物化的社会关系，通过变革人与物的关系从根本上解决人与人之间关系上的冲突与对抗。

第二，人的发展的出发点和立足点是处在社会关系之中的现实的个人。“以一定的方式进行生产活动的一定的个人，发生一定的社会关系和政治关系……这里所说的个人不是他们自己或别人想象中的那种个人，而是现实中的个人”[4]。“现实的个人”是马克思全部人的学说的理论起点。人的现实性就是其社会性，

[1] 马克思，恩格斯．马克思恩格斯全集：第 2 卷 [M]. 北京：人民出版社，1979：120.

[2] 马克思，恩格斯．马克思恩格斯全集：第 30 卷 [M]. 北京：人民出版社，1995：541.

[3] 周志山．马克思人的全面发展学说的社会关系解释模式 [J]. 学习与探索，2005（1）.

[4] 马克思，恩格斯．马克思恩格斯文集：第 1 卷 [M]. 北京：人民出版社，2009：524.

人的发展必须是立足于社会关系之中，并通过变更、改造社会关系实现的发展，因此社会关系之于人的发展具有本源性意义。

第三，人的发展的根本任务是社会关系的自觉占有和全面协调。马克思认为，人在历史上的“任何一种解放都是把人的世界和人的关系还给人自己”❶，人越能够真正全面地占有其社会关系，就越能突破外物、他人、地域和民族狭隘性的限制，在广泛的社会交往中不断扩大社会实践活动，提高个人的职能和能力，并形成鲜明的个性。因此，马克思在对黑格尔法哲学进行批判的时候也提出“人是人的最高本质”，提出“必须推翻那些使人成为被侮辱、被奴役、被遗弃和被蔑视的一切关系”的“绝对命令”❷，人的发展的根本任务和宗旨就是实现人们对社会关系的自觉占有、全面协调和共同控制。

2. 社会关系的发展程度决定人的发展程度

正是从人与社会关系的现实互动角度出发，马克思做出了新的、成熟的关于人的发展样态的划分，即人的依赖关系、物的依赖性为基础的人的独立性和人的全面自由发展：“人的依赖关系（起初完全是自然发生的），是最初的社会形式，在这种形式下，人的生产能力只是在狭小的范围内和孤立的地点上发展着。以物的依赖性为基础的人的独立性，是第二大形式，在这种形式下，才形成普遍的社会物质交换、全面的关系、多方面的需要以及全面的能力的体系。建立在个人全面发展和他们共同的、社会的生产能力成为从属于他们的社会财富这一基础上的自由个性，是第三阶段。第二个阶段为第三个阶段创造条件。”❸这段话深刻揭示了人的发展不是抽象的浪漫主义的主观想象，而是一个现实的历史过程。历史性和现实性就来源于各种不同的社会关系构成的社会基础。马克思实际上指出了社会关系发展与人的发展的内在关联性。

从人类发展的历史过程来看，社会关系的发展程度决定了人的发展程度。在最初的社会形态中，人的依赖关系占统治地位，表现为以自然血缘关系和统治服

❶ 马克思，恩格斯 . 马克思恩格斯全集：第 1 卷 [M]. 北京：人民出版社，1956：443.

❷ 马克思，恩格斯 . 马克思恩格斯文集：第 1 卷 [M]. 北京：人民出版社，2009：27.

❸ 马克思，恩格斯 . 马克思恩格斯全集：第 30 卷 [M]. 北京：人民出版社，1995：107-108.

从关系为基础的地方性联系。“人们在物质生活生产过程内部的关系，即他们彼此之间以及他们同自然之间的关系是很狭隘的”[1]，“家庭起初是唯一的社会关系”[2]，人处于这个时期，“或者以个人尚未成熟，尚未脱离同其他人的自然血缘联系的脐带为基础，或者以直接的统治和服从关系为基础”[3]。在这种条件下，人的活动既受到族群的约束，又受到地域的限制；既缺乏自主活动的能力，也缺乏独立自主的意识。很显然，在这样的社会形态中，“无论是个人还是社会，都不能想象会有自由而充分的发展，因为这样的发展是同原始关系相矛盾的。”[4]进入资本主义社会后，以物的依赖性为基础的人的独立性取代了人的依赖关系占据统治地位。一方面，人与人之间通过商品交换，产生出社会关系的普遍性和独立性，从而突破了狭隘的血缘、地域界限，人的活动和能力得到了前所未有的发展；另一方面，社会化大生产又使人的这种发展呈现出片面化、畸形化的特征，“这种普遍交换，他们的相互联系，表现为对他们本身来说是异己的、无关的东西，表现为一种物。在交换价值上，人的社会关系转化为物的社会关系；人的能力转化物的能力。”[5]总而言之，个人得到了比从前更大的发展空间和更多的发展机遇，但是这一切都是以人对“物”的依赖为基础的，因而，人只是在一种片面意义上发展了自身。

物化的社会关系造成了人的片面发展，同时也对人的全面发展提出了要求、提供了条件。共产主义取代资本主义，成为资本主义之后的更高阶段，其使命就在于：把孤立的、片面的、空虚的人变成联系的、全面的、丰富的人，人们将在自觉、全面、丰富的社会关系中获得全面自由的发展。共产主义“推翻了一切旧的生产和交往的关系的基础，并且破天荒第一次自觉地把一切自发产生的前提看作是先前世世代代的创造，消除这些前提的自发性，使它们受联合起来的个人的

[1] 马克思，恩格斯．马克思恩格斯全集：第 23 卷 [M]. 北京：人民出版社，1979：96.

[2] 马克思，恩格斯．马克思恩格斯全集：第 3 卷 [M]. 北京：人民出版社，1960：32.

[3] 马克思，恩格斯．马克思恩格斯全集：第 23 卷 [M]. 北京：人民出版社，1979：96.

[4] 马克思，恩格斯．马克思恩格斯全集：第 30 卷 [M]. 北京：人民出版社，1995：479.

[5] 马克思，恩格斯．马克思恩格斯全集：第 30 卷 [M]. 北京：人民出版社，1995：107.

支配。”[1]“代替那存在着阶级和阶级对立的资产阶级旧社会的，将是这样一个联合体，在那里，每个人的自由发展是一切人的自由发展的条件”。[2]也只有进入到社会关系全面、丰富的历史阶段，以及人们能够对各种社会关系进行自由自觉地掌控、支配的时候，人的全面自由发展才能为可能。

3. 人的发展通过社会关系的发展显示出来

社会关系的发展程度决定了人的发展程度，同时又成为体现人的发展程度的现实形式。人的发展，无论是人活动、职能、能力、需要的发展，还是人的个性的自由发展，抑或是人的社会关系的发展，都不是脱离对象的“自我”发展，也不是脱离现实生活的抽象发展，因而无法通过人的“自我确证”来获得和衡量。马克思主义从人的实践活动来理解人的本质和发展，将人的发展放在人类改造客观世界和改造主观世界的历史进程中探究和考察，这就为人的发展寻找到了科学的前提和现实的准则。人的实践活动，是主观见诸客观的过程，是人同自然、他人、社会以及自我之间的矛盾运动过程，从来都是社会性的过程，因此，人的发展程度和发展特征，正是通过人同自然、他人、社会的既有创造性又有依赖性的矛盾关系表现出来的。不仅仅通过个人与个人的关系表现出来，也通过个人与群体、群体与群体之间的关系表现出来；不仅仅通过物质生产关系表现出来，也通过包括政治制度、法律规范、道德伦理、文化艺术等在内的精神生产关系表现出来。总之，不论是人的内在的知识、素质、个性的丰富和完善，还是外在的适应、认识、改造客观世界能力的发展和增强，总会从社会关系的不断创生、丰富和变更中得到体现、获得和巩固。

三、当代中国社会关系发展的制度基础

人的发展总是与一定的社会经济发展水平和社会制度息息相关，从来没有脱离由一定生产方式所限定的抽象的人的发展。马克思在论及社会发展时使用了社会形态演进和人的发展境况两种尺度，也即是说，人的社会关系发展总是与一定

[1] 马克思，恩格斯．马克思恩格斯全集：第3卷[M].北京：人民出版社，1960：79.

[2] 马克思，恩格斯．马克思恩格斯文集：第2卷[M].北京：人民出版社，2009：53.

的生产力发展水平和社会制度直接相关的。无论是从现代化的视角来看，还是人的发展所处的现实语境来看，中国特色社会主义构成了人的社会关系发展的制度基础和现实语境。把握人的社会关系嬗变轨迹需要对中国特色社会主义有准确的认识。事实上，在全球处于大发展大变革大调整的时代背景下，未来中国“举什么旗、走什么样的路”成为国内外关注的焦点问题，因为道路和制度的选择不仅决定了整个国家的发展水平，也限定了人的社会关系发展的境况。党的十八大以来，党中央给出了明确答案：中国“既不走封闭僵化的老路、也不走改旗易帜的邪路”，中国将坚定不移地走中国特色社会主义道路，并向国内外发出了坚定“道路自信”“理论自信”“制度自信”“文化自信”的宣言。

1. 中国特色社会主义的内涵与本质

自 2004 年乔舒亚·库珀·雷默题为“北京共识：提供新模式”的论文发表之后，关于中国特色社会主义内涵与性质就在学界、政界争论不休，代表性的观点主要有：一是理解为中国立足中国国情、结合时代特点，通过改革开放创造的“社会主义制度 + 市场经济”的中国特色社会主义。二是将中国特色社会主义的政治、经济、文化领域分开来看，认为中国道路是“经济自由主义 + 政治专制主义”或者“经济市场主义、政治保守主义”甚至“经济资本主义、政治封建主义”，是“用资本主义手段实现社会主义目标”，将其本质理解为“中国特色的资本主义”或者“中国特色的新自由主义”。三是“实用主义”论。把中国特色社会主义理解为“吸取共产主义和资本主义父母长处的”的“混血儿”，形成了淡化或者回避意识形态，以“艰苦努力、主动创新和大胆实验”“坚决捍卫国家主权和利益”“循序渐进、积聚能量”为特征的“北京共识”，是“东亚模式”的延续。总的来看，国内外学者关于中国特色社会主义的研究既有真知灼见，也不乏误读歪曲；既有真心赞美，也有故意夸大。这种认识上、态度上的差异既有理论观点和研究方法的差异，也有根本利益、价值立场和意识形态的影响，甚至不乏“捧杀”和“否定”、强化“中国责任”等现实政治诉求。

党的十八大以来，我们对中国特色社会主义的认识和理解不断发展，逐渐从道路、理论、制度和文化四位一体的整体性视角来揭示中国特色社会主义的内涵：

“改革开放以来，我们取得一切成绩和进步的根本原因，归结起来就是：开辟了中国特色社会主义道路，形成了中国特色社会主义理论体系，确立了中国特色社会主义制度，发展了中国特色社会主义文化。”要求“全党同志要倍加珍惜、长期坚持和不断发展党历经艰辛开创的这条道路、这个理论体系、这个制度、这个文化，高举中国特色社会主义伟大旗帜，坚定道路自信、理论自信、制度自信、文化自信。”❶

习近平新时代中国特色社会主义思想从理论与实践相结合的视角对坚持和发展中国特色社会主义明确 了八个方面：“明确坚持和发展中国特色社会主义，总任务是实现社会主义现代化和中华民族伟大复兴，在全面建成小康社会的基础上，分两步走在本世纪中叶建成富强民主文明和谐美丽的社会主义现代化强国；明确新时代我国社会主要矛盾是人民日益增长的美好生活需要和不平衡不充分的发展之间的矛盾，必须坚持以人民为中心的发展思想，不断促进人的全面发展、全体人民共同富裕；明确中国特色社会主义事业总体布局是‘五位一体’、战略布局是‘四个全面’，强调坚定道路自信、理论自信、制度自信、文化自信；明确全面深化改革总目标是完善和发展中国特色社会主义制度、推进国家治理体系和治理能力现代化；明确全面推进依法治国总目标是建设中国特色社会主义法治体系、建设社会主义法治国家；明确党在新时代的强军目标是建设一支听党指挥、能打胜仗、作风优良的人民军队，把人民军队建设成为世界一流军队；明确中国特色大国外交要推动构建新型国际关系，推动构建人类命运共同体；明确中国特色社会主义最本质的特征是中国共产党领导，中国特色社会主义制度的最大优势是中国共产党领导，党是最高政治领导力量，提出新时代党的建设总要求，突出政治建设在党的建设中的重要地位。”❷

就其根本性质而言，中国特色社会主义是在马克思主义的指导下，体现中国国情和时代特征，中国人民自己创造的坚持和巩固社会主义的发展道理、指导理

---

❶ 本书编写组：十九大党章学习手册 [M]. 北京：人民出版社，2017：5.

❷ 习近平 . 决胜全面建成小康社会，夺取新时代中国特色社会主义伟大胜利——在中国共产党第十九次全国代表大会上的报告 [M]. 北京：人民出版社，2017：19–20.

论、社会制度和文化选择。一方面，中国特色社会主义的根本性质是社会主义的，而不是资本主义的，更不是封建主义的。另一方面，中国特色社会主义的本质是结合中国特色和时代特征的创新发展，而不是对苏联模式的简单照搬和对科学社会主义原则的教条信奉。中国特色社会主义发展道路从发展路径上决定了社会主义本质，中国特色社会主义理论体系从指导理论上坚持和发展了马克思主义，中国特色社会主义制度更是提供了坚实的制度保障。这有力地反驳了一部分人将中国特色社会主义定性为所谓“中国特色资本主义”“国家资本主义”“新自由主义的变种”“背离社会主义制度”“市场社会主义”等谬论，从而为“中国之谜”提交了权威答案。

2. 中国特色社会主义的价值与功能

“道路关乎党的命脉，关乎国家前途、民族命运、人民幸福。”中国特色社会主义，是党领导人民在长期艰苦探索中得出的最宝贵经验，在当今世界和当代中国具有突出的价值和功能。党的十九大报告做出了中国特色社会主义进入新时代的战略判断，从“三个意味着”的宽广视野论述了中国特色社会主义的价值与功能。“中国特色社会主义进入新时代，意味着近代以来久经磨难的中华民族迎来了从站起来、富起来到强起来的伟大飞跃，迎来了实现中华民族伟大复兴的光明前景；意味着科学社会主义在二十一世纪的中国焕发出强大生机活力，在世界上高高举起了中国特色社会主义伟大旗帜；意味着中国特色社会主义道路、理论、制度、文化不断发展，拓展了发展中国家走向现代化的途径，给世界上那些既希望加快发展又希望保持自身独立性的国家和民族提供了全新选择，为解决人类问题贡献了中国智慧和中国方案。”❶

第一，中国特色社会主义实现了现代化的模式创新和路径创新，迎来了实现中华民族伟大复兴的光明前景。

从现代化的视角来看，中国特色社会主义立足于中国国情，体现了中国人民自主探索精神，为中国实现现代化提供了有力的理论指导、坚实的制度保障和正

❶ 习近平．决胜全面建成小康社会，夺取新时代中国特色社会主义伟大胜利——在中国共产党第十九次全国代表大会上的报告[M]. 北京：人民出版社，2017：10.

确的路径选择，在为中国取得现代化建设举世瞩目成就的同时，也为其他发展中国家实现现代化创立了新的模式，丰富了人类现代化的经验。

首先，中国特色社会主义是中国人民艰苦探索得来的最宝贵经验。邓小平深刻指出："社会主义本身是共产主义的初级阶段，而我们中国又处在社会主义的初级阶段就是不发达的阶段。一切都要从这个实际出发，根据这个实际来制定规划。"❶ 把握中国国情有两个基本点：一是我国确立了社会主义制度，是社会主义国家；二是处于社会主义初级阶段，人口多、底子薄，生产力发展水平低。正是基于对中国国情的准确把握，邓小平提出了"贫穷不是社会主义"，"社会主义的本质就是解放生产力、发展生产力、消灭剥削、消除两极分化、实现共同富裕"等重要论断，并把国家的中心工作转到经济建设上来，深入推进改革开放。因而，可以说中国的国情是"中国道路"坚持"一个中心、两个基本点"基本路线的根本出发点，是社会主义市场经济制度形成的根本前提，是"三个有利于"评价标准的现实依据。改革开放四十年的发展经验也证明，中国特色社会主义立足于中国国情，是在人口众多、底子薄的东方大国里实现现代化的最佳途径和宝贵经验。展望未来，中国仍将长期处于社会主义初级阶段，十九大报告指出："必须认识到，我国社会主要矛盾的变化，没有改变我们对我国社会主义所处历史阶段的判断，我国仍处于并将长期处于社会主义初级阶段的基本国情没有变，我国是世界最大发展中国家的国际地位没有变。全党要牢牢把握社会主义初级阶段这个基本国情，牢牢立足社会主义初级阶段这个最大实际，牢牢坚持党的基本路线这个党和国家的生命线、人民的幸福线，领导和团结全国各族人民，以经济建设为中心，坚持四项基本原则，坚持改革开放，自力更生，艰苦创业，为把我国建设成为富强民主文明和谐美丽的社会主义现代化强国而奋斗。"❷ 这一基本国情就决定了我们仍然需要高举中国特色社会主义旗帜，坚持走中国特色社会主义道路。

其次，中国特色社会主义开创了一条具有独特优势的、没有遵循西方模式的

❶ 邓小平．邓小平文选：第 3 卷 [M]. 北京：人民出版社，1993：252.

❷ 习近平．决胜全面建成小康社会，夺取新时代中国特色社会主义伟大胜利——在中国共产党第十九次全国代表大会上的报告 [M]. 北京：人民出版社，2017：12.

落后国家成功的现代化之路。邓小平早就指出：“世界上的问题不可能都用一个模式解决。中国有中国自己的模式，莫桑比克也应该有莫桑比克自己的模式。”❶中国特色社会主义开创了一条既不同于英国、法国等内源性现代化国家的发展道路，也不同于美国、德国这些传导型的现代化国家的发展道路，与日本、韩国、新加坡等“亚洲四小龙”的“学习型”现代化道路以及拉美国家“依附性”的现代化道路也有本质的区别。其突出特点和独特优势主要有：一是在现代化基础上选择社会主义制度作为现代化的制度基础。二是在现代化的目标中注重社会的发展与人的现代化的结合。三是在现代化的路径上选择改革开放作为动力。四是在现代化的环境上注重与资本主义国家的合作竞争。五是在现代化的实现方式上注重渐进性的改革。六是在现代化的保障上注重处理好稳定改革发展三者的关系。

最后，中国特色社会主义的创立和发展给世界现代化发展模式提供了一份新的经验。正如俄罗斯国际问题专家亚历山大·萨利茨基指出的那样：“在某种程度上，正是因为中国，‘现代化’的概念才在全世界普及开来”。“在短短的时间里，中国让现代化具有了最全面和最丰富的形式。这不仅赢得发展中国家，而且还赢得发达国家的尊重，就不用说那些用羡慕的眼光看待中国改革经验的经济过渡国家了。”❷十九大报告也充满自信地指出：“中国特色社会主义道路、理论、制度、文化不断发展，拓展了发展中国家走向现代化的途径，给世界上那些既希望加快发展又希望保持自身独立性的国家和民族提供了全新选择，为解决人类问题贡献了中国智慧和中国方案。”❸

第二，从世界社会主义运动的视角来看，中国特色社会主义开启了社会主义的理论创新和制度创新。

马克思、恩格斯只是为共产主义和社会主义提出了基本的价值原则和根本社会特征，而从来没有将其界定的科学社会主义原则固定为僵化的教条和单一的模

❶ 邓小平．邓小平文选：第3卷[M].北京：人民出版社，1993：261.

❷ 萨利茨基．中国模式的特点恰恰在于没有规定形式——专访俄罗斯国际问题专家[N].参考消息，2009-09-03(1).

❸ 习近平．决胜全面建成小康社会，夺取新时代中国特色社会主义伟大胜利——在中国共产党第十九次全国代表大会上的报告[M].北京：人民出版社，2017：12.

式，而是强调："共产主义对我们来说不是应当确立的状况，不是现实应对与之相适应的理想。我们称为共产主义的是那种消灭现存状况的现实的运动。这个运动的条件是由现有的前提产生的。"❶马克思、恩格斯在1872年《共产党宣言》序言中指出："这些原理的实际运用，正如《宣言》中所说的，随时随地都要以当时的历史条件为转移。"❷

中国特色社会主义建设实践的最宝贵经验，就是在马克思主义与中国国情相结合的基础上，实现了马克思主义的中国化，并以马克思主义中国化的理论成果来指导中国的建设与发展。正如十八大报告指出的那样："中国特色社会主义，既坚持了科学社会主义基本原则，又根据时代条件赋予其鲜明的中国特色。"而这种探索，放在东欧剧变、苏联解体导致世界范围内社会主义处于低潮的历史境遇中考量，更突显了中国特色社会主义对世界社会主义运动的突出价值。东欧剧变、苏联解体之后，西方世界"历史终结论"的声音甚嚣尘上，预言"社会主义和共产主义"已经破产、资本主义意识形态和制度一统天下的思潮红极一时。正如弗雷德里克·詹姆逊极具洞察力地论及的那样，再也没有人严肃认真地考虑可能用什么来取代资本主义了，就好像即使在全球性生态灾难的境况下，自由资本主义也仍然是一个注定存在下去的"实在"。❸

面对社会主义运动处于低潮的时代境遇，邓小平坚定地说："中国只要这样搞下去，旗帜不倒，就会有很大影响"，"只要中国不垮，世界上就有五分之一的人口在坚持社会主义"，❹中国特色社会主义坚持"一个中心两个基本点"，成功地把社会主义制度与市场经济嫁接起来，建立了社会主义市场经济制度和公有制为主体、多种所有制经济共同发展的基本经济制度，以举世瞩目的经济社会发展成就宣告了资本主义意识形态和资本主义制度一统天下预言的破产，也引发了人们对马克思主义理论创新、社会主义制度创新的重新思考和自主实践。

---

❶ 马克思，恩格斯．马克思恩格斯选集：第1卷[M].北京：人民出版社，1995：87.

❷ 马克思，恩格斯．马克思恩格斯文集：第2卷[M].北京：人民出版社，2009：5.

❸ 齐泽克，等．图绘意识形态[M]．方杰，译．南京：南京大学出版社，2002：1.

❹ 邓小平．邓小平文选：第3卷[M].北京：人民出版社，1993：320.

随着中国影响力的提升和对“中国发展之谜”的深刻揭示，尤其是在金融危机使得美国新自由主义的发展模式、法、德为代表的欧洲社会福利模式受到了普遍质疑的对比之下，中国特色社会主义赋予世界共产主义运动以新的道路诠释、制度诠释和理论诠释，推动了世界社会主义运动的发展。正如邓小平深刻指出的那样：坚持中国特色社会主义，“这不但是给占世界总人口四分之三的第三世界走出了一条路，更重要的是向人类表明，社会主义是必由之路，社会主义优于资本主义”[1]。十九大报告进而指出：中国特色社会主义进入新时代“意味着科学社会主义在 21 世纪的中国焕发出强大生机活力，在世界上高高举起了中国特色社会主义伟大旗帜”[2]。为 21 世纪马克思主义的发展、科学社会主义的发展提供了新的探索和经验。

第三，从人类文明的视角来看，中国特色社会主义探索了人类文明的理念创新和实践创新。

文明是人类改造自然和社会的物质、精神成果的总和，是社会进步和经济发展状况的标志。审视近代以来资本主义文明的发展，资本的扩张性力量把整个世界裹挟进一个“历史转变为世界历史”的全球化时代。以资本逻辑为核心的资本主义文明在为人类社会提供前所未有发展动力、推动生产力爆发式发展、解除人对人的依附关系的同时，也带来了对自然的掠夺与控制、人与人之间的剥削和不平等以及之间的西方与东方之间“中心与边缘”、富裕与贫穷、战争与对抗以及“文明的冲突”“文明的输出”等突出问题。

作为与西方资本主义文明共存、共同发展的中国特色社会主义，一方面大胆吸收和借鉴西方资本主义文明为我所用，另一方面在继承中国优秀文化、坚持马克思主义基本原则、立足于中国国情的基础上进行独立自主的创造，为利用、学习和超越资本主义文明提供了可能，探索出了一条人类文明发展的新路。这种文明新路的尝试集中表现在“五位一体”的发展布局、把人的全面发展作为奋斗的

---

[1] 邓小平 . 邓小平文选：第 3 卷 [M]. 北京：人民出版社，1993：321.

[2] 习近平 . 决胜全面建成小康社会，夺取新时代中国特色社会主义伟大胜利——在中国共产党第十九次全国代表大会上的报告 [M]. 北京：人民出版社，2017：12.

根本目标以及主张国家与国家之间平等、合作与发展关系的营造三个方面。

首先，中国特色社会主义坚持在科学发展观的指导下，提出“社会主义市场经济、社会主义民主政治、社会主义先进文化、社会主义和谐社会、社会主义生态文明”五位一体的总体布局，注重发展的人本性、全面性、协调性和可持续。尤其是党的十八大以来对“生态文明”建设的强调值得关注。习近平多次强调：“建设生态文明，关系人民福祉，关乎民族未来。党的十八大把生态文明建设纳入中国特色社会主义事业五位一体总体布局，明确提出大力推进生态文明建设，建设美丽中国，实现中华民族永续发展。这标志着我们对中国特色社会主义规律认识的进一步深化，表明了我们加强生态文明建设的坚定意志和坚强决心。”[1]

他在生态文明建设实践中进而提出了“我们既要绿水青山，也要金山银山。宁要绿水青山，不要金山银山，而且绿水青山就是金山”[2]的重要命题，强调“人与自然是生命共同体”的重要论断。主张“人类必须尊重自然、顺应自然、保护自然。人类只有遵循自然规律才能有效防止在开发利用自然上走弯路，人类对大自然的伤害最终会伤及人类自身，这是无法抗拒的规律。”[3]这就从人类文明发展的宽广视野对经济发展和环境保护的内在契合性进行了深入阐述，凸显了生态文明建设在人类文明发展中的重要地位。

“尊重自然、顺应自然、保护自然”的生态文明观念，既是对中国传统文化“敬畏自然”“天人合一”思想的继承发扬，也是对“不过分陶醉于对大自然的胜利”、共产主义“作为完成了的自然主义 = 人道主义，而作为完成了的人道主义 = 自然主义”等科学社会主义创始人对待自然基本态度的发扬，更是对资本主义文明“征服自然”“主宰自然”的超越尝试，提出了人与自然之间的协调发展、和睦共处的文明准则，从而为创造文明新路提供了可能。

其次，中国特色社会主义把人的全面发展作为社会主义现代化的发展目标，

---

[1] 习近平 . 习近平谈治国理政：第 1 卷 [M]. 北京：外文出版社，2014：208.

[2] 习近平 . 习近平谈治国理政：第 2 卷 [M]. 北京：外文出版社，2017：393.

[3] 习近平 . 决胜全面建成小康社会，夺取新时代中国特色社会主义伟大胜利——在中国共产党第十九次全国代表大会上的报告 [M]. 北京：人民出版社，2017：50.

这是对资本主义文明造成人的异化的一种超越尝试。人的全面发展状况是马克思主义把握人类文明发展进程的一种主体视角。他提出了人类文明的进程将经历从“对人的依赖”到“对物的依赖”再到“人的全面发展”的三阶段说，并将人的全面发展作为共产主义也即人类文明的理想状态和价值规约。马克思在《1844年经济学哲学手稿》中指出：“共产主义是通过人并且为了人而对人的本质的真正占有。”❶在《共产党宣言》中提出：“代替那存在着阶级和阶级对立的资产阶级旧社会的，将是这样一个联合体，在那里，每个人的自由发展是一切人自由发展的条件。”❷中共十八大报告把“促进人的全面发展”作为奋斗目标之一，十九大报告进一步要求“保证全体人民在共建共享发展中有更多获得感，不断促进人的全面发展、全体人民共同富裕”❸。从而为经济社会发展确立了主体维度，并坚持通过社会发展与人的发展的良性互动来促进人的全面发展，这就超越资本主义文明见物不见人、造成人的“异化”、导致“商品拜物教”的特征。

最后，中国特色社会主义秉承“和而不同”的发展理念，主张推动世界各国文明的平等性和多样性发展，“给人们指出了一条摆脱全球资本统治的破坏性进程的出路”。与主张“同化”“一体化”“文明输出”、推广“普世价值”的西方资本主义文明不同，中国特色社会主义主张“各美其美，美人之美，美美与共，天下大同”，这为走出“文明的冲突”、实现人类不同文明的和睦相处探寻了一条新路。对此，俄罗斯科学院院士季塔连科评价说：“中国在对待现代文明方面的态度、实施社会政策方面的经验，客观上成为“历史末日”及“文明冲突”等自由化思潮的有力替代者，从而推动历史发展，防止文明之间的冲突，推动其转向建设性对话，实现全球的共同发展。”❹

3. 中国特色社会主义的坚持与发展

中国特色社会主义是一项“未竟的事业”，它在理论与实践的双重维度上是

❶ 马克思 .1844 年经济学哲学手稿 [M]. 北京：人民出版社，2005：81.

❷ 马克思，恩格斯 . 马克思恩格斯选集：第 1 卷 [M]. 北京：人民出版社，1995：284.

❸ 习近平 . 决胜全面建成小康社会，夺取新时代中国特色社会主义伟大胜利——在中国共产党第十九次全国代表大会上的报告 [M]. 北京：人民出版社，2017：23.

❹ 季塔连科 . 论中国现代化经验的国际意义 [N]. 远东问题，2004-10-22(1).

否会产生冲突和矛盾？它如何继承和发扬科学社会主义科学性与价值性相统一的标准？在全球化的背景下它与资本主义的共存共生、竞争合作的关系如何？对这些问题的深入思考，其实就是对中国特色社会主义发展的理性考量。

第一，坚持性与发展性的问题。

坚持中国特色社会主义和发展中国特色社会主义是辩证统一的关系，在坚持中发展，在发展中坚持，这是二者关系的必然逻辑。党的十九大修改的《中国共产党章程》指出："全党同志要倍加珍惜、长期坚持和不断发展党历经艰辛开创的这条道路、这个理论体系、这个制度、这个文化，高举中国特色社会主义伟大旗帜，坚定道路自信、理论自信、制度自信、文化自信，贯彻党的基本理论、基本路线、基本方略，为实现推进现代化建设、完成祖国统一、维护世界和平与促进共同发展这三大历史任务，实现'两个一百年'奋斗目标、实现中华民族伟大复兴的中国梦而奋斗。"[1] 只有坚持中国特色社会主义，"不为任何风险所惧，不为任何干扰所惑"，中国的发展才不会走邪路和老路，才能取得更大的成就，最终实现"中国梦"；而只有不断发展中国特色社会主义，才能在复杂多变的环境中真正坚持社会主义。

当前，保持清醒的认识，在坚持中不断发展中国特色社会显得尤为重要。从时间维度而言，坚持中国特色社会主义主要来源于历史逻辑和现实功效的证明，如果说历史逻辑的证明较为有力的话，现实功效的证明主要集中于经济领域而没有覆盖政治领域、文化领域、社会领域和生态领域，如何推进政治文明的建设、改善社会公平正义、构建生态文明等是需要进一步完善的问题；更重要的是，如何在"风险社会"的时代背景下，从未来发展向度中不断为中国道路提供新的有力论证，这将是一个需要在实践中不断探索的课题。从空间维度而言，要在全球发展大格局、西方世界依然主导发展话语权的背景下客观分析中国特色社会主义的历史方位。一方面，不要轻言"西方的衰落"和"资本主义的系统危机"，历史已经证明资本主义制度具有顽强的生命力。另一方面，要积极顺应全球大发展大变革的时代潮流，在与其他各国合作与交流中不断完善中国特色社会主义并增

[1] 本书编写组．十九大党章学习手册[M]．北京：人民出版社，2017：4.

强其影响力。

尤其值得关注的是，历史经验反复告诉我们，取得成绩后容易产生骄傲自满和懈怠。新时代坚持中国特色社会主义和发展中国特色社会主义，一方面需要坚定“四个自信”，另一方面也需要谦虚谨慎、戒骄戒躁，攻坚克难、奋发有为。习近平同志在党的十九大报告中强调：“历史车轮滚滚向前，时代潮流浩浩荡荡。历史只会眷顾坚定者、奋进者、搏击者，而不会等待犹豫者、懈怠者、畏难者。全党一定要保持艰苦奋斗、戒骄戒躁的作风，以时不我待、只争朝夕的精神，奋力走好新时代的长征路。”[1]总之，坚持中国特色社会主义和发展中国特色社会主义是辩证统一的关系，只有把关注焦点放在对中国问题的解决上，不断完善、发展中国特色社会主义，才能始终坚持中国特色社会主义。

第二，科学性与价值性的问题。

中国特色社会主义何以是社会主义的？这是许多人质疑中国特色社会主义合法性的地方，也是发展中国特色社会主义需要不断给出证明的问题，问题的关键在于正确理解什么是社会主义。尽管如恩格斯晚年所言，“所谓‘社会主义’不是一种一成不变的东西，而是应当和任何其他社会制度一样，把它看成是经常变化和改革的社会”[2]，社会主义应当理解为“一种”社会主义，但社会主义必然有区别于资本主义的本质内容，否则就难以为社会主义划出明确的边界。无论是梳理经典作家对社会主义的论述，还是总结社会主义建设的实践经验，都可以发现，社会主义始终具有科学性（规律性）与价值性（目的性）两个不可或缺的维度。

所谓科学性（规律性）维度，指遵循生产力和生产关系矛盾运动的历史规律，把推进生产力的发展、创造比资本主义更高程度的生产力水平作为社会主义发展的重要内容。马克思在《〈政治经济学批判〉序言》中曾深刻指出：“物质生活的生产方式制约着整个社会生活、政治生活和精神生活的过程。不是人们的意识决定人们的存在，相反，是人们的社会存在决定人们的意识。社会的物质生产力

[1] 习近平．决胜全面建成小康社会，夺取新时代中国特色社会主义伟大胜利——在中国共产党第十九次全国代表大会上的报告 [M]. 北京：人民出版社，2017：69.

[2] 马克思，恩格斯．马克思恩格斯选集：第 4 卷 [M]. 北京：人民出版社，1995：693.

发展到一定阶段，便同他们一直在其中运动的现存生产关系或财产关系（这只是生产关系的法律用语）发生矛盾。于是这些生产关系便由生产力的发展形式变成生产力的桎梏。那时社会革命的时代就到来了。随着经济基础的变更，全部庞大的上层建筑也或快或慢地发生变革。”❶遵循生产力和生产关系的矛盾规律，创造更高程度的生产力水平，这是坚持和发展社会主义不能偏离的基本原则。为此，列宁主张：“无产阶级取得国家政权以后，它的最主要最根本的需要就是增加产品数量，大大提高社会生产力。”❷事实上，从社会主义的实践发展历程来看，凡是对社会主义科学性（规律性）有清醒认识时，社会主义事业就发展顺利；凡是背离社会主义科学性（规律性）时，譬如中国的“大跃进”和“文革”，社会主义事业就遭到挫折。

所谓价值性（目的性）维度，指社会主义之所以成为一种超越资本主义的理想社会形态，它必然预设了一种对大多数人而言更公正、更美好、更幸福的生活，我们可以从社会主义对资本主义的超越维度来识别和界定社会主义。这种价值性，从终极的意义而言，就是指实现全人类的自由和解放。正如马克思在《共产党宣言》里预想的那样：“代替那存在着阶级和阶级对立的资产阶级旧社会的，将是这样一个联合体，在那里，每个人的自由发展是一切人自由发展的条件。”❸从现实的意义而言，则是超越了资本逻辑对人的宰制，在人与人的关系上消除了剥削和压迫，实现了社会公平正义和共同富裕，在人与自然的关系上超越了对自然的掠夺和奴役，实现了人与自然的和谐共处。

对科学性（规律性）和价值性（目的性）维度不可或缺的关系，邓小平有足够清醒的认识，这反映在他关于社会主义本质的界定中：“社会主义的本质，是解放生产力，发展生产力，消灭剥削，消除两极分化，最终达到共同富裕。”❹“解放生产力，发展生产力”体现了坚持了社会主义科学性的原则；而“消灭剥削，

---

❶ 马克思，恩格斯．马克思恩格斯选集：第2卷[M].北京：人民出版社，1995：33.

❷ 列宁．列宁选集：第4卷[M].北京：人民出版社，1972：623.

❸ 马克思，恩格斯．马克思恩格斯选集：第1卷[M].北京：人民出版社，1995：294.

❹ 邓小平．邓小平文选：第3卷[M].北京：人民出版社，1993：373.

消除两极分化，最终达到共同富裕”体现了价值性的原则。如果说改革开放之初的现实国情使得我们更关注生产力发展、将蛋糕做大的话，中国特色社会主义的发展似乎应该将重心转移到公平公正、把蛋糕分好上面。

在与资本主义共存的时代中，社会主义带给我们的不应当仅仅是生产力的高度发展，不应当是资本逻辑宰制一切的物质繁荣和精神空虚，不应当是利益最大化、资本不断增值的市场逻辑，不应当是“主观为资本、客观为消费”的资本原则，不应当是社会贫富差距悬殊、生态环境日益恶化的可怕结果，人民主体、公平正义、生态文明、精神文明等所体现的不仅是应对当前中国改革困境的短期应对措施，而从根本上体现了社会主义价值诉求的基本原则。只有从坚持社会主义价值性的高度来审视，我们才能深刻体会党的十九大报告中缘何把“必须坚持人民主体地位”作为全党全国各族人民的共同信念的首先需要坚持的原则。同时，提出“必须坚持维护社会公平正义”，强调“公平正义是中国特色社会主义的内在要求”；提出“必须坚持走共同富裕道路”，强调“共同富裕是中国特色社会主义的根本原则”。其本质就是彰显中国特色社会主义的价值规约。

第三，借鉴性与超越性的问题。

在全球化背景下，中国特色社会主义如何与西方资本主义共存、共生？中国特色社会主义如何在对资本主义的借鉴与学习、竞争与合作以及批判与超越中不断完善自身，发挥出社会主义制度的优越性？这是中国特色社会主义发展无法回避的问题，也是作为社会主义制度“合法性”论证的必然要求。

理解中国特色社会主义的历史前提及其本质，对其借鉴并超越资本主义具有前提意义。中国特色社会主义建设的前提是人口多底子薄、生产力水平低的东方大国，而不是科学社会主义创始人所预测的经历了资本主义发展过程、生产力高度发达的社会主义。然而，这并没有否定其社会主义资格，关键在于如何理解“社会主义”以及中国特色社会主义。邓小平说：“真正的马克思主义者必须根据现在的情况，认识、继承和发展马克思主义。”因而，在吸取了我国社会主义建设曲折发展的经验教训之后，我们回归马克思主义生产力和生产关系辩证统一的理论原点，成功地把社会主义制度与市场经济嫁接起来，建立了以公有制为主体、多种所有制经济共同发展的社会主义市场经济体制，以举世瞩目的经济社会发展成就坚持和发展了社会主义，宣告了“历史终结论”“意识形态终结论”的破产，“这不但是给占世界总人口四分之三的第三世界走出了一条路，更重要的是向人类表明，社会主义是必由之路，社会主义优于资本主义”。[1]

中国特色社会主义在其发展过程中，既大胆吸取和借鉴了资本主义发展中所包含的人类文明成果，又旗帜鲜明地划清社会主义与资本主义的原则界限，并努力实现对资本主义的超越。资本主义走过了数百年的发展历程，对脱胎于农业文明不久的中国而言，向资本主义学习自不待言。邓小平指出：“社会主义要赢得与资本主义相比较的优势，就必须大胆吸收和借鉴人类社会创造的一切文明成果，吸收和借鉴当今世界各国包括资本主义发达国家的一切反映现代社会化生产规律的先进经营方式、管理方法。”[2]尽管金融危机导致了“新自由主义”意识形态和“华盛顿共识”的破产，但断言当今资本主义被彻底埋葬却为时尚早，因为资本主义顽强的生命力一再提醒我们马克思的那句话：“无论哪一个社会形态，在它所容纳的全部生产力发挥出来以前，是决不会灭亡的；而新的更高的生产关系，在它的物质存在条件在旧社会的胎胞里成熟以前，是决不会出现的。”[3]另一方面，中国特色社会主义在与资本主义共存、共生的过程中，需要实现对资本主义的批判和超越。这集中体现在对“资本逻辑”的拒斥和超越之上。近代以来，资本主义在为人类社会提供前所未有发展动力、推动生产力爆发式发展、解除人对人的依附关系的同时，也带来了人对自然的掠夺、人对人的剥削和人自身的异化，以及东西方之间中心与边缘、富裕与贫穷、主宰与依附等关系和由此带来的“文明的冲突”“文明的输出”等一系列突出问题。因此社会主义最终将要通过消灭私有制而彻底消除人剥削人的前提，实现共产主义的根本价值旨归即“通过人并且为了人而对人的本质的真正占有”[4]。

---

1. 邓小平．邓小平文选：第3卷[M]．北京：人民出版社，1993：321.
2. 邓小平．邓小平文选：第3卷[M]．北京：人民出版社，1993：373.
3. 马克思，恩格斯．马克思恩格斯选集：第2卷[M]．北京：人民出版社，1995：33.
4. 马克思．1844年经济学哲学手稿[M]．北京：人民出版社，2005：81.

因此，中国特色社会主义的发展一方面要注重在推动生产力发展的基础上实现社会发展的全面、协调和可持续性，另一方面要注重促进人的全面发展。中共十八大提出，在科学发展观的指导下，实现“社会主义市场经济、社会主义民主政治、社会主义先进文化、社会主义和谐社会、社会主义生态文明”五位一体的发展布局，把“促进人的全面发展”作为中国特色社会主义的奋斗目标之一，从而为经济社会发展确立了主体维度，并坚持通过社会发展与人的发展的良性互动来促进人的全面发展，这就超越了资本主义造成人的“异化”，导致“商品拜物教”的局限。马克思曾经预言与资本主义共存的俄罗斯有可能“不通过资本主义制度的卡夫丁峡谷”，那么，与当代资本主义共存、共生的中国特色社会主义，在未来发展中也有可能在借鉴、学习的基础上超越当代资本主义。

四、当代中国人的社会关系的整体图景

实现人的全面发展既是人类永无止境的奋斗目标，又是特定历史条件下的现实课题。中国特色社会主义为人的社会关系嬗变提供了制度基础、实践前提和发展动力，但人的社会关系涉及多方面的内容、向不同维度扩展，对人的社会关系多维度的延展需要更为具体、细致的分析，如何把握当前中国人的社会关系嬗变的整体图景值得深入探讨。作为现实的个体，人总是存在于具体的社会关系结构之中，由于“人对自身的关系只有通过他对他人的关系，才成为对他说来是对象性的、现实的关系”[1]，那么这些关系，一方面从存在论的维度构成了人的自我规定，使个体自我不同于抽象的“自我”；另一方面又深刻地影响着个体自我的价值取向、理想信念、人生境界等，并制约和引导其发展方向。在现代社会中，人的社会关系出现了新的发展动向，使人的全面发展既具备了新的条件，又产生了新的挑战，这也是我们将社会关系作为人的发展基本向度来进行研究所具有的现实意义。

1. 社会关系的领域发展

所谓领域发展，指的是时空范围的扩大，实际上指的就是社会关系的广度。

[1] 马克思，恩格斯．马克思恩格斯选集：第 1 卷 [M]. 北京：人民出版社，1995：49.

现代社会环境下，随着人的实践活动不断深入、不断展开，人的社会关系也由此向着更广阔的时空范围发展，旧的领域不断扩大，新的领域也开始产生。

其一，由熟人关系向生人关系转换。现代社会，人由“地域的个人”走向了“世界历史的人”，人的交往的广泛性和流动性不断增强，人们摆脱了传统社会里的“鸡犬之声相闻，老死不相往来”的封闭状态，与生人的交往多过了与熟人的交往，个人发展对生人的依存度大过了对熟人的依存度。由于这种转换，建立在熟人关系基础之上的一系列价值观念和行为规范以及在此基础上的人的发展模式，都受到了严重的冲击；而将熟人社会里形成的观念、行为和发展模式应用于生人社会，又会发生一系列矛盾和问题，阻碍人的现代发展。

其二，由现实关系向虚拟关系延伸。“虚拟技术不仅仅是一种技术工具，更重要的是它嵌入到人类生活的社会文化系统之中，使以往的社会文化系统发生了翻天覆地的变化。这种变化的核心体现就是：虚拟技术带来了社会关系和人类生活方式的改变。”[1]网络这种现代传媒以其自身所固有的虚拟性、交互性、广泛性和超时空性使人获得了更加丰富的社会关系，人们通过网络能够进行信息交换，心理、情感交流等多方面活动，实现了从现实社会关系到虚拟社会关系的跨越。虚拟社会是现实社会的延伸，但又具有与现实社会不同的交往平台和模式，虚拟关系的不断延伸有可能形成其既定的模式和封闭的空间，从而导致人的虚拟关系与现实关系的矛盾和隔离，以及由此带来的人的虚拟人格与现实人格的分裂。

其三，生态关系的凸显。现代社会的生态关系不仅仅是指人与自然的关系，也是指生态领域的人的社会关系，是人与人、人与社会之间关系在生态领域的一种反映。人与生态之间的分裂和对抗，实质也展现了人与人、团体与团体、个人与社会在利益关系上的矛盾和对抗。当今社会，生态的失衡使人类进入了空前的生存和发展困境，也使人类开始反思，如何对自然承担责任，如何在生态领域加强联系和合作，客观认识、合理利用、有效改造自然生态环境，建设生态文明。

---

[1] 白淑英．从技术思辨到社会哲学关于虚拟世界研究的方法论转向问题 [J]. 自然辩证法研究，2007（23）.

2. 社会关系的形态发展

所谓形态发展，指的是层次结构和整体特征的转变，是就社会关系的深度和结构来说的。现代社会的多维性、复杂性和开放性趋势已成为一种客观的历史潮流。在这样的历史进程中，人们的社会关系不仅延伸到社会各个领域，也渗透到社会交往的各个层次，人们——包括世界各个民族、各个国家的人——有更多的机会，在物质层面和精神层面、个体层面和群体层面、宏观层面和微观层面等进行全方位的相互交流和沟通，从而使得人的社会关系的层次更加丰富，结构更加复杂。其一，随着现代社会的发展，在原社会关系基础之上不断生发出新的关系，比如道德关系，在现代社会出现了职业道德关系、网络道德关系、生态道德关系等。在职业道德关系中又随着职业种类的扩展产生出教育、医疗、媒体、建筑等各类职业道德关系，各个层次的关系与原有社会关系形成了一个树状结构。其二，在现代社会条件下社会关系的发展出现了诸如开放交往与独立自主结合、契约关系与人情关系并行、竞争关系与合作关系并存、“地缘”“业缘”“趣缘”等关系相交叉等新的特征，各种社会关系的相互交叉和相互影响形成了一个网状结构。简而言之，人的社会关系形态经历了从单向度到多向度、单层次到多层次的发展。

社会关系的多向度、多层次形态有利于开阔人的视野，刷新人的观念，使人全面地塑造自己，全面地发展自己；但同时也会造成人的社会角色多样化，由此带来人的发展过程中的选择、适应和协调的问题。有的人在时常处于断裂、生成和变动之中的社会关系中难以确证自身的存在，产生自我认同的危机；有的人在复杂多样的社会关系中产生选择性困难，造成价值取向上的自我封闭或从众心理；有的人对各种社会关系难以进行协调和整合，长此以往容易产生人格上的冲突甚至分裂。

3. 社会关系的性质变化

马克思、恩格斯早就预言，共产主义取代资本主义制度，意味着人与人之间的剥削关系、对抗的阶级关系走向终结，“自由人的联合体”将成为人的社会关系发展最为美好的理想蓝图。随着社会主义制度在中国的确立，阶级对抗关系、敌我矛盾依然存在但不再占据主导地位，人民之间的内部矛盾开始成为人的社会关系发展的主轴而逐渐凸显出来，这就意味着人的社会关系发展的根本性质发生了重大变化。毛泽东在《关于正确处理人民内部矛盾的问题》中深刻地区分了社会主义制度下的两类矛盾：即敌我矛盾和人民内部矛盾。毛泽东运用马克思主义辩证法指出："敌我之间的矛盾是对抗性的矛盾。人民内部的矛盾，在劳动人民之间说来，是非对抗性的；在被剥削阶级和剥削阶级之间说来，除了对抗性的一面以外，还有非对抗性的一面。人民内部的矛盾不是现在才有的，但是在各个革命时期和社会主义建设时期有着不同的内容。在我国现在的条件下，所谓人民内部的矛盾，包括工人阶级内部的矛盾，农民阶级内部的矛盾，知识分子内部的矛盾，工农两个阶级之间的矛盾，工人、农民同知识分子之间的矛盾，工人阶级和其他劳动人民同民族资产阶级之间的矛盾，民族资产阶级内部的矛盾，等等。"[1] 由于社会主义制度确立了公有制为主体的所有制结构，建立了以工农联盟为基础的人民民主专政的国家，因而人民的内部矛盾从性质上来说是在人民利益根本一致的基础上的矛盾。因此，对于人民内部矛盾的处理也需要放在根本利益一致、矛盾的非对抗视野中考察，通过解决根本矛盾—即生产力发展与生产关系之间的矛盾来解决，同时需要采取民主的办法来解决，这是我们判断当前中国人的社会关系嬗变一个最为重要的前提和原则。

随着改革开放的深入推进，人的社会关系发生了剧烈的变革。正如邓小平指出的那样，"改革是中国的第二次革命"，"改革促进了生产力的发展，引起了经济生活、社会生活、工作方式和精神状态的一系列深刻变化。改革是社会主义制度的自我完善，在一定的范围内也发生了某种程度的革命性变革。这是一件大事，表明我们已经开始找到了一条建设有中国特色的社会主义的路子"。[2] 改革开放的深入推进，必然推动人的利益关系的深刻调整，人的社会关系的深刻嬗变，这既是一个难以避免的客观事实，也是以中国共产党领导人民进行自主探索的进程。因此，改革具有明确的价值导向和目标引领，其根本的性质是社会主义制度的自我完善，基本的趋向是促进人的全面发展与社会全面进步之间的良性互动，

[1] 毛泽东．毛泽东文选：第 7 卷 [M]. 北京：人民出版社，1999：213–214.

[2] 邓小平．邓小平文选：第 3 卷 [M]. 北京：人民出版社，1993：142.

构建一个人与自然、人与社会、人与人之间的和谐社会。由此，当前中国人的社会关系嬗变既是全面深化改革带来的一个必然后果，同时又具有鲜明的目标指向和价值导向，以坚持人的全面发展作为旨归，以构建社会主义和谐社会作为目标。

总之，作为人的发展基本向度的社会关系，是马克思主义关于人的发展研究的重要理论范畴和逻辑起点。正如法国社会学家雷蒙·阿隆在《社会学主要思潮》中所说的，马克思“第一个也是最基本的思想是：所有的人都处在一定的、必然的关系之中，这种关系是不依他们的意志为转移的……每个人，不管他愿意不愿意，都有自己的社会关系，而理解历史进程的条件就是要懂得这些超个人的社会关系”[1]。建构和协调人与人之间的社会关系，实现人对社会关系的全面占有和自觉控制，乃是马克思追求人类发展和解放的崇高立意。在现代社会条件下，从社会关系的维度深度观照人的发展问题，实现社会关系由现代冲突走向现代和谐，从根本上变革和改善人的发展境遇，是一个值得深入探讨的时代性课题。

[1] 阿隆．社会学主要思潮 [M]．葛秉宁，译．上海：译文出版社，2015：133.

第二章 社会关系嬗变与和谐社会建设

当代中国人的社会关系嬗变涉及多方面的内容、向不同维度扩展，把握当前中国人的社会关系嬗变的整体图景是一个十分宏大、复杂的课题。对社会关系的把握，有广义的“大社会”概念和狭义的“小社会”概念之分，前者涵盖了人的文化关系、政治关系、生态关系等诸多内容，后者则专指与经济、政治、文化和生态等社会领域相对应的一个范畴。本章所探讨的社会关系嬗变，专指狭义上的社会概念，主要采取以点带面的方式，选取城乡关系、家庭关系和代际关系三种社会关系，尝试从和谐社会建构的视角对当代中国人的社会关系做出分析和探索。

一、城乡关系：社会主义新农村建设的制度创新

党的十九大报告指出：“农业、农村、农民问题是关系国计民生的根本性问题，必须始终把解决好三农问题作为全党工作重中之重。”[1]城乡差距拉大是当前中国经济社会发展需要正视的突出问题，并由此带来城市发展与农村发展之间的不协调、城镇居民和农民在收入和社会保障方面的巨大差距乃至一定程度的矛盾。

社会主义新农村建设则是破解这一难题的有效举措。作为改革开放的前沿阵地，建设富有南粤特色的社会主义新农村是广东率先全面建成小康社会、率先基本实现现代化的战略任务，是继续解放思想、坚持改革开放的内在要求，也是全

[1] 习近平．决胜全面建成小康社会，夺取新时代中国特色社会主义伟大胜利——在中国共产党第十九次全国代表大会上的报告[M]. 北京：人民出版社，2017：33.

面落实新发展理念的重大举措。南粤新农村建设，从根本上来说需要依托于理论创新引导下的制度创新，改变广东经济社会发展模式，扭转城乡差距过大的发展态势。

1. 继续解放思想，破解南粤新农村建设的制度约束

解放思想是推动广东经济社会飞速发展的宝贵经验和巨大的精神财富，也是提出南粤社会新农村建设这一现实课题的思想前提。改革开放以来，广东发扬敢为天下先的精神和“杀出一条血路”的勇气，冲破了“个人崇拜”“计划经济崇拜”以及“所有制崇拜”的束缚，解放思想，实事求是，与时俱进，开拓创新，取得了经济社会发展取得了举世瞩目的巨大成就，据《广东省2017年统计年鉴》，1978年广东省生产总值（GDP）仅为185亿元，只占全国的5.1%，生产总值平均每年以13.7%的速度增长，2016年全省实现生产总值79512.05亿元，连续28年位居全国第一位。广东改革发展的经验证明：解放思想是正确行动的先导，是推动改革开放的强大动力，是广东发展的宝贵经验，是广东人的巨大精神财富。南粤新农村建设是一项全新的探索工程，因而尤其需要继承和发扬解放思想这一优良传统，坚持一切从实际出发，求真务实，求新思变，积极将解放思想形成的共识，转化为政策、措施、制度和法规，把解放思想贯穿于南粤新农村建设的全过程。

改革开放以来，广东的现代化建设总体来说走在全国前列，但是，农业现代化的发展远远滞后于工业现代化的发展，农业农村基础设施仍然比较薄弱，东西两翼和粤北山区部分农村仍然处于贫穷落后的状态，特别是在新的发展阶段，“三农”深层次问题和矛盾不断凸显，直接影响全省经济社会的稳定和发展。因而，把目光从工业发展成就转移到农业发展问题上来，清醒地认识到农业发展、农村建设、农民增收的现实困难并努力解决，这是增强忧患意识，克服自满思想的基本前提和重要体现。

解决农业发展的问题、实现工农业协调发展是广东经济面临全球化挑战，树立世界眼光的重要内容。广东经济对外依赖程度高，内外源经济协调发展严重失衡，使得广东经济在充满活力的背后具有脆弱性的一面。广东可持续发展的根本

出路在于建设以国内市场为依托的民族经济产业链，把“内源型经济”作为经济发展的根本立足点。而要实现这一转变，必须开拓农村市场、提高农民收入、提高农民工技术水平，实现城乡之间、工农之间的协调发展。同时，从2005年开始，中国进入加入世贸组织的后过渡期，中国农业不得不面对国外市场的竞争，国外高额补贴下的某些进口农产品以低价格冲击中国国内市场，一些国家的高关税以及各种非关税贸易壁垒把中国的优势农产品排斥在外，因而，提高农业的组织化水平，增强农产品的竞争力，也是广东应对国际竞争的必然选择。

解决广大农民的民生问题，发挥广大农民的积极性，提高农民生活水平是落实新发展理念的重点、难点问题。以2015年为例，据《广东省2017年统计年鉴》，珠三角地区生产总值为62267.78亿元，粤东地区仅为5430.21亿元，粤西地区仅为6075.66亿元，北区山区为4910.84亿元。表明当前广东民生问题的重点和难点都在农村。社会主义新农村建设着眼于发展农业、提升农村，其根本目的是促进广大农民享受到社会发展的成果，使得占人口绝大多数的农民能够过上幸福的生活，因而成为树立“以人为本”理念，落实科学发展的重点和难点。南粤新农村建设缺乏可以借鉴的经验。在南粤新农村建设过程中，还存在着种种认识上的误区、思想上的障碍、作风上的形式主义和官僚主义，因而，迫切需要继续解放思想，解决人们认识和思想上的问题，为南粤新农村建设提供有力的认识工具和思想武器。具体来说，有如下几个方面。

一是扭转工农业割裂发展的片面认识，树立城乡协调发展的正确观念。由于我国国情的特殊性，我们过去走了一条“农业补贴工业”的发展道路，这就在一定程度上形成了错误的路径依赖，使得部分人认为现代化就等于工业化，农业和农村的发展就是为城市化“服务”，忽视对传统农业的改造和农村发展，甚至以牺牲农业和农村来推进工业化和城市化，结果导致城乡二元结构未能转换，城乡差别扩大。事实上，全面的现代化是工农业的协调发展，促进农业发展、促进农民收入增长不仅能够保持经济社会的稳定，而且能够为工业的发展提供粮食和生产资料的保障，同时能够扩大内需，促进工业的稳定发展。因此，需要打破工农业割裂发展的思想束缚，树立城乡协调发展的新认识。

二是打破维系城乡二元格局的狭隘利益观，树立互惠双赢的利益观。过去，城市化在很大程度上成为城市人的“专利”，农民为城市化做出了巨大的贡献，却难以分享城市化的成果，城乡非均衡发展，城乡二元结构转换滞后，农民、农业、农村成为现代化的薄弱环节，徘徊在现代化的“门外”，这是“三农问题”的实质。当前，南粤新农村建设要破除这种狭隘的利益观念，树立互惠双赢的利益观，逐步扭转城乡二元结构，加大城市对农村的支持力度，让广大农民分享发展成果，促进城乡之间的互惠双赢。

三是改变南粤新农村建设过程中的形式主义和官僚主义作风，树立求真务实、实事求是的作风。当前社会主义新农村建设过程中，出现了一些形式主义和官僚主义的做法。比如部分村镇把新农村建设仅仅理解为村容村貌的改变，出现规划风、盖房风和浮夸风。事实上，南粤新农村建设是以经济发展为中心，带动农村政治建设、社会建设、文化建设和环境建设的全面发展过程，仅仅改变村容村貌是典型的形式主义和官僚主义，必须加以破除。

四是破除社会主义新农村建设搞“一刀切”的统一模式，确定因地制宜的发展思路。广东地区经济差别较大，珠江三角洲、粤东、粤西和北部山区农村社会经济各个方面表现出明显不同的发展阶段和特征，因而在新农村建设过程中，必须破除一刀切的做法，根据各地实际情况，因地制宜发展，选择不同路径，采取不同策略。如以深圳、东莞、顺德、南海、增城等地区为典型的珠江三角洲，绝大部分农村地区可以加快实现农业现代化、农村工业化和城市化；粤东和粤西地区重点发展县域经济。北部地区加大支持和扶助力度，切实解决农民的现实困难。

2. 全面深化改革，推进南粤新农村建设的制度创新

改革开放是推动过去三十多年广东发展的根本动力。广东依靠改革取得了现代化建设的巨大成就，这为南粤新农村建设奠定了坚实的物质基础和良好的制度条件。同时，经过近四十年的快速发展，广东已经站在新的历史起点之上，改革开放面临着新机遇、新挑战和新任务，继续深化改革开放是摆在发展面前的现实课题。南粤新农村建设既是新时期新阶段深化改革开放的重要任务和必然要求，同时也只有通过深化改革开放才能得以实现。因而，坚持改革开放和加

快新农村建设本身是辩证统一的关系，需要在实践的基础上深刻理解二者的内在联系。

改革开放使广东率先迈入“工业反哺农业、城市支持农村”的发展阶段，从而为南粤新农村建设提供了基本前提和有利条件。党的十六届四中全会指出：“纵观一些工业化国家发展的历程，在工业化初始阶段，农业支持工业、为工业提供积累是带有普遍性的趋向；但在工业化达到相当程度以后，工业反哺农业、城市支持农村，实现工业与农业、城市与农村协调发展，也是带有普遍性的趋向。”这标志着我们对工业和农业的协调发展有了新的认识。党的十九大进而指出：“要坚持农业农村优先发展，按照产业兴旺、生态宜居、乡风文明、治理有效、生活富裕的总要求，建立健全城乡融合发展体制机制和政策体系，加快推进农业农村现代化。”[1]作为改革开放的前沿阵地，广东的经济社会发展具有较为扎实的经济基础，这为工业反哺农业、城市支持农村的发展战略提供了良好的经济基础，同时也提供了良好的制度基础。

改革开放为南粤新农村建设提供了良好的制度条件。首先，广东建立了比较完善的社会主义市场经济体制，为南粤新农村建设提供了良好的条件。南粤新农村建设，既不同于30年代梁漱溟等学者自发组织的“乡村改造”运动，也不同于20世纪70年代末期的“放权搞活”的家庭联产承包责任制改革，而是建立在社会主义市场经济体制基础之上，伴随着市场化、工业化和城市化的农业现代化过程。广东改革开放所形成的公司主体、价格形成机制、竞争机制、产权制度等市场经济体制要素，为实现农产品的市场化，农业的机械化等创立了比较良好的制度条件。其次，改革开放促使广东民营企业、乡镇企业飞速发展，为推动城镇化、实现农村劳动力的转移提供了有利条件。通过40年改革开放，广东的民营企业和乡镇企业发展迅速。广东对外开放的水平比较高，从而为特色农业发展、扩展农产品国际市场创立了比较良好的基础。如从化荔枝形成了比较广阔的国外市场就是典型的例子。

---

[1] 习近平. 决胜全面建成小康社会，夺取新时代中国特色社会主义伟大胜利——在中国共产党第十九次全国代表大会上的报告[M]. 北京：人民出版社，2017：32.

南粤新农村建设的基本任务是以发展农村经济和增加农民收入为中心，积极推动农业的现代化，协调推进农村经济建设、政治建设、文化建设、社会建设和党的建设，充分依靠和发动广大农民群众，发扬自力更生、艰苦奋斗精神，建设美好家园、创造幸福生活、构建和谐社会，力争把广大农村建设成为具有广东特色的现代文明、民主和谐、富裕安康的社会主义新农村。南粤新农村建设目标的实现，首先是以农业经济发展作为衡量标尺的。为此，南粤新农村建设必须坚持以经济建设为中心的原则。坚持农村基本经营制度，增强农业科技自主创新能力，加快现代农业建设，进一步解放和发展农村生产力，促进农业农村经济可持续发展。农业产业化经营全面发展，农业现代化提高到新水平。同时，农业现代化的推进、城乡之间的协调发展，必然能够增强广东在国内外的综合竞争力，使广东的现代化建设建立更加坚实、更加全面的基础之上，早日建成全面小康社会。

南粤新农村建设目标的实现，以满足广大农民需要、提高农民水平作为根本出发点和立脚点。邓小平多次强调："社会主义经济政策对不对，归根到底要看生产力是否发展，人民收入是否增加。这是压倒一切的标准。空讲社会主义不行，人民不相信。"[1] 当前深化改革开放，必然要求大幅度提高广东居民的生活水平，让广大群众享受发展的成果。提高人们的生活水平，重点和难点都在农村。南粤新农村建设通过加大县域经济发展力度、加快建立农民持续增收长效机制、切实维护务工农民合法权益、加大政策扶助等手段，千方百计增加农民收入、改善农村面貌、提高农村社会建设，都着眼于提高农民的生活水平，因而是新时期衡量深化改革开放是非成败的具体标尺。

南粤新农村的根本出路在于改变旧的城乡二元结构，实现工农城乡协调发展。要实现这种转变，只有依靠深化改革，对构成城乡二元结构的体制进行彻底、全面、深刻的变革。具体来说，则是在"工业反哺农业、城市支持农村"方针的指导下，改造城乡分割的户籍身份制，构筑公民身份平等的法律和制度基础；完善和细化农村土地产权和流转制度；建立和完善城乡一体化的劳动力市场体制和就业制度；构建公平合理的社会福利和社会保障制度。

---

[1] 邓小平．邓小平文选：第2卷[M]．北京：人民出版社，1994：312.

3. 坚持新发展理念，落实南粤新农村建设的具体举措

南粤新农村建设必须以新发展理念为指导，以推进农业现代化作为根本途径，尊重农民的主体地位，以实现农民利益为根本，以调动农民的积极性、主动性为手段，促进农业发展、农村和谐与农民富裕。

首先，南粤新农村建设必须以农民利益为根本，发展社会主义现代农业、促进社会主义和谐农村建设、提高农民的生活水平，让广大农民在南粤新农村建设中得到实惠。南粤新农村建设的根本出发点和落脚点，就是实现好、维护好、发展好广大农民的根本利益，让广大农民分享现代化的成果。因而，南粤新农村建设要以解决好农民群众最关心、最直接、最现实的利益问题为着力点，全心全意做好为农民服务的工作，加强民主决策和民主管理。要注重实效，不搞形式主义；要量力而行，不盲目攀比；要民主商议，不强迫命令；要突出特色，不强求一律；要引导扶持，不包办代替，以让农民拥护、让农民满意、让农民受惠作为新农村建设的标准。

其次，要充分发挥广大群众尤其是农民在新农村建设中的主体作用，尊重农民的意愿和首创精神，不搞强迫命令，充分发挥广大农民在社会主义新农村建设中的主人翁作用。农民是社会主义新农村的建设者、管理者和受益者。能否充分发挥广大农民群众的主体作用，是新农村建设成败的关键。因而，南粤新农村建设，要注重调动广大农民群众发展生产、建设家园的积极性和创造性。

广东农民受到改革开放风气的影响，具有敢闯敢干的勇气和精神，探索出了一些发展农业、建设农村的有益经验。比如佛山、东莞地区大力发展乡镇企业，通过采取农村城镇化、农业市场化、农民市民化的“三化”模式，加快了农业现代化和城镇化过程，农村富余劳动力实现了从“洗脚上田”到“离土离乡”的市民化转移，加快了城镇化进程。又比如特色农业、科技农业、品牌农业、绿色食品、“一村一品”“生态庄园”等也是广大群众的自主创造，形成了广东高要香蕉、梅县沙田柚、惠州梅菜、金惠香米、荔枝、龙眼等品牌。南粤新农村建设应当发挥广大农民群众的首创精神和主人翁精神，不断总结、推广来自农民自发创造的经验，这是南粤新农村建设的重要原则。

南粤新农村建设必须把握好农村的统筹全面发展，坚持整体推进。其一，把新农村建设放在城乡统筹协调发展的关系中进行通盘思考，正确认识建设新农村不仅是农村自身发展的需要，而且也是广东省经济社会全面、可持续发展的需要。南粤新农村不能延续过去那种工农城乡割裂发展的老路，必须建立以工促农、以城带乡的长效机制，推进城乡之间的全面协调发展。具体来说，要坚持“多予、少取、放活”的方针，重点在“多予”上下功夫；要加快建立有利于逐步改变城乡二元结构的体制，实行城乡劳动者平等就业的制度，建立健全与经济发展水平相适应的多种形式的农村社会保障制度；充分发挥市场配置资源的基础性作用，推进征地、户籍等制度改革，逐步形成城乡统一的要素市场，增强农村经济发展活力；要调整国民收入分配格局，扩大公共财政覆盖农村的范围，加快农业基础设施、农村公共设施建设，进一步改善农村生产生活条件。其二，把新农村建设放在统筹经济社会协调发展的系统中进行全面思考，正确认识新农村建设不仅是农村的经济发展，而且也是经济、教育、文化、卫生、社会保障等方面的全面协调发展。“生产发展、生活宽裕、乡风文明、村容整洁、管理民主”五个方面的要求勾勒出了南粤新农村建设的美丽蓝图，也指出了新农村建设是协调推进农村经济建设、政治建设、文化建设、社会建设和党的建设的全面协调发展。为此，南粤新农村建设要以推进农村经济发展为核心，推进物质文明、政治文明、精神文明、生态文明和社会建设的全面进步。其三，把新农村建设放在统筹区域协调发展中进行宏观思考，正确认识建设新农村的过程就是缩短区域发展差距，减小贫富差距，实现共同富裕，共同发展的过程。当前，广东地区发展的差距是比较明显的，形成了珠三角地区—东西两翼—粤北山区发展水平比较悬殊的三级发展趋势，因而，南粤新农村建设要充分考虑到地区发展不平衡的特点，既因地制宜，不搞一刀切，又注重相互协调，统筹兼顾，在建设步骤上有所侧重，循序渐进。珠三角地区要全面推进城乡统筹发展，加快社会主义新农村建设；东西两翼和粤北山区要加大发展县域经济力度，发展特色农业、效益农业，促进农民持续增收，推进各具特色的社会主义新农村建设。其四，把新农村建设放在统筹人与自然和谐发展的关系中进行长远思考，正确认识保持人与自然的和谐发展，像保护自己眼睛一样保护生态环境，把新农村建设成环境友好型社会。当前，广东农村村容村貌和环境保护的任务仍然艰巨。为此，南粤新农村建设要加快村容村貌整治及环境综合治理，改变农村“脏、乱、差”的旧面貌，加强生活污水、生活垃圾的有效处理，在环境美化绿化方面加大投入，切实改善农村生态环境。其五，把新农村建设放在统筹国内发展和对外开放的宽广视野中进行合理布局，正确认识在新农村建设坚持改革开放的思想、充分利用国内国际两个市场，认真借鉴国外农村建设发展的成功经验，可以避免走弯路，收到事半功倍的效果。广东改革开放起步较早，对外开放程度高，既具有得天独厚的联系国际市场、利用外资的优势，又有着“两头在外、大进大出”外向型经济发展的脆弱性，因而，在南粤新农村建设过程中，需要处理好内源经济与外源经济发展的关系，充分利用国内国外两个市场、两种资源，增强抵御外部冲击和风险的能力。

总之，南粤新农村建设与解放思想、坚持改革开放、落实新发展理念是辩证统一的关系，是广东省一项长期艰巨而繁重的系统性工程。南粤新农村建设，要继续解放思想，深化改革开放，充分依靠和发动广大农民群众，发扬自力更生、艰苦奋斗精神，建设美好家园、创造幸福生活、构建和谐社会，把广大农村建设成为具有广东特色的现代文明、民主和谐、富裕安康的社会主义新农村。

二、家庭关系：老年人的生活质量与养老模式

（一）研究背景与研究方法

根据联合国的统计标准，如果一个国家 60 岁以上老年人口达到总人口数的 10 % 或者 65 岁以上老年人口占人口总数的 7% 以上，这个国家就已经属于人口老龄化国家。2016 年，中国 60 岁以上人口达 2.3 亿人，占人口比例为 16.7%，[1] 说明中国已经进入到老龄化时代。面向未来，中国老龄化的趋势越来越严峻。有学者估算，中国将在 2030 年进入“深度老龄化”社会，2040 年左右进入超级老

[1] 中华人民共和国国家统计局 . 中华人民共和国 2016 年国民经济和社会发展统计公报 [R/OL].（2017-02-28）[2017-06-19].http://www.stats.gov.cn/tjsj/zxfb./201702/t20170228_1467424.html.

龄化社会，2050 年将可能上升到 23.9%。[1] 在人口老龄化加剧和“未富先老”的大背景下，如何建立健全符合中国国情的社会养老保障制度，以有限的资源保障和改善广大老年人的健康水平，是政府需要高度重视的民生问题，也是学界积极探索的学术问题。

养老模式的选择与经济社会发展水平、人口内部结构变化以及社会保障制度等诸多因素相关，因此养老政策的探索、养老制度的健全需要考虑多种变量，结合具体国情和地方实际情况进行深入探索。“养老模式”是关系到中国老年人健康的一个关键因素，经济因素是一个基本的变量。有学者通过调查认为，经济与居住均独立的老年夫妻有最明显的健康优势和主观幸福度优势，而依靠子女供养或政府补助的个人独居养老模式是最差的。[2] 同时，中国的养老模式正处于嬗变当中，一个不容忽视的趋势就是空巢独居老人规模庞大，但传统的家庭养老方式同时也在经受“现代性”的冲击，在快节奏、高压力、多变化的现代社会，人们没有足够的时间、精力以及财力兼顾工作生活、下一代的抚养教育和对老年父母的长期陪伴照料，因而家庭养老功能势必衰退[3]，同时也呼吁社会力量和政府力量的投入和完善。

从整体上看，当前中国的养老模式正处于变革与探索的进程当中。传统社会主要依托于家庭养老，子女、家庭关系在老人养老中扮演关键的角色。计划经济时代，城镇养老尤其是企事业单位是一个大而全的“小社会”，“单位”不仅扮演产品生产、销售的角色，而且为其成员包括老年人提供了全方位的社会关系覆盖和养老支撑。随着市场经济体制改革的深入推进，“单位制”开始瓦解，政府开始探索以“社区管理”作为组织模式的社会保障模式，尤其是近年来作为基层政府管理创新的“社工”模式开始出现，由此出现了通过社区管理来统合传统家庭力量、基层政府和党团力量、市场力量和社会力量等多种养老主体。在养老压

[1] 郭玉贵．老龄化：全球共同面对的危机与挑战 [J]. 社会治理，2017（1）.

[2] 刘宏，高松，王俊．养老模式对健康的影响 [J]. 经济研究，2011（4）.

[3] 翟振武，陈佳，鞠李龙．中国人口老龄化的大趋势、新特点及相应养老政策 [J]. 山东大学学报（哲学社会科学版），2016（3）.

力严峻的大背景下，养老模式的多元化探索成为社会发展热点和学术研究的热点。近年来引起较多关注的主要有“资产养老”“智慧养老”❶“医养结合”❷“自主养老”❸“互助养老”❹等实践探索和理论提炼。这些多元化的探索揭示出中国养老制度变革的基本趋向：养老模式走向多元化、综合化和特色化发展，如何因地制宜、整合多元力量、实现特色发展成为政府、社会和家庭共同探索的课题。尤其值得注意的是，从老年人主体的需求来看，随着生产发展水平和生活质量的提升，老年人养老不仅仅需要生活保障和医疗服务，如何活得有质量、有尊严和幸福日益成为老年人的主体需要。也即是说，养老问题不仅要关注其生活维度，也要关注其社会交往和精神文化需求。从这个角度来看，以社区作为单位整合多元主体力量，建设更加宜居友好的老年生活环境，不仅有助于老年人口自理状态预期寿命的延长，进而有望减轻社会和家庭的老年照料负担，也有益于提升老年人的幸福指数和生活质量。

本研究从老年人的主体需求出发，调查老年人养老现状及其相应的养老保障体系和支撑力量，力图分析当前中国乡镇养老模式的基本现状及其存在的问题。本研究选取广东省佛山市Z区作为研究样本。该区总面积2.8平方公里，地理位置优越，经济较为发达，商贸十分活跃，常住人口5510人，外来流动人口8000多人，辖下九个村民小组和一个居民小组。该区2004年建成一个占地面积500亩的农产品市场，工业以铝型材为主，辖区内有六间比较有规模的宾馆和酒店，正向第三产业规模发展。大多数当地居民主要是在本地经商、打工，极少部分外出打工，职业多样化。在社区治理组织架构上，该区倡导“政经分离”。2012年成立由社区党总支部牵头，村（居）干部、党员代表、居民代表、行业代表、企业家代表和外来务工代表等组成的社区参理事会，并每季度召开参理事大会，

❶ 翟振武，陈佳，鞠李龙．中国人口老龄化的大趋势、新特点及相应养老政策[J]. 山东大学学报（哲学社会科学版），2016（3）.

❷ 宋澜，王超．从覆盖到发展：医养结合养老模式三步走战略[J]. 求实，2016（9）.

❸ 孙敏．大都市近郊“自主养老”模式的机制分析——以上海市近郊W村为考察中心[J]. 南方人口，2017（1）.

❹ 杨静慧．互助养老模式：特质、价值与建构路径[J]. 中州学刊，2016（3）.

引导社会精英出谋献策，对社区经济、民生等重大事项进行商议。在社区治理和服务上，坚持在党总支部领导下全面带动工、青、妇、老等群团组织参与社会建设。该区文化生活较为丰富，全村九个村民小组基本建有小公园，共有11个灯光球场。该区先后获得“广东省卫生村”、省“六好平安和谐社区”、市“生态示范村”，区“十好和谐文明村”“四星健康村”“平安村”“五星体育强村”“五星六好社区”等荣誉称号。该社区农村户籍人口为4855人，其中60岁以上的长者共有1049人，约占21%。60~69岁的长者占长者比例的63%，70~79岁的长者占长者比例的23%，80岁以上的长者占长者比例的14%。

在研究方法上，主要采用问卷调查、个人访谈和在场观察三种研究方法。研究人员于2016年7月1日到2016年8月31日在该社区社工服务站进行蹲点、服务工作，对该社区468位长者进行了问卷调查和入户访谈，其中共发放问卷468份，回收问卷468份，有效问卷为100%。调查对象的年龄分布如下：60~64岁的占31.2%，65~70岁的占34.4%，71~75岁占12.18%，76~80岁的占8.76%，81岁以上的占12.6%。在性别的分布上，男性占39%，女性占61%。同时，对于具有典型意义的调查对象，进行了回访和跟进调查。

（二）Z社区老年人的生活质量与养老需求

一般来说，人的需要可以分为生理性需求、社会性需求和精神性需求三个方面。我们从生理生活、社会交往和文化精神需求三个方面，对Z社区老年人的生活质量进行了调查分析。

1. 生活保障和医疗保障

（1）经济状况与养老生活保障。

Z社区经济收入情况的比较良好，老年人普遍对经济忧虑感较低。2016年度该区集体经济总收入7333万元，收入主要来源土地、厂房、仓库和商铺租赁，股民年分红9300元。从调查中可以发现，89.74%的老年居民选择“没有经济忧虑”，仅有8.12%的选择“偶尔”会有经济忧虑。而且年龄越大对经济的担忧度越低，表示有经济忧虑的年轻长者较年长的长者要多。就其收入来源来看，94.44%的调查对象收入来源于村居分红，15.38% 的有租金收入，27.56% 的有退休金 / 社保；另外，26.92% 的调查对象表示同时也得到家人 / 亲属的经济支持，极少数的调查对象还拥有投资收入、就业收入。由于绝大部分社区的居民都住在自己修建的房子里，所以居民就会把剩余的楼层对外出租，或者在外购买了楼盘的居民，会将自己村里闲置的房子对外出租，因此，15.38% 的调查对象有租金收入。可见，Z 社区的老年人从整体来说具有较好的经济基础，这为老年人的养老保障提供了十分有利的条件。在回答“日常的支出主要依靠是那一方面的收入（多选题）”时，94.44% 的调查对象选择了“村居分红”，其次是选择“退休金 / 社保”，占 27.56%，再次是选择“家人 / 亲属的经济支持”，占 26.92%，选择“就业收入 / 经营收入”收入的占 6.2%，而选择“低保、残疾人补贴等补贴收入”的仅占 0.64%。这再次印证了该区老年人养老更多依赖于村集体的集体分红，对家庭成员在经济上的资助依赖程度不高，对社会保障的依赖程度更低。同时，良好的经济状况也为其医疗保障提供了有力的支撑，在回答“你会否因经济收入不足，而不愿去看医生”时，95.94% 选择“不会受其影响”。

从居住环境来看，除了 9 个调查对象没有做出回答之外，所有调查对象都选择了自建村屋。其中 68.8% 的老年人选择了“钢筋混凝土结构 / 新型村屋 / 新区”，29.27% 选择了“简单砖瓦盖搭建筑物 / 传统村屋 / 旧区”。说明该区老年人受益于经济状况良好，整体居住环境不错，且老年人都倾向于居住在自己家里，没有人选择到敬老院去居住。

当然，也有极少数老年人在生活上存在着一定的困难，成为弱势群体。弱势老年人的类型主要包括经济困难、身心障碍、独居以及医疗救助，整个社区分别有低保家庭老人 12 人，残疾人士 41 人，单亲特困者 3 人，独居长者 49 人，优抚对象 12 人，失独家庭 0 人，需大病救助者 3 人。这些弱势老年人是更需要关注的群体，且具有个性化的特征，因而需要有针对性的关爱和支持。

（2）健康状况与医疗保障。

健康状况是老年人生活的重要内容，医疗保障的健全直接关系到老年人的生活质量和幸福指数。从调查情况来看，25.16% 的调查对象中暂未被医院确诊患有常见老年病，78.84% 的调查对象有被医院确诊患有疾病，其中常见病的分布状况如图 2–1 所示。

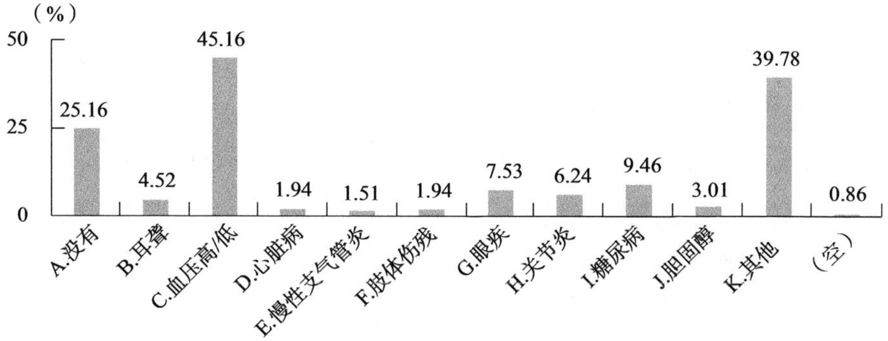

图 2–1　Z 社区老年人常见病发病比例图

随着年龄的增长，各种老年病的发病概率也将随着提升，尤其是视力下降、记忆逐渐衰退、失眠的现象在年纪较大的调查对象中较为普遍。

表 2–1　Z 社区不同年龄层与老年病患病比例

年龄	A. 没有	B. 耳聋	C. 血压高 / 低	D. 心脏病	E. 慢性支气管炎	F. 肢体伤残	G. 眼疾	H. 关节炎	L. 糖尿病	J. 胆固醇	K. 其他	（空）	小计
A.60~64 岁	51 (35.17%)	1 (0.69%)	59 (40.69%)	3 (2.07%)	0 (0.00%)	2 (1.38%)	3 (2.07%)	6 (4.14%)	11 (7.59%)	4 (2.76%)	46 (31.72%)	3 (2.07%)	145
B.65~70 岁	40 (25.16%)	0 (0.00%)	72 (45.28%)	2 (1.26%)	1 (0.63%)	1 (0.63%)	12 (7.55%)	10 (6.29%)	17 (10.69%)	5 (3.14%)	66 (41.51%)	1 (0.63%)	159
C.71~75 岁	8 (14.04%)	0 (0.00%)	26 (45.61%)	2 (3.51%)	1 (1.75%)	1 (1.75%)	7 (12.28%)	4 (7.02%)	6 (10.53%)	2 (3.51%)	29 (50.88%)	0 (0.00%)	57
D.76~80 岁	8 (19.51%)	6 (14.63%)	21 (51.22%)	1 (2.44%)	1 (2.44%)	2 (4.88%)	4 (9.76%)	5 (12.20%)	5 (12.20%)	1 (2.44%)	14 (34.15%)	0 (0.00%)	41
E.81 岁及以上	9 (15.52%)	13 (22.41%)	30 (51.72%)	1 (1.72%)	4 (6.90%)	3 (5.17%)	8 (13.79%)	4 (6.90%)	5 (8.62%)	2 (3.45%)	27 (46.55%)	0 (0.00%)	58

从整体上来看，Z 社区老年人的大病发病率比较低，且大部分都可以照顾自己的基本生活起居。在回答“你曾否入住过医院”一题时，选择“没有住过院”的占比为 58.33%，选择“例行检查身体”的占比为 17.74%，选择“身体不适入住医院治疗”的占比为 18.38%，选择“入住医院及进行手术”的比例为 3.21%。

区所在的医院能够保障老年人的基本养老需求，当需要进行手术时，老年人表示会选择市级以上的医院进行治疗。在回答“您能否独立完成的日常活动”时，高达 96.58% 的调查对象表示能够做到基本生活自理。

2. 家庭、邻里关系与社会交往

（1）家庭关系与情感需求。

家庭关系的和谐，对于老年人安享晚年提供了重要的心理温暖和情感慰藉。在 Z 区，家庭养老仍然是最为重要的养老模式，家庭关系对于老年人的生活质量具有决定性的影响。

首先，与子女同住成为老年人的首选生活方式。从居住方式来看，调查对象中选择“与配偶及子女 / 孙儿同住”“与只与子女 / 孙儿同住”的分别占 60.47% 和 16.45%，两项相加为 76.92%。“两老同住 / 与配偶同住”的占比为 12.82%，“独居”的占比为 6.2%。“与护工同住”的占比仅为 0.85%。除了居住在一起之外，老年人与子女之间的交往频率显示二者亲密关系、成为提供心理慰藉的重要指标。从调查数据来看，85.68% 的老年人表示，每天都可以见到自己的子女，8.12% 的老年人选择每周一次或更多，只有 2.56% 的调查对象选择每月一次或更多的情况。选择几个月 1 次、每年 1 次或更少和没有见面的占比分别为 0.43%、0.21% 和 0.43%。可见老年人与子女的交往和互动较为频繁。

其次，子女也是老年人解决各种生活困难和需要帮助时最为重要的依赖对象。从调查中可知，在回答“当你遇到患病要看医生时，通常是谁陪你去看病的”时，选择子女的占比为 62.18%，远高于占比分别为 45.94%、13.25%、3.21% 的“自己”“配偶”和“亲戚”。值得注意的是，选择“护工”的占比仅为 0.43%，选择“社工”的则为 0。这从一个侧面反映出 Z 社区养老对于亲情的依赖程度，对于专业化的护工和社工则缺少依赖性。在回答“当你遇到困难，会找谁帮助”时，选择“家人 / 亲戚”的占比为 74.15%，选择“靠自己”的比例为 40.17%，选择“邻居 / 街坊”“朋友”“居委 / 社区等政府部门”的比例分别为 7.48%、2.56% 和 1.92%。可见，老年人在需要帮助时更倾向于寻求亲情和私人帮助。

最后，良好的家庭关系尤其是亲属关系为老年人提供了心理、精神慰藉。从

Z社区老年人对“家人（配偶/子女）的关系”的满意度来看，选择“非常好”和“好”的比例为27.99%和65.17%，两项相加显示家庭关系满意度达到93.16%。从反面来看，高达90.81%的老人表示没有与子女发生过争吵。导致与家人争执发生的因素，排在第一位的是生活习惯问题，占到2.78%；1.07%长者因金钱问题与家人发生争执的，此外因为子女工作、婚姻问题、情绪问题、产权分配问题发生争执的比例都在1%以下。从个人访谈的情况来看，老年人对家庭关系的满意度都比较高。其中有一位98岁高龄的老人，行动不便，精神也不能太劳累，所以大多数时间都是在家里休养。虽然他每天都可以见到她的子女和孙子，但是这位长者的心态并不是那么积极乐观，觉得自己是个累赘，拖累着年轻人。尽管如此，她的女儿还是悉心照顾着她的生活起居，并耐心地开导老人，为老人提供了全面的生活照料和情感慰藉。

（2）邻里关系与社会交往。

邻里关系和睦也将会对老年人养老提供重要的支撑，丰富老年人的社会交往。从调查情况来看，67.52%的长者会经常与邻居打招呼以及倾谈，24.79%的长者偶尔会，6.2%的老年人不会与邻居相互照应。在回答“如果你家中欠缺一些东西急需用（如油、米、盐或维修工具），你是否主动向邻居借用”时，选择“肯定会”的比例为10.74%，可能会的占比为32.91%，选择“肯定不会，自己再想办法”的比例为47.22%，说明邻里关系的亲密程度远远比不上家庭关系。

老年人与邻里之间的交往活动较为丰富。依次是“围坐闲谈”（71.79%）、饮茶（17.74%）、运动（如打太极、跳舞等，17.52%）、打麻将纸牌（11.75）、出外旅游（8.12%）、棋类活动（2.35%），显出老年人之间的交往活动丰富多彩，体现出“喝早茶”“打麻将”等传统交往方式与出外旅游、跳广场舞等现代交往方式的相互交织。但是，对于外来民工，老人的交往则呈现出较大的差异性，譬如研究者观察到，其中一位老人对租房子的外地民工有一种戒备心理，平时遇见了也不会主动打招呼；而另一位老人经常敞开着家门，在自家门口乘凉，跟邻居聊天闲谈，和附近的租客关系都很友好，见到面会互相打招呼。可见，Z社区的社交关系既体现出传统乡土中国中对于熟人关系的信任和青睐，也遭遇着现代契约社会中陌生人关系的复杂性。老年人群在延续传统信任关系的同时，以不同的方式来应对人口的流动和变动的邻居关系。

总体而言，老年人对于邻居关系是比较满意的，选择非常好和好的比例分别为 24.79% 和 70.73%，两者相加为 95.52%，满意度甚至超过了家庭关系。高达 94.02% 的老人表示与邻居没有发生过争吵，关系很和谐。值得注意的是，邻里关系的和谐主要源于老乡情缘和传统邻里关系的传承，社工服务和政府支持的作用表现得不明显。没有一位调查对象选择“社工服务”作为交往的方式，在访谈中也很少有老人谈到对社工组织及其人员的信赖。

3. 文化康乐与精神生活满足

（1）参加文化娱乐活动情况。

文化娱乐活动的丰富性及其层次既影响着老年人的生活质量，还反映了老年人精神生活的满足程度和老年文化的发展状况。从调查的情况来看，Z 社区的文化娱乐活动比较单一，丰富性和层次性都有待提升。具体情况见图 2–2。

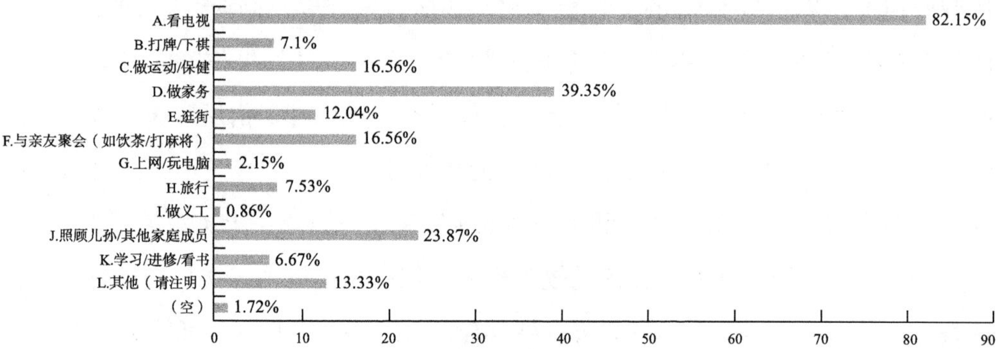

图 2–2　Z 社区老年人日常活动情况

从图 2–2 可以看出，其中看电视占比为 82.15%，高居榜首；做家务、照顾儿孙分列二、三位。再次就是做运动、保健和与亲友聚会等社交活动。选择上网 / 玩电脑、学习 / 进修 / 看书和做义工的比较都比较低。在回答“过去一年您曾参加过哪些活动”时，排在前列的依次是“保健讲座 / 义诊”（29.7%）、“文艺表演”（7.91%）和“传统活动（龙舟、狮会等）（7.26%）”等，高达 56.84% 的调查对象选择从没有参加过任何活动。可见 Z 社区老年人的日常生活方式依然是比较

“传统”和单调的。

从老年人期望的文化活动来看，同样呈现出务实、传统和单调的特征。具体情况如图 2–3 所示。

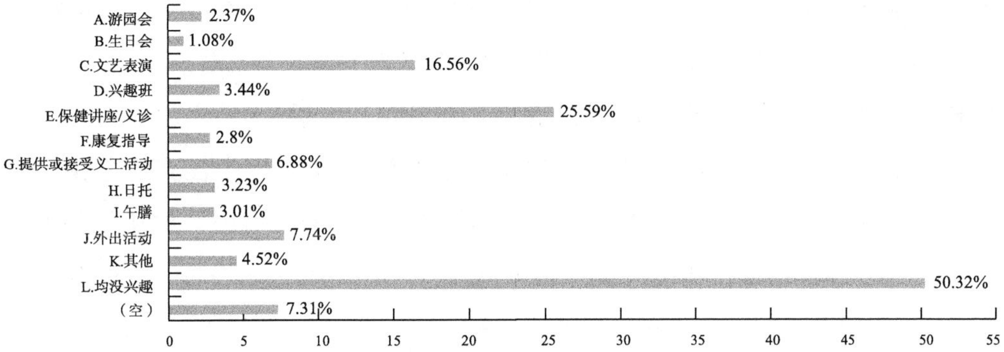

图 2–3　Z 社区老人感兴趣的文化服务

当问及调查对象感兴趣的有哪些文化服务时，有 50.32% 的长者表示不感兴趣，而有 25.59% 的长者对保健讲座 / 义诊有兴趣，16.56% 的长者对文艺表演有兴趣，如何丰富和拓宽老年人的文化活动依然值得深入探讨。

（2）心理健康和精神生活状况。

老年人的心理健康、心理状态也是影响其生活质量的重要因素。在问及“你是否有孤独寂寞的感觉”时，84.4% 的调查对象选择了“从来不会”，选择“有时会”的占 8.97%，选择经常会的仅占“3.63%”。在问及“通常以何种态度来面对困难”时，选择“积极面对”的比例为 74.15%，选择“寻求协助”的比例为 31.62%，选择“无可奈何”的比例为 11.11%，选择“逆来顺受”（5.34%）、“置之不理”（2.78%）、“自怨自艾”（1.92%）、“自我嘲笑”（1.07%）等消极心理的人都比较少。在回答您是否有过“厌世念头”时，84.4% 的人表示“没有”，13.03% 的人对此不作回答，明确表示“曾经有，现在没有”“曾经有，现在偶尔仍有”的人占 1.07%，积极心理明显高于消极心理。说明从整体上看，Z 区老年人的心理状态是比较积极的。

随着年龄的增长，老年人的力量感在减弱。在问及“对于自己想做的事情，你会感到”时，59.4% 的调查对象选择“有能力”，2.41% 的调查对象选择“很有能力”，但也有 24.57% 的人选择了“无能力”和 2.99% 的人“好无能力”，两项相加为 27.56%，说明老年人对自己的力量感明显减弱。为了解哪些因素给老年人带来心理困扰，我们设计了“你目前感到困扰 / 担心的问题是什么”一题，67.52% 的人选择了“其他”，10.26% 的人不做回答，明确表达困扰问题的依次为“身体虚弱多病”（10.47%）、“为晚辈的事操心”（8.55%）、“经济困难”（5.77%）、“与家人情感关系薄弱”（1.28%）和“无聊”（0.85%），显示生理和现实因素带来的心理困扰远大于情感因素和精神因素。

从整体上来看，Z 社区老年人对于生活的满意度还是比较高的。在问及“您生活的开心指数”是多少时，选择“非常开心”和“开心”的比例分别为 64.96% 和 25.64%，两项相加为 90.6%，明确表示不开心和很不开心的分别为 4.7% 和 0.43%，另有 4.27% 的放弃回答。

（三）Z 社区老年人的养老模式及其发展趋向

当前中国现有的养老模式主要可以分为居家养老、机构养老（院舍养老）和社区养老三种类型。Z 社区尽管在地理位置上已经处于日益扩张的城市辖区之内，且繁盛的商贸活动和日益增多的流动人口在冲击着传统乡镇，但其养老模式仍然属于比较典型的居家养老模式。家庭关系尤其是子女在老年人养老中发挥关键作用，社区的力量、机构的力量相对较弱，在老年人养老中的功能尚未体现出来。

从整体上来看，Z 社区老年人的生活质量是比较高的。在生活水平和物质保障方面，Z 社区具有扎实、稳定的物质生活保障，尤其是具有独立的住房条件；老年人的健康水平整体较高，且有比较便利和健全的医疗保障制度。在生活方式上老年人与子女同住，相互照料，在生活上相互帮助，在情感上相互慰藉，家庭关系比较协调。子女不仅是老年人解决各种生活困难和需要帮助时最为重要的依赖对象，而且给老年人提供了安全感、亲情感、归属感。老年人也可以帮子女做家务，照顾孙子女，成为家庭中不可缺少的角色。同时，邻里关系比较和谐，“熟人社会”“乡邻关系”为老年人提供稳固、熟悉的社会交往，喝早茶、聊天等方式也是老年人社会交往最为主要的方式。从文化活动来看，与老年人的文化水平、生活方式相对应，呈现出平民化和传统性的特征。从心理状态来看，尽管老年人不可避免地会遭遇"无力感"的困扰，但其心理态度整体而言是比较积极向上的，积极心态明显大于消极心态，老年人对于生活持积极肯定和满意的态度。

由此可见，居家养老模式具有突出的乃至于无可替代的优势：包括有利于节约社会养老成本[1]、搭建便捷的健康保障平台、丰富家庭代与代之间的情感沟通、传承中国人独特的价值观念和营造良好的心理氛围和社会风气等。但是，居家养老模式并不排斥机构养老（院舍养老）和社区养老的积极意义，尤其是在中国城镇化加速、家庭结构变小、社区功能凸显的背景下，不能弱化社区在整合各种养老资源中的功能。进而言之，居家养老模式需要社区和基层党政机构提供相应的保障条件作为前提。以Z社区为例，老年人的生活质量较高，是建立在一系列相关保障条件基础之上的：其一，村集体提供的稳定而可观的定期分红是重要的物质前提，这种来自于村集体的物质保障替代了国家社会养老保险、社会保障和医疗保险。但这种村集体分红的经济来源对于中国绝大多数乡镇来说是不现实的。因而不能因为强调居家养老的优势，弱化政府的养老责任和社区提供养老资源的责任。其二，和睦的家庭关系和邻里关系需要借助于宗族力量，发挥传统文化力量在构建养老文化中的功能。Z社区深受广府文化的影响，各自然村都重视宗祠文化传承，各自然村小组都建有旧宗祠或翻新宗祠，这种依托于宗族的力量既强调了家庭关系的和睦，又借助宗族的力量、亲情的关系来维系和睦的邻里关系。这是Z社区邻里关系较好的一个重要因素，同时从一个侧面也反映了面对外来流动人口的困境和调适。其三，居家养老在一定程度上也与当地人的就业方式、人口结构和生活方式有关。近年来房价、地价不断上涨，当地人可以凭借房屋出租、土地出租获得不菲的收入，因而他们大多在当地工作和生活，外出打工的年轻人不多，几乎没有离开珠三角打工的青壮劳动力。同时，当地人生儿育女的意愿比较强烈，甚少有独生子女的家庭。这在客观上推动了大家庭结构以及对于老年人照看子女的需求，因而更容易营造居家养老的家庭氛围。

依据以上保障条件，Z社区的居家养老并不是以自然村为单位的居家养老，

[1] 孙迎春.我国社区居家养老调查及对策研究——基于南京市栖霞区居家养老调查[J].特区经济，2011（11）.

而是依托于集体村镇和大宗族的居家养老模式。村镇和社区在统合各种养老资源中发挥了重要的作用。因而准确地说，Z社区的居家养老模式是建立在社区统合各种养老资源基础上的居家养老模式。它在发挥诸多优势的同时，不可避免遭遇社会变革、社会流动的各种冲击，并具有生活圈子相对固定和文化生活较为单调的短处。譬如老年人外出旅游的比例较低，其参加文化娱乐活动的层次不高，丰富性有待进一步提升等。

近年来，相关养老机构和社会力量一直试图在养老上有所作为，其中最值得关注的就是社工服务机构在当地的尝试和努力。广东省近年来一直在"政府购买社工服务"方面进行着积极的探索，Z社区也成立了一家社会服务机构，养老服务一直是其工作的重要内容。然而，老人们对社工服务的态度并不积极。从调查结果来看，77.56%的老人不知道社工工作，知道的仅占18.59%。社区尤其是社工机构组织的相关活动，老人们并不感兴趣。高达47.82%的老人对社工机构组织的各项活动不感兴趣。在谈及为何不参加社工服务机构组织的活动时，居于首位的同样是"不感兴趣"，所占比例为50%，其次依次包括"没有时间"（23.93%）、"行动能力"（19.66%）、"路程"（8.55%）和"信息通知"（6.62%）等。可见，目前社区养老服务的人力配置、养老设置均未完善，社工组织当前并未在养老服务上得到老人们的认可、认同。

从2015年开始，Z社区开始加大了以养老服务为重点的社区服务购买力度，相关机构正在进行调查、摸底和进行规划，如何开拓社工、康复医生、护士、营养师等专业人士开展社工服务、康复护理服务和健康膳食服务，仍然需要深入探索。

我国人口老龄化进程的长期性、特殊性以及紧迫性，使得人口与经济、社会全面协调可持续发展面临严峻挑战，如何构建符合中国国情和地方实际的多元化养老模式需要从理论和实践两个层面进行探索。从国家层面来说，需要从"长期性、综合性、全局性、前瞻性、战略性"的高度，积极开展顶层设计和完善各项养老制度，不仅关注养老问题带来的经济影响，更要关注养老问题所蕴含的民生意义和社会服务功能。从各级基层政府来说，则需要因地制宜地探索养老模式。

应当说，居家养老在相当长时间内仍然是中国养老的一种主要模式，应当积极探索如何通过社区力量来统筹、整合各种资源，为居家养老模式提供更为有效的保障条件和制度支撑，从而有效破解当前居家养老所面临的各种困境和难题，推动居家养老模式具有更多、更丰富的内涵。

三、代际关系：成人本位与青少年社会化困境

在现实生活中，往往可以听到家长和教师这样抱怨："现在的青少年怎么这么不听话？"而另一端青少年也在疑惑、抱怨和质疑："我为什么要听话？听你们的话有什么好处？做我自己现在喜欢做的事情有错吗？"于是在"听话"和"不听话"之间，发生了代与代之间的隔阂、矛盾乃至冲突。运用"社会化"术语来分析，"听话"折射的是一种社会化的理念。这种理念预设了做出"听话"指令的教师和家长的正当性、合理性，以及青少年遵从这种"指令"的必要性和价值性。那么，正如青少年所追问的那样，这种社会化理念是否合理？青少年的追问和反叛本身表现了这种理念在当代社会遭遇到了困境，困境何以会发生？我们又应当如何超越这种困境、从而构建合理的社会化理论？

1. 人的社会化理论及其"成人本位"偏向

人的社会化是一个重要的概念，社会学、心理学、人类学与传播学等学科对其定义都有不同的解释。在社会学界，具有代表性的是著名社会学家费孝通先生的观点："社会化就是指个人学习知识、技能和规范，取得社会生活的资格，发展自己的社会性的过程。"在心理学界，吴江霖这样界定人的社会化："怎样把自然人变成对社会有用的社会人就是社会化。"[1]人类学家则多从文化传承的视角来定义社会化，如有的学者称社会化为主体"接受文化熏陶"，从而促使"使文化代代相传的过程"。一般来说，社会化应该包括两方面的含义：一是个人在社会中掌握社会知识、技能，学习、继承文明，从而把属于社会的规范、制度和文明内化为个体所认同的规则、信念与行为习惯。二是个人积极地参与社会生活，介入社会环境，再现社会经验，发展个性的过程。因此，我们比较赞同刘豪兴、

[1] 费孝通．社会学概论 [M]. 天津：天津人民出版社，1984：54.

朱少华的观点："人的社会化过程，就是作为一个'社会学习者'和一个'社会参与者'的人的全面发展的过程。"[1]

青少年的社会化，既受到社会环境、朋辈群体和文化氛围的自发影响，更受到学校教育、家庭教育的自觉影响。为此，家长、教师持何种社会化理念，将对其教育行为产生巨大影响。正如前文提到的"听话"一词所揭示的那样，社会化理念长期以来具有一种规训、教化的偏向，即以社会的需求为理由、把成年人的价值观念和利益原则来指导青少年的社会化，把青少年对成人世界的靠拢和同化视为社会化的本质特征，忽略了对青少年主体地位的尊重。我们将这种理念偏向称之为"成人本位"的社会化理念。

这种理念首先过分强调了成人的权威而忽略了青少年的主体地位。它预设了成人生活世界的合理性、正确性，预设了青少年世界的幼稚和不完满，是一个有待填充的空间，于是主张用成人生活方式来逐渐填充、改造儿童世界，促使青少年完全接纳、认同成人的经验以达到成熟。正如大卫·帕金翰在《童年之死》中指出的那样，它"在观念上造成这么一个印象：儿童是在本质上缺乏某种素质或不完全的个体"[2]。青少年常常被作为实现成人期望、维护和建设现存社会的工具，他们所学习的社会知识、社会技能、社会经验以及价值规范都是隶属于成人世界的内容，是他们难以理解的外在之物，只得消极被动地接受；而不加批判不带排斥地接受又正是成人所欢喜和鼓励的行为，听从教导、努力学习的"好孩子"被认为社会化进程更快和更容易成功。由此，青少年丧失了自身的主体性和批判性，社会化进程变成了对青少年社会性成长和个性发展的异化形式。

更进一步说，这种社会化理念是建立在社会本位论与对人的片面理解之上，而没有从"现实的人"来考虑社会化问题。从本质上来看，人的社会化是一个反映个体和社会关系的概念。人们对于社会化实质的认识，首先建立在个体和社会的关系的理解以及对于人的本质的理解两个层面之上，关于个体—社会关系以及人的本质的认识怎样，就会有怎样的社会化理念。马克思曾经深刻地指出："人

[1] 吴江霖．社会学与社会心理学 [M]. 北京：工人出版社，1986：194.

[2] 帕金翰．童年之死 [M]. 张建中，译．北京：华夏出版社，2005：13.

的本质不是单个人所固有的抽象物，在其现实性上，它是一切社会关系的总和。”[1]基于这种认识，人的社会化应当是个体与社会之间的良性互动，一方面，个体通过学习，社会或者群体的规范，掌握其社会成员都应具备的知识、技能和观念，取得社会生活的资格，实现从自然人到社会人的转变。另一方面，在社会塑造个人的同时，个人也能动地改造着社会。然而，在“成人本位”的社会化理念中，强调了社会对主体的规约而忽视了主体对社会的选择性接受以及创造性改进，同时，成年人垄断了对社会需求的解释权并将之等同于成年人世界，这就在社会规约的假设中更加上了成人的规约，将社会规约等同于成人规约。

社会化理念的“成人本位”偏向的弊端也必然会在社会化过程中体现出来，其重要表征就是对“乖孩子”标准的推崇，以及在这种标准下产生的“过度社会化”与“社会化不足”两种现象的同时出现。社会化不足指社会化主体没有接受和内化社会知识、规则，没有认同主流文化，处于社会的边缘状态，没有形成人们期望的“社会人格”或者形成反社会人格的现象。过度社会化，也有学者称之为“超强社会化”现象，指那些完全听命于父母与教师教化，没有形成和发展好自己独立性、个性的现象，这样的人的突出特征是社会性过度而个性发展不足。药 ×× 悲剧事件体现了社会化不足和社会化过度的同时存在。家长把出人头地、技术拔尖作为眼中的“乖孩子”而加以推崇，忽略了其作为主体的人格需要尊重和发展，最终，这种“乖孩子”在钢琴技术方面出类拔萃而在生命意识方面极端冷漠，在社会常识方面极端匮乏，从这个意义上来说，药 ×× 身上体现了社会化不足。但另一方面，药 ×× 又是父母眼中的“乖孩子”、同学眼中的“好学生”。长期生活在这种环境下的青少年，个体的个性得不到发展，心理上承受巨大的压力，能力发展片面，一旦遭遇挫折则会引发严重的问题。

2. 信息社会下“成人本位”社会化理念的现实困境

美国著名人类学家玛格丽特米德从文化传递模式变迁的角度，把人类文明分为前喻文化社会、互喻文化社会和后喻文化社会三种模式，每一种文化模式所主导的社会形态都由其相应的社会生产发展方式、价值观念的统合程度以及信息传

[1] 马克思，恩格斯．马克思恩格斯选集：第 1 卷 [M]. 北京：人民出版社，1995：59.

播方式为其提供条件，人类文明的总体进程大致是从前喻文化社会逐步发展到后喻文化社会。这对于我们分析社会化问题颇有启发。“前喻文化”所主导的社会所对应的是以社会生产力发展水平较低、社会变革速度相对缓慢、社会环境相对封闭、价值观念的高度统一和直线的信息传播渠道为特征的社会，正是这些社会条件的存在，为“后喻文化”主导的社会提供了合法性论证。米德深刻地指出：“前喻文化”基于这样一个假设：“他们的生活方式（但事实上其本身也许包含许多变化）是不可改变的，永远如此的。”因此，“儿童在成长过程中，对周围的人所毫无疑义地接受的一切也毫无疑义地接受下来”。[1]

当今社会，无论是我们称之为知识经济社会、信息化社会，还是学习型社会抑或“后工业时代”，都与过去封闭社会不可同日而语了。借用玛格丽特米德的术语来表述，就是“互喻文化”和“后喻文化”逐渐占据主导地位的社会。随着信息技术的发展，社会变迁速度的加快，“前喻文化”所依赖的诸多条件正在消失和改变，成人本位的社会化理论面临着有力的冲击和挑战，迫使我们去反思“成人本位”社会化理论的合理性。这种冲击主要表现在如下方面。

第一，信息技术的发展和知识更新的加快导致成人信息、知识垄断权的消失和信息优势的瓦解。以电视、网络为代表的现代信息传播技术彻底地改变了传统社会的信息传递方式，信息、知识毫无分别地面向成人与青少年传播，对信息的控制与筛选逐渐变为困难以致不可能。“知识爆炸”把成人与青少年同时拉到一个未知世界的边缘。由此，成人在知识信息方面不再具有绝对的优势，“成人的秘密”也逐渐为青少年知晓。由于青少年接受新信息、新技术的能力相对较强，在有些方面，成人的信息量、知识量不如未成年人的情况也经常出现，成人需要向青少年学习社会知识、规范的概率大大增加。“文化反哺”就是对成人—青少年关系颠覆性变化的一类形象描述。在这种社会背景下，社会化如果仍然仅仅遵循传统社会中的那种居高临下的“教导”，笃信、迷恋长者的权威，那就是成人世界的盲目自大，其结果必然导致青少年社会化的失败。

第二，社会变迁速度的加快和社会开放程度的提高使成人自身的价值观也面

[1] 米德．代沟[M]．曾胡，译．北京：光明日报出版社，1988：3.

临着相对性与多样化的多种冲击，保持意识形态领域的优势地位难度增大。在现代社会，社会变革速度越来越快，新生事物层出不穷，新的社会组织和生产方式不断涌现。社会存在决定社会意识，社会的急剧变革必然带来文化、价值观念的相对性与多元性。再加上各国各地区之间广泛的经济、文化交流与价值观念碰撞的日益频繁，人们价值取舍和选择的范围日益扩大，进一步加剧了价值观念多元、相对性的趋势。在这种背景下，成人自身的观念也面临着激烈的冲击，整体的、统一的成人观念也逐步分化，呈现出多元、变化的特征。而出生在新的社会环境下的年轻一代，他们的价值观念更呈现出个性化、复杂性的特征。因此，在社会化和教育的过程中，如果仍然用一种统一的价值观念对青少年进行灌输，忽视青少年个体价值观念的差异，必然会导致社会化受阻甚至失败。

第三，社会生产方式和生活方式的变革强调发展和创新，成人经验的价值受到削弱。传统社会里，未来一辈的生活往往就是先辈经验的重复，因而未成年人在社会中观察到的、体验到的事务往往会印证成人的经验是颇有益处的，值得信赖的。但是，现代社会是一个多变的、全新的社会，这个社会强调突破、超越和创新。在现代社会里，每一代人都可能面临先辈所未曾经历的新境遇、新情况，而成人教导的经验往往与现实生活相违背，或者不足以应付现实生活的新变化，甚至在某些情况下，按照成人的价值观念和思维方式来处理事情的时候会遭到挫败，成人经验、价值观念成为适应新社会的阻力和负担。相反，在新的时代条件下成长起来的青少年，在某些方面反而比成人更容易适应时代特征和要求，产生一些成人所没有的新设想，做出一些成人做不到的新举动。一旦青少年有了这样的认识或者经历，成人的权威便会在怀疑中消解。

第四，现代社会青少年主体意识的增强也降低了他们对成人的认同感与服从感。当代的青少年，掌握的信息、知识的程度大有提高，心理发展程度大为加快，他们追求自身权利的欲望与能力也远远胜过传统社会的同龄人。而且，当今的青少年，往往追求对自己这个独特群体的认同和价值，他们把对成年人的集体反叛，对成人价值观念的整体背离作为寻求自身话语权和集体认同感的重要手段，以特别的姿态来凸现自己这个集体的意义，寻求社会的认同。美国 60 年代的青少年运动就是一个典型的例子。在这个过程中，青少年流行文化的兴起与盛行起了推波助澜的作用。青少年流行文化的兴起，使得青少年能够得到自己同辈的流行话语，形成不同于长辈的整套价值观念、生活方式，对长辈的价值观念、生活方式日渐疏远。因此，成人不再是他们崇拜和学习的榜样，而是批判与背离的对象，这无疑会大大削弱成人的权威。

第五，人本主义思潮的兴起和寻求“儿童权利”的运动促使人们去关照青少年的本体意义和生活世界。人本主义思潮高扬“生命本体”的意义，把人的生命尊严的实现和生命质量的提高作为衡量社会发展和社会制度的标尺，体现了对人的终极关怀。人本主义思潮认为，个体的生命价值是不可剥夺和不可替代的，青少年跟成人一样具有生命本体的意义，从儿童到青年这一人生阶段，是人的生命过程中不可或缺，也是不可替代的重要组成部分，不能被工具化和异化，而是应当拥有权利按照自己的意愿来生活。与这一思潮相呼应的是“儿童权利”运动在西方的兴起。在争取儿童权利的运动当中，人们也开始反思成人凭借着对青少年的养护权而对青少年进行的隔离、限制是否是道德的，合理的。人本主义思潮的兴起和“儿童权利”的运动开展，给我们提供了一个反思社会化理论的视角，在一定程度上对“成人本位”造成了冲击。

3.“成人本位”社会化理念的超越与重构

建构合理的社会化理论，实现其对“成人本位”偏向的超越，是当前青少年社会化迫切需要解决的课题。笔者认为，合理的青少年社会化理念的建构，应当遵循以下三个方面的基本原则。

一是在哲学指导理念上以科学合理的人本质论和交往论为基础。从哲学的角度来看，社会化理念的“成人本位”偏向对人与社会关系的片面理解以及建基于“主体—客体”二元对立的哲学基础之上。马克思曾在《关于费尔巴哈的提纲》中深刻批判了旧唯物主义抽象的人本质论，揭示了人与环境之间的良性互动：“关于环境和教育起改变作用的唯物主义学说忘记了：环境是由人来改变的，而教育者本人一定是受教育的。因此，这种学说必然会把社会分成两部分，其中一部分凌驾于社会之上。环境的改变和人的活动的一致，只能被看作是并合理地理解为变革的实践。”马克思在这里所强调的人与社会关系之间的本质联系，指明了科学社会化理念的建构需要建立在环境对人的制约作用以及人对环境能动的改造作用这一哲学基石之上。

现代西方哲学对“主体间性”和“交往理性”的探讨，可以说与马克思的人本质理论殊途同归，实现了对“主体—客体”二元对立观念的超越，对构建合理的社会化理念也具有重要的启发意义。在传统社会化理论指导理论及青少年社会化实践中，成人被有意无意地看作是社会化过程中的主体，青少年是社会化过程中的客体，成人与青少年之间的关系，被等同于人与客观物质的关系，青少年作为人、作为主体的意义被消解了，成为消极等待成人来“化”的客体，丧失了主体的尊严、价值及其主动性。从本质上来说，传统社会成人—青少年关系的弊端根源就在于成人以对待客体的方式来对待作为“主体”的青少年。

现象学哲学家胡塞尔对传统“主体—客体”关系进行了批判与反思，并提出了“主体间性”理论。[1]在胡塞尔现象学中，我、你、他或者我们、你们、他们不仅相对于自然物质世界都是主体，而且无论作为认识者还是认识对象都是主体，你和他虽然是对象，但也是主体。我与你、我与他、他与你或者我们与你们、我们与他们、你们与他们的关系都是主体与主体的关系。胡塞尔的主体间性理论得到解释学和后现代主义思想家们的普遍认可，在哈贝马斯发展成为交往理性的重要概念。哈贝马斯以交往理性为基点、以系统和生活世界的二元分裂为框架，通过主体间的合理交往消解工具理性的异化，由此构建了自己的交往行为理论。

所谓交往理性，是发生在主体之间的平等交流，“在这里，发言者和听众，从他们自己所解释的生活世界的视野，同时论及客观世界、社会世界和主观世界中的事物。”[2]交往理性能够消解系统的压迫性影响，成为达到“生活世界”的重要方式，从而为构建青少年社会化理论提供了重要的哲学理论基础和方法论指导。

二是承认青少年的主体地位，确立成人—青少年“主体—主体”的平等地

---

[1] 郝文武.师生主体间性建构的哲学基础和实践策略[J].北京师范大学学报(社会科学版),2005(4).

[2] 哈贝马斯.交往行动理论[M].重庆：重庆出版社，1994：135.

位。现代社会的发展一方面宣告了成人权威地位的消失与权威—服从型的关系的瓦解，另一方面显示了青少年对自身权益、独立性的自觉性与主动性，因此，主体—主体地位的建立是社会化理论在今天仍然有效的前提与基础。可以说，当前社会化和教育的失败在很大程度上是成人们按照成人生活的需要选编教育内容，脱离了青少年自己的生活，使得青少年不能接受或者不想接受而造成的，其理论根源还是“成人本位”社会化理论的误导。如果要建构有效和有针对性的社会化理论和教育理论，必须要以关照青少年生活为前提。

进一步说，青少年主体地位的确定，不仅仅是工具意义上的，而且是本体意义上的：“成人本位”的社会化理论，也是一种“人学空场”的理论，即在价值趋向上是社会本位的价值观对个人价值的侵蚀，工具价值对生命本体价值的替代，青少年的生命本体价值和青少年世界的独特意义是缺失的。“主体—主体”平等地位的社会化理论，应当以尊重和维护青少年的生命本体地位为基本理念，在社会化的过程中吸纳青少年看问题的独特眼光和视角，如尊重童年对生活的好奇、纯洁的感情等。正如哈贝马斯指出的那样，主体之间平等的交往具有社会化的突出意义。“从交往的角度看，它们是用来保存和发展文化知识的；从社会化的角度看，它们则是用来培养和维护个人认同的。”[1]基于主体之间平等地位的真诚交流是社会化的合理乃至唯一途径。

三是要营造成人—青少年对话的语境。现代社会是一个文化多元、价值多元的社会，不同的文化、不同的价值需要也能够共存，这就需要持有不同价值观的人能够“求同存异”“和而不同”。即持一种平等、宽容、谅解的态度，寻找共同的话语。这一原则，应当成为建构成人—儿童关系的理想图景与合理社会化理论的又一基本理念。既然在当今社会，随着社会变迁速度的加快，儿童与成人之间由于生活环境、成长环境的差异而不可避免地存在距离与差异，我们就应当承认这种差异，并寻找共同的话语进行交流、沟通。

怎样才能实现真诚有效的交流，哈贝马斯指出：“有效的行为协调不是建立在个体行为计划的目的理性基础之上，而是建立在交往行为的理性力量基础之上；

[1] 哈贝马斯．后行而上学思想 [M]. 南京：译林出版社，2001：82.

这种交往理性表现在交往共识的前提当中。”他强调，只有在交往行为中，语言才同时承担认知、协调和表达的功能，并提出了真实性（truth validity claim）、合理性（rightness validity claim）和真诚性（sincerity validity claim）三个衡量交流的指标。现代社会提供了建构这种对话语境的条件。尽管社会的变革会使很多事物变成瞬时性的和相对性的东西，削弱了许多成人价值、经验的权威性，但是人类历史积淀的一些基本的原则与精神，如对生命的敬畏、对未来的希望等则不会随着时间流逝而过时，这些东西，也应该成为成人与青少年平等交流的内容。此外，作为人的生命，很多境遇是相同的，并不会随着历史的演进而改变其本质的内容，因而我们完全可以在这些共同的境遇里进行平等的交流与对话。而且，只要具有交往理想的前提和基础，形成了对平等交往的原则相互尊重的原则，话语、话题和交往的内容是可以在交往过程中构建出来的。这种建构出来的话题而不是成年人强迫给青少年的话题，不仅对青少年的社会化具有积极意义，而且也是成年人不断学习、不断创造的过程，最终，成年人和青少年能够在对话、交流中共同创造应对未来变革的知识、经验和技能。

第三章　文化关系嬗变与精神文明建设

毛泽东指出："一定的文化是一定社会的政治和经济在观念形态上的反映。"[1]文化领域发生的新变革，以价值观念嬗变、思想领域争论、意识形态争夺等方式集中呈现出来，以其独特的方式反映、折射着社会变革洪流，构成人的社会关系变革的重要观测视角。本章从文化自信、价值引领、意识形态创新和教育改革等四个维度，关注当代中国的文化关系嬗变，探索精神文明建设的基本路径。

一、理论自觉：以科学理论厚植文化自信

党的十八大以来，党中央提出了坚定文化自信的重要命题。习近平总书记强调：坚定中国特色社会主义道路自信、理论自信、制度自信，说到底是要坚定文化自信。文化自信是更基本、更深沉、更持久的力量，是更基础、更广泛、更深厚的自信。[2]在全球化迅速扩张、西方文化强势侵入的时代境遇下，文化自信"何以可能""何以实现"是思想界、学术界热议的话题。中国在文化发展路径上是否应该像西方自由主义学者所鼓吹的那样，终结马克思主义的指导思想与社会主义发展道路，转而投入西方资本主义文化的怀抱？还是像新儒家所倡导的那样，在中国传统文化资源的复归中寻找希望？实际上，在当代中国，马克思主义理论在实现文化自觉中具有十分重要的功能和地位，文化自信的生成依托于坚持和发展马克思主义，尤其是21世纪马克思主义的理论自信。从历史逻辑来看，文化

[1] 毛泽东．毛泽东选集：第2卷[M]．北京：人民出版社，1991：694.

[2] 习近平．习近平谈治国理政：第2卷[M]．北京：外文出版社，2017：349.

自信是一种现代性过程，马克思主义与文化自信的发端具有不解之缘；从时代境遇来看，马克思主义赋予文化自信以可能性，这种可能性通过对当代西方文化的超越、对中国传统文化的重塑、对社会主义文化的创造三个层面的价值展现出来。

1. 马克思主义对西方资本主义文化的拒斥与超越

当前，文化自信面临最大的冲击是西方文化的强势入侵，如何避免对西方文化"趋同化"成为文化自觉的首要课题。当代西方文化打着"民主、自由、人权"的幌子，标榜"普世价值"，借经济全球化之力在全球范围内不断扩张和渗透。坚持马克思主义的指导，既有助于我们认识西方资本主义文化的本质和特征，也为我们超越西方文化提供了价值原则。

首先，马克思主义戳穿了西方资本主义文化"普世价值"的谎言，揭示了西方资本主义文化是由资产阶级的物质生活条件决定的，是其阶级利益在观念上表现的本质属性。马克思指出："统治阶级的思想在每个时代都是占统治地位的思想。这就是说，一个阶级是社会上占统治地位的物质力量，同时也是社会上占统治地位的精神力量。支配着物质生产资料的阶级，同时也支配着精神生产资料，因此，那些没有精神生产资料的人的思想，一般的是隶属于这个阶级的。占统治地位的思想不过是占统治地位的物质关系在观念上的表现，不过是以思想的形式表现出来的占统治地位的物质关系。"[1]由此，马克思拒斥了资本主义将其文化与道德标榜为"永恒真理"和"普世价值"的谎言，深刻地揭示了其为资产阶级服务的阶级本质，而将资本主义文化宣称为永恒真理和普世文化不过是为了维护资产阶级利益。马克思在《共产党宣言》中驳斥资产阶级所谓"自由"的观念："你们的观念本身是资产阶级的生产关系和所有制关系的产物，正像你们的法不过是被奉为法律的你们这个阶级的意志一样，而这种意志的内容是由你们这个阶级的物质生活条件来决定的"，"信仰自由和宗教自由的思想，不过表明自由竞争在信仰领域里占统治地位罢了"。[2]

其次，马克思主义指出了西方资本主义文化热衷于扩张、标榜其为"普世价

---

❶ 马克思，恩格斯．马克思恩格斯选集：第1卷[M]．北京：人民出版社，1995：98.

❷ 马克思，恩格斯．马克思恩格斯选集：第1卷[M]．北京：人民出版社，1995：289.

值”的根源乃是源于资本逻辑。马克思主义认为，决定西方资本主义文化本质的就是资本逻辑，包括资本生产、资本扩张的逻辑。所谓资本逻辑，就是最大限度地榨取剩余价值。马克思一针见血地指出：“生产剩余价值或者赚钱，是这个生产方式的绝对规律。”[1]资本追逐剩余价值的逐利性、贪婪性和扩张性，要求把资本逻辑的触角扩张到世界各地，渗透到社会生活的各个角落，进而实现对整个社会生活的宰制。“资本是集体的产物，它只有通过社会许多成员的共同活动，而且归根到底只有通过社会全体成员的共同活动，才能运作起来。因此，资本不是一种个人力量，而是一种社会力量。”[2]

马克思对资本逻辑的深刻揭示与批判，为我们提供了一把理解当代西方文化产生、发展并热衷于扩张本性及其内部文化矛盾的钥匙。资本主义文化的发源和兴起本身是资本主义生产方式扩张的结果，马克思早在《共产党宣言》中就描绘并预见了随着世界市场的产生会带来资本主义文化的扩张。“资产阶级在它已经取得统治的地方把一切封建的、宗法的和田园诗般的关系都破坏了。它无情地斩断了把人们束缚于天然尊长的形形色色的封建羁绊，它使人和人之间除了赤裸裸的利害关系，除了冷酷无情的‘现金交易’，就再也没有任何别的联系了。它把宗教虔诚、骑士热忱、小市民的神圣发作，淹没在利己主义的冰水之中。它把人的尊严变成了交换价值，用一种没有良心的贸易自由代替了无数特许的和自力挣得的自由。”[3]这段话描述的不仅是资本主义社会关系对封建社会关系的摧毁，同时也是传统文化的摧毁。由此，资本主义文化随着资本的扩张性，在贸易全球化的进程中扩张为一种新的文化、新的文明。“过去那种地方和民族的自给自足和闭关自守状态，被各民族各方面的相互往来和各方面的相互依赖所代替了。物质的生产如此，精神的生产也是如此。各民族的精神产品成了公共的财产。民族的片面性和局限性日益变为不可能，于是由许多民族的和地方的文学形成了一种世界的文学。”[4]

---

❶ 马克思，恩格斯．马克思恩格斯全集：第 44 卷 [M]. 北京：人民出版社，2001：714.

❷ 马克思，恩格斯．马克思恩格斯选集：第 1 卷 [M]. 北京：人民出版社，1995：287.

❸ 马克思，恩格斯．马克思恩格斯选集：第 1 卷 [M]. 北京：人民出版社，1995：274–275.

❹ 马克思，恩格斯．马克思恩格斯选集：第 1 卷 [M]. 北京：人民出版社，1995：276

马克思告诉我们，这种资本逻辑裹挟着文化扩张的过程，其本质依然是为了资本扩张、资本增值的需要。当代资本主义的文化扩张打着“民主、自由、人权”的旗号，但其本质依然是追逐利益的最大化。从资本主义文化的扩张本质出发，我们才能理解为什么伴随着西方资本主义的扩张，在经济上世界发达国家与发展中国家的贫富差距在扩大而不是缩小，在政治上西方国家许诺给发展中国家民主、自由与人权但实际上却造成了这些国家长期的动荡以及以民主、自由的名义践踏这些国家的主权，在文化上西方国家强调“文化冲突论”“文化软实力”而最终将文化变为其外交战略的借口，并遭到发展中国家对西方主导的全球化进行强烈的抗争。

资本逻辑裹挟着文化扩张具有自身无法克服的矛盾性，只有超越资本逻辑的新的社会制度才能彻底解决危机。马克斯・韦伯在为资本主义及其合理性作文化辩护时，也无法掩饰对资本主义及其精神的隐忧，担心“在财富增长的地方，宗教信仰却随之越来越少”[1]。丹尼尔・贝尔则直截了当地指出了后工业时代“资本主义的文化矛盾”。资本主义的文化矛盾，是资本自身无法克服的矛盾在文化上的折射。这一矛盾在金融危机中得到了淋漓尽致的展现。马克思的危机理论告诉我们，资本主义危机只不过是“在某一点上和劳动生产力本身的发展发生最强烈的对抗，因而必须不断地通过危机来克服”，“各种互相对抗的要素之间的冲突周期性地在危机中表现出来。危机永远只是现有矛盾的暂时的解决”。[2]大卫・科茨总结说：“这次金融危机是1980年以来新自由主义在全世界泛滥所导致的一个非常符合逻辑的结果。”[3]随着危机的爆发及其在全球范围内的蔓延，资本的危机带来了深度的经济危机、思想危机、意识形态危机、社会危机和资本主义制度危机。马克思深刻地指出，资本主义自身所在的危机是资本主义制度无法解决的，只有实现资本主义制度的否定，以新的社会形式代替资本主义制度，人类才有希望彻底走出危机。因而，马克思对资本逻辑的深刻批判在当今时代具有重要

[1] 韦伯 . 新教伦理与资本主义精神 [M]. 黄晓京，彭强，译 . 西安：陕西师范大学出版社，2002：168.

[2] 马克思 . 资本论：第 3 卷 [M]. 北京：人民出版社，2004：277.

[3] 科茨 . 美国此次金融危机的根本原因是新自由主义的资本主义 [J]. 红旗文稿，2008（13）.

的价值，金融危机之后西方学者纷纷主张回到“马克思”则是其理论价值的时代彰显。

最后，马克思主义为超越资本主义文化提供了价值规约。马克思主义扼住了资本的喉咙，主张资本不能吞噬整个世界，倡导人类利用资本、驾驭资本，让资本服务于人的全面发展。由此，马克思从人类历史的维度、从人类社会发展的规律指出了资本主义制度必然灭亡与共产主义制度必然胜利的历史规律，从而实现了对资本主义制度的历史批判，并为未来的共产主义社会做出了这样的预言：“代替着那存在着阶级和阶级对立的资产阶级旧社会的，将是这样一个联合体，在那里，每个人的自由发展是一切人的自由发展的条件。”❶与当代资本主义文化同时存在的中国，如果能充分利用马克思主义对资本批判的文化资源，自觉地把人的自由与全面发展作为文化发展的根本方向，就有可能构建出一种利用资本、超越资本的崭新文化。

2. 马克思主义对中华传统文化的融合与重塑

毫无疑问，传统文化作为中华民族延续了数千年的特殊历史记忆、独特心理特征以及文化特质，在当代中华民族的文化认同中具有重要的价值，其世界文化意义也正在受到关注。但需要明确的是，传统文化是与农耕社会相适应的文化形态，随着中国步入工业化、现代化，当代中国要构建的民族文化，已绝非是简单的儒家文化的复兴或儒家文化的体系化变革。费孝通先生在谈到文化自觉的目的时就曾经说过：“自知之明是为了加强对文化转型的自主能力，取得决定适应新环境、新时代文化选择的自主地位。”❷事实上，传统文化只有在其文化形态的现代重构中、在其当代价值的展现中才能得到复兴与发扬。而马克思主义在传统文化的现代转型与复兴中具有重要的意义，这是马克思主义文化价值的又一彰显。

其一，马克思主义提供了正确对待传统文化的思想、观念与方法。传统文化是一个与农耕文明相适应的、精华与糟粕并存的思想价值观念体系，需要运用马克思主义历史的观点、发展的观点以及辩证的方法进行取其精华、去其糟粕的理

❶ 马克思，恩格斯. 马克思恩格斯选集：第 1 卷 [M]. 北京：人民出版社，1995：294.

❷ 费孝通. 关于“文化自觉”的一些自白 [J]. 学术研究，2003（7）.

性的鉴别、分析与扬弃，这是弘扬其现代价值的前提与基础。正如毛泽东号召的那样："中国现时的新文化也是从古代的旧文化发展而来，因此，我们必须尊重自己的历史，决不能割断历史。但是这种尊重，是给历史以一定的科学的地位，是尊重历史的辩证法的发展，而不是颂古非今，不是赞扬任何封建的毒素。"❶因此，中国共产党人立足于中国革命与改革的现实，追求面向未来的终极价值取向的目标，从而使得传统文化在新时期展现出魅力和活力。

其二，马克思主义为中国现代化提供了一条区别于西方的新路径，从而为传统文化的现代复兴提供了社会基础、政治基础、制度基础与实践基础。美国学者亨廷顿通过对世界各地现代化进程的考察得出结论："现代化并不意味着西方化。非西方社会在没有放弃它们自己的文化和全盘采用西方价值、体制和实践的前提下，能够实现并已经实现了现代化。"❷著名学者金耀基在回顾近代以来中国文化发展的历程时总结说："从客观的现象去理解，百年来中国知识分子所主张的保守主义也好，全盘西化也好，中西合璧也好，都是古典中国在西方文明的挑战下所产生的本土化运动的几个方向……但从文化认知的观点来看，都不免有令人失望的地方……世界摆在我们的面前，我们已明白地看出，中国的出路不应回到'传统的孤立'中去，也不能无主地倾向西方（或任何一方），更不能日日夜夜地在新、旧、中、西中打滚。中国的出路只有一条，那就是中国的现代化。"❸中国选择的是一条在马克思主义指导下的社会主义现代化道路，正是这样一条非西方的现代化之路破除了西方文化作为"普世价值"的神话，并成功实现了传统社会的现代转型，取得了现代化建设的巨大成就，这就为弘扬中国传统文化的现代价值奠定了坚实的社会基础、政治基础、制度基础与实践基础。因此，脱离中华民族现代化建设的巨大成就来谈论文化的复兴是幼稚的，而脱离马克思主义的价值来谈论中华民族现代化建设的成就则是无知的。

其三，马克思主义与传统文化的深层融合，将拓宽传统文化在民众中获得认

❶ 毛泽东. 毛泽东选集：第 2 卷 [M]. 北京：人民出版社，1991：708.

❷ 亨廷顿. 文明的冲突与世界秩序的重建 [M]. 北京：新华出版社，1998：70–71.

❸ 金耀基. 从传统到现代 [M]. 北京：中国人民大学出版社，1999：12.

同的根基，同时塑造民族文化在世界文化交流中的良好形象。马克思主义是国家主导性意识形态，能够凝聚、整合丰富的经济资源、政治资源与文化资源，并以一种西方人所熟知的现代形态呈现在国际文化舞台上。事实上，马克思主义与中华传统文化具有相容性，并在中国文化实践中得到了证明、丰富和发展。毛泽东曾经号召："洋八股必须废止，空洞抽象的调头必须少唱，教条主义必须休息，而代之以新鲜活泼的、为中国老百姓所喜闻乐见的中国作风和中国气派。"[1]邓小平提出打破对马克思主义的教条化理解，"钻研、吸收、融化和发展"中国优秀传统文化，"创造出具有民族风格和时代特色"的新成果[2]。江泽民指出"马克思主义具有与时俱进的理论品格"[3]，提出必须"坚持古为今用，洋为中用，与时俱进，推陈出新"[4]。马克思主义为中国人民所认识和接受之后，不仅与中国民族文化实现了形式上和内容上的结合，而且其本身所包含的西方现代性特质又实现了对中国民族文化的重构，在中国文化土壤中创生出了被称为"中国化马克思主义"的新文化形态。由此，马克思主义与传统文化的深层融合，将促进传统文化从书斋走向社会、从知识精英走向普罗大众、从传统形态走向现代形态、从民族文化走向世界舞台，并通过其与国家意识形态的结合、同外交理念的兼容、同文化政策的融合等方式增强其在民众中的认同感及其在世界文化交流中的亲和力。

3. 马克思主义对社会主义先进文化的创造与发展

文化自觉、自信与自强既是一个传统文化的继承与发扬的过程，也是一个与西方文化的交流与借鉴的过程，更是在此二者基础之上依据社会形态的变迁、社会结构的变化、社会制度的变革而自觉进行文化整合、文化重构、文化创造的发展过程。能否在继承传统文化与批判借鉴其他民族文化成果的基础上，创造出适合时代发展需求、与经济社会发展相适应的新文化样态并使之得到民众的文化认同，成为衡量一个民族是否具有高度文化自觉、自信与自强的最终标准。

[1] 毛泽东．毛泽东选集：第 2 卷 [M]. 北京：人民出版社，1991：534.

[2] 邓小平．邓小平文选：第 2 卷 [M]. 北京：人民出版社，1994：212.

[3] 江泽民．江泽民文选：第 3 卷 [M]. 北京：人民出版社，2006：282.

[4] 江泽民．江泽民论有中国特色社会主义（专题摘编）[M]. 北京：中央文献出版社，2002：393.

马克思在《〈政治经济学批判〉序言》关于唯物史观的经典表述中曾指出："人们在自己生活的社会生产中发生一定的、必然的、不以他们的意志为转移的关系，即同他们的物质生产力的一定发展阶段相适合的生产关系。这些生产关系的总和构成社会的经济结构，即有法律的和政治的上层建筑竖立其上并有一定的社会意识形式与之相适应的现实基础。物质生活的生产方式制约着整个社会生活、政治生活和精神生活的过程。不是人们的意识决定人们的存在，相反，是人们的社会存在决定人们的意识。"[1]社会生产方式对文化的决定作用并不是直线式的，但社会生产方式变革推动文化变迁则是人类社会发展的这一普遍规律已为人类学家所证明。

基于历史发展的客观规律与无产阶级的阶级立场，中国共产党主张创造与发展先进文化。所谓先进文化，就是符合人类社会发展规律、体现先进生产力发展要求、代表最广大人民根本利益并顺应时代发展方向的文化。中国共产党在马克思主义指导下，在革命、建设与改革的不同历史阶段都创造了充满生机与活力的新文化样态，并将这些新的价值观念、文化要素渗透到民族生活与精神当中，成为文化创新的重要成果。从理论形态的角度来看，集中表现为毛泽东思想与中国特色社会主义理论体系；从精神价值的角度来看，包括井冈山精神、长征精神、延安精神、西柏坡精神、大庆精神、雷锋精神、抗洪精神、抗击"非典"精神、青藏铁路精神等；从具体文化样式的角度来看，包括歌曲《黄河大合唱》、歌舞剧《东方红》以及一大批红色影视、诗歌、小说等作品。

当前，马克思主义仍将继续发挥其在新文化创造过程中的重要功能，从而彰显其在文化发展中的价值意义。这种价值意义具体表现为如下几个方面：一是指引先进文化建设发展的根本方向。马克思主义在文化发展上始终坚持从现实的人出发，关照人的生存和发展境况，并将促进、实现人的全面发展作为社会发展的最终目标，这为当代中国先进文化的建设发展指明了基本方向与根本任务。在马克思主义的指导下，当代中国文化建设必须"以培育有理想、有道德、有文化、有纪律的公民为目标，发展面向现代化、面向世界、面向未来的、民族的科学的

[1] 马克思，恩格斯．马克思恩格斯选集：第 2 卷 [M]. 北京：人民出版社，1995：29.

大众的社会主义文化”。二是规定先进文化建设发展的基本性质。马克思主义在文化发展上始终注重以什么为指导、为什么人的根本问题，注重文化发展的根本性质。以马克思主义为指导，就需要在先进文化建设中坚持“为人民服务”“为社会主义服务”的根本宗旨。正如毛泽东强调那样：“我们的文化是人民的文化，文化必须有为人民服务的高度热忱，必须联系群众，而不要脱离群众。”[1]三是提供先进文化建设发展的实践源泉。马克思主义认为，鲜活的实际、火热的生活和人民群众的生动实践，是文化发展与创新的丰富土壤与不竭源泉。为此，先进文化的建设发展，只有坚持贴近实际、贴近生活、贴近群众的原则，从社会主义现代化建设的实际中，从作为历史主体的人民群众的丰富生活中去寻找文化建设发展的源泉。四是奠定先进文化建设发展的价值基础。文化不是一个中立性的概念，价值要素是文化的内核。正如弗雷德·英格利斯所说：“文化可以被定义为一个主导价值加解释的体系。”[2]当前，社会主义核心价值体系是中国先进文化建设发展的价值灵魂，而马克思主义作为社会主义核心价值体系的灵魂，为中国先进文化建设发展提供了价值规约与意义阐释。马克思曾深刻地阐述了理论如何把握群众的规律：“批判的武器当然不能代替武器的批判，物质的力量只能用物质力量来摧毁；但是理论一经掌握群众，也会变成物质力量。理论只要说服人，就能掌握群众；而理论只要彻底，就能说服人。所谓彻底，就是抓住事物的根本。但是，人的根本就是人本身。”[3]当代中国马克思主义作为一种理论是否真正符合当代中国社会的发展要求，理论的实践又是否真正把握和契合了当代中国人的现实需要，是它能否在复杂多样的文化价值观念中确立其主导和核心地位，进而被人民群众普遍认同之根本所在。

列宁曾经说过：“马克思主义这一革命无产阶级的思想体系赢得了世界历史性的意义，是因为它并没有抛弃资产阶级时代最宝贵的成就，相反却吸收和改造了两千年以来人类思想和文化发展中一切有价值的东西。”[4]当然，值得指出的是，

---

[1] 毛泽东．毛泽东选集：第2卷[M]. 北京：人民出版社，1991：618.

[2] 英格利斯．文化[M]. 南京：南京大学出版社，2008：159.

[3] 马克思，恩格斯．马克思恩格斯选集：第1卷[M]. 北京：人民出版社，1995：9.

[4] 列宁．列宁选集：第4卷[M]. 北京：人民出版社，1995：299.

马克思主义在文化自觉中的功能并不等于这种功能的实现，这种功能只有在文化实践的基础上，在马克思主义的中国化、时代化和大众化的过程中才能不断实现。

二、话语创新："中国梦"的意识形态审视

"一定的意识形态总是借用一定的语言和术语来叙述自己。"[1] 话语是意识形态的载体，脱离了一定的话语意识形态就不能存在，不断推动话语创新，是一种意识形态保持生机和活力、体现其实践价值的内在要求。习近平同志提出的"中国梦"融合了"国家富强、民族复兴和人民幸福"的丰富内涵，引发了一场学术界对其解读的"去意识形态化"和"再意识形态化"之争：坚持"去意识形态化"的学者认为，"中国梦"淡化了传统意识形态的阶级属性和权力关系，以"现代化"的叙事手法描绘了大国崛起的政治逻辑，从人类文明进展的整体视野和个体日常生活期待的微观视角展示了一种理想愿景。正因为其具有"去意识形态"的特征，才能够在国际上与"美国梦""欧洲梦"之间进行有效沟通和自由交流，在国内能够打破意识形态的樊篱而赢得更多人的支持和拥护；坚持"再意识形态化"的学者倾向于认为，"中国梦"实际上巧妙地凸显和强化意识形态色彩，在实现"中国梦"时需要划出"中国梦"的意识形态边界和底线，甄别与"美国梦""欧洲梦"的本质区别，引导乃至管制放大"中国梦"边界的多元解读，维护社会主义意识形态的权威性。

这种争论颇有意味，他们其实都认为"中国梦"是新时期社会主义意识形态的话语创新，差异仅仅在于究竟如何表述和宣传"中国梦"才能更好地发挥其意识形态功能，其中的关键问题在于如何巧妙地处理好意识形态话语与权力之间的关系远近。笔者认为，"中国梦"在本质上可以视为社会主义意识形态的话语重塑和话语创新，这种话语创新体现了其在意识形态功能、意识形态本质、意识形态内涵、意识形态样态等方面继承和创新的辩证逻辑，回应了当代中国颇为突出的价值观念重塑、价值支点确立、价值新里程碑设置等紧迫的时代课题，对新时期社会主义意识形态的建设发展具有重要意蕴。

---

[1] 俞吾金 . 意识形态论 [M]. 北京：人民出版社，2009：69.

1.“中国梦”作为意识形态话语的时空维度

何谓话语？这是一个看似简单实则复杂的问题，不同的学科对于话语的内涵有不同的理解。从语言学的视角来看，话语指借助于语言、含义、符号等形式在言说者和受话人之间进行意义交流。[1]福科则从政治哲学的视角建构了话语与权力之间的关系，他认为“话语意味着一个社会团体依据某些成规将其意义传播于社会之中，以此确立其社会地位，并为其他团体所认识的过程”[2]。话语隐藏着权力关系以及权力关系所要求的意识形态，从而建构了话语权这一意识形态领域的核心概论。为此，汤普森则干脆把意识形态理解为一种为权力服务的话语体系。后马克思主义学者拉克劳、墨菲更为激进，他们强调了话语在建构社会、政治过程中的突出功能，认为社会（the social）就是一个话语建构起来的非决定性的开放空间，政治斗争就是一种“话语斗争”，一定历史时期的社会运动之所以会发生，取决于一种抗争的话语结合能否实现，并主张围绕“话语斗争”就可实现社会主义发展的“激进民主”策略。尽管这种对于话语政治的过分肯定走向了极端，但他们对于话语的历史建构性及其现实行动力的强调，对于理解中国梦的意识形态话语创新是富有启发的：在一定意义上说，话语建构对于我们认识和理解历史，以及激发改造社会的现实动员是具有一定功效的。也就是说，话语非单纯地用来表达意义，也非简单地用来传授知识，它具有“以言叙事”和“以言取效”的双重功能，并且从根本意义上说指向社会行动，或者说其本身就是行动。[3]尤其是在历史和政治领域，对于一个民族发展的权威话语诠释就是一种意识形态的话语建构。

毫无疑问，“中国梦”作为一种意识形态话语，在时间维度上唤醒了近代以来中华民族的共同记忆和心理感受，建立了历史、现在和未来的有机联系，在空间维度上连接了个体、民族、国家乃至人类，因而既具有厚重的历史感，又具有鲜活的时代感；既打上了鲜明的民族特色，又具有与“美国梦”“欧洲梦”对话

---

[1] 阮建平．话语权与国际秩序的建构 [J]. 现代国际关系，2003（5）.

[2] 刘北成．福柯思想肖像 [M]. 北京：北京师范大学出版社，1995：201.

[3] 吕敬美．权力、话语与意识形态有效性的内在关联 [J]. 社会科学论坛，2013（10）.

和沟通的价值和意义。这种在时间和空间的延展超越了单一政党、阶级的意识形态话语局限，为近代以来中华民族的历史遭遇、曲折历程和民族心理提供了一个清晰和富有感召力的话语符号，聚合了近代以来中华民族的共同记忆。在形式上避免了为社会主义意识形态直接的论证，但在其实际功效上却为社会主义意识形态的合法性提供了厚重的历史论证和情感根基，因而具有意识形态重构和强化的实际功能。

“中国梦”发轫于强烈的民族危机感，承载着厚重的历史意识和共同的民族记忆。1840 年鸦片战争以来，西方帝国主义国家用坚船利炮强行打开古老中国的大门，中华民族在屈辱中开启了艰难曲折的探索民族复兴的“中国梦”。马克思曾形象地将这段历史描绘为“奇异的悲歌”，对中华民族所遭遇的历史屈辱表示了道义上的深切同情，同时也以“世界历史”的深邃眼光揭示了这种历史遭遇实际上是“资本文明在全球扩张过程中传统文明的衰落”“陈腐世界”在“最现代的社会代表”的冲击下的一种必然逻辑。[1] 值得注意的是，解读这段历史进程曾有诸多话语诠释视角，李泽厚提炼出了“救亡图存”与“个人启蒙”两条主线索，而最终“国家富强、民族振兴和人民幸福”成为近代以来无数仁人志士奋斗不息的共同目标，也成为每个中华民族成员的共同理想。“救亡图存、拯救黎民”的特殊历史经历在整个中华民族心理层面沉淀为一种不堪回首悲情、愤懑和屈辱的心理创伤和集体记忆。

“中国梦”作为一种话语符号，一边承接了“国强则民强、国弱则民困”的历史记忆，一边开启了“实现社会主义现代化”的未来愿景，既是对筚路蓝缕的现代化建设之路的历史回顾，也是对取得举世瞩目的现代化建设成就的庄严宣告，更是对实现中华民族伟大复兴的庄重承诺。回顾一百多年“寻梦”的历程，我们经历了从无路可走，到找到复兴之路，实现国家独立、民族解放的历史再到探索现代化建设艰难曲折、最终找到中国特色社会主义道路的艰辛历程，因此，“中国梦”通过对历史、现实和未来的有机勾连，阐明了坚持中国道路、凝聚中国力量的历史必然。正如习近平同志指出的那样，中国特色社会主义“凝结着实现中

[1] 马克思，恩格斯 . 马克思恩格斯选集：第 1 卷 [M]. 北京：人民出版社，1995：715.

华民族伟大复兴这个近代以来中华民族最根本的梦想”，实现“中国梦”必须走中国道路，即走中国特色社会主义道路。面向未来，中国特色社会主义不仅是实现“中国梦”的必然路径，其本身就是建立在科学性基础上的一种价值体系和理想蓝图，作为一种理想而言，“中国梦”与“中国特色社会主义之梦”不可分割。正如有学者指出的那样：“实现民族复兴是我们的梦，建设社会主义最终实现共产主义也是我们的梦。这二者是不可分割的，实际上是一个梦。”由此，中国特色社会主义与“中国梦”在历史逻辑、现实必然和未来理想三个层面实现了有机融合，以“中国梦”表达出来的中国特色社会主义之梦，肩负了厚重的历史意识，在更悠久、更长远的历史时空中焕发出魅力。

“中国梦”与“美国梦”“欧洲梦”的相互学习、相互借鉴和沟通对话，使得和平外交原则和构建和谐世界的理念也更容易为西方国家接受。一方面，通过“中国梦”与“美国梦”“欧洲梦”的“求同”，实现了“中国梦”与人类共同价值理念的融合，增强了“中国梦”在全球范围特别是国外民众中的辐射力和穿透力。习近平 2014 年 4 月在欧洲访问时强调说：“中国梦既是民族之梦，也是每个中国人的梦，是让每个人获得发展自我和奉献社会的机会，共同享有人生出彩的机会，共同享有梦想成真的机会。而这，与欧洲梦和世界各国人民的美好梦想是相通的。”人类和平、国家富强、人民幸福、社会稳定，既是中国梦的内在要求，亦是各国人民的共同追求。这种共同的、共通的价值理念，化解了西方国家对于中国发展的敌意，增强了社会主义意识形态宣传的亲切感。另一方面，“中国梦”又在实现梦想的路径上“存异”，这就为坚持中国特色社会主义道路提供了有力论证。习近平在法国访问发表演讲时强调说：“中国的历史文化、历史命运、历史条件决定了中国人民必须在自己选择的道路上实现自己的梦想。”这条实现梦想的道路，就是中国特色社会主义发展道路。因此，通过“求同”和“存异”，一方面寻找共识，一方面保留分歧，“和平、合作和发展”。“实现中国梦”将成为中国特色社会主义现代化道路最有力的论证和说明。

2.“中国梦”作为意识形态话语的丰富性与整合性

马克思、恩格斯在《德意志意识形态》中曾指出：“每一个力图取得统治的阶级，即使它的统治要求消灭整个旧的社会形式和一切统治，就像无产阶级那样，都必须首先夺取政权，以便把自己的利益又说成是普遍的利益，而这是它在初期不得不如此做的。”[1]马克思和恩格斯强调的是，意识形态能否将特殊利益和普遍利益进行整合，或者说，意识形态在何种程度上将特殊利益整合进入到普遍利益之中，作为评判特定意识形态历史功能的重要指标。从意识形态认同的视角来看，人们的利益、愿望和诉求能否在意识形态中得到反映和呈现，是他们决定是否认可、认同意识形态的关键指标，“一种意识形态，如果它不符合人们的利益和经验，就决不会成为这些人的意识形态”[2]。从这个维度来看，意识形态话语越能整合大多数人的利益诉求和价值追求，也就越具有感召力、吸引力和凝聚力。

在社会结构深刻变革、社会组织深刻变动、利益关系日益分化、价值观念日益多元的当代中国，个别利益与整体利益、当前利益和长远利益、政党利益和普遍利益存在着一定的张力，这就为意识形态话语的丰富性、整合性提出了更高的要求。面对利益的分化和价值多元，“中国梦”凝聚了“国家富强、民族复兴和人民幸福”三个方面的丰富内涵，“国家富强、民族复兴和人民幸福”分别从国家、民族（社会）和个体三个层面体现了利益整合和价值整合，这既是一个宏大高远的理想，同时又可以转化为每个人各不相同的细微而真切的盼望，既蕴含了近代以来中华民族的共同记忆和共同期盼，又凸显了利益分化、价值多元背景下的利益共识和价值共识，可以说体现了当前社会利益和价值的最大公约数，因而更易于得到国内各阶层各群体的认同，还能唤起海外中华儿女的认同感，激励人们投身振兴中华、实现民族伟大复兴的热情和力量。

中国梦的“国家富强、民族复兴和人民幸福”三个方面的内涵不是简单的价值罗列和发展目标的堆积，而是基于文化传统、历史逻辑、现实需要和价值旨归

---

[1] 马克思，恩格斯．马克思恩格斯选集：第1卷 [M]. 北京：人民出版社，1995：84–85.

[2] 希克．第三条道路——马克思列宁主义理论与现代工业社会 [M]. 张斌，译．北京：人民出版社，1982：355.

的有机整体。一方面，“中国梦”强调了“个人梦”与“民族梦”“国家梦”的不可分割，“个人追梦”与“国家圆梦”是同一个过程。作为一个后发现代化的国家，中国近代以来的历史发展进程深刻地揭示了“国家好、民族好，大家才好”的历史必然性，而在当前和可以预见的未来，国家富强始终是民族复兴、人民幸福可以依赖的前提和有力保障。另一方面，强调“中国梦”归根结底是人民的梦，必须紧紧依靠人民来实现，实现人民幸福乃是“中国梦”最终的价值旨归。习近平同志在十二届全国人民代表大会第一次会议上深刻地指出：“生活在我们伟大祖国和伟大时代的中国人民，共同享有人生出彩的机会，共同享有梦想成真的机会，共同享有同祖国和时代一起成长与进步的机会。”这两方面内容深刻揭示了中国梦鲜明的整体性特色，即它是全体中华儿女作为一个命运共同体而拥有的共同美好愿景；同时，又是每个民族成员个人的梦、家庭的梦，民族复兴最终要落实到每个人身上，体现到每个人人生命运的变化上，转化为每个人所追求的理想，需要把每个人努力实现个人梦的微小力量汇聚成共同实现中国梦的强大合力。民族、国家、社会等层面的整体性目标和个人、家庭等微观层面的目标，就这样巧妙地借助这个“梦”有机联结在了一起。

尤其需要指出的是，“国家富强、民族复兴和人民幸福”三个方面的有机统一在不同历史时代具有不同的侧重点。如果说在民族危难时刻“覆巢之下、焉有完卵”的朴素真理要求突出国家和民族的整体利益的话，那么，在全面深化改革的当代中国，“让人们共享人生出彩的机会”就成为“中国梦”价值整合更为突出的课题，其本质就是坚持以人为本的价值理念、发挥公平正义的社会凝合功能。在改革开放深入推进的当代中国，唯有公平正义才能凝聚最大的利益共识和价值共识。习近平同志指出：“中国梦”是中华民族的梦，也是每一个中国人的梦，体现着人们对美好生活的向往，需要凝聚全体人民的力量为之努力奋斗。这句话既点出了“中国梦”所蕴含的以人为本的价值理念，又提出了以公平正义为价值目标开展价值整合的现实任务，从而以通俗的话语表达了社会主义意识形态如何获得更大价值认同的发展方向。因此，唯有将公平正义作为意识形态整合的价值前提，社会主义意识形态才能够在利益多元的当下境遇中凸显其凝聚力和吸引力，而“中国梦”蕴含了坚持人民主体性、社会公平正义的价值共识，因而为其实现利益整合和价值整合提供了价值支点，“中国梦”作为意识形态话语，既能在当前社会利益分行、思想价值多元的背景下凝聚人心，也能为廓清思想价值迷雾、消除社会分配不公提供价值共识和精神支点。

3.“中国梦”作为意识形态话语的现实性与超越性

意识形态最为微妙的地方在于它所涉及的理想与现实、理论与实践、愿景与当下之间的关系，正是这种关系导致了关于意识形态“虚幻性”与“科学性”、“遮蔽性”和“建构性”之间的持久争议。现实性与超越性始终是意识形态不可或缺的两个维度，而保持现实性与超越性、物质与精神、理性与非理性之间的适度张力则是一种意识形态话语发挥其功能的关键。从历史经验来看，唯有保持意识形态现实性与超越性之间的适度张力，从长远来看才能保持其长久的活力，凭借政治操控和强制手段实现的意识形态钳制总是昙花一现，难以长久。而从意识形态话语认同的角度来看，心理学的研究也表明：理想过高或者过低都难以对主体发挥其激励功效，而适度具有可行性的理想目标对人最能发挥激励作用。由此看来，在取得了现代化建设突出成就、距离民族伟大复兴从来没有像现在这样如此之近的当代中国提出“中国梦”的宏伟理想，是一个比较好的时间节点，因为它在意识形态话语的现实性与超越性之间取得了一个较好的平衡点，实现了“仰望星空”与“脚踏实地”的有机结合，从而为中华民族提供了强大的精神动力。

一方面，“中国梦”具有强烈的现实性和坚实的可行性。在现代化建设的历程中，意识形态话语建设和宣传曾经有过深刻的教训。譬如曾经提出过的“人有多大胆、地有多大产”“赶英超美”“提前进入共产主义”等“乌托邦”话语，但当时这种毫无实现可能的意识形态目标只能是一种“狂想”，人们在这种乌托邦的“狂想”和政治化的指标中遭受挫折和打击，其必然后果就是巨大的精神创伤和对意识形态的深深质疑。“中国梦”与这些政治狂想具有本质区别，它是具有实现可能的“理想”，而不是遥不可及的“幻想”“狂想”。改革开放以来中国取得的发展成果为实现“中国梦”奠定了坚实基础，中国特色社会主义理论、中国特色社会主义制度、中国特色社会主义道路为实现中国梦提供了理论指导、制度基础和道路指引，中国共产党的坚强领导和中国人民创造力的迸发为中国梦提供了主体力量。正是因为这样，“中国梦”的提出有坚实的实践基础和扎实的条件。另一方面，以“人民幸福”作为归宿和落脚点，“中国梦”的宏伟愿景转化为社会发展规划中的主体发展衡量尺度，提出了经济、政治、文化、社会、生态文明和党的建设尤其是改善人民生活、提升人民幸福指数的明确、可感知、可客观度量的目标，具有较强的通俗化、形象化色彩，能够有效激发广大民众对于实现“中国梦”的主体动力，从而为能够通过全面深化改革开放、推进中国特色社会主义事业来一步一步地努力实现，最终使得梦想成真。

另一方面，“中国梦”又畅想未来、仰望星空，具有强烈的精神性和超越性，提供了宏伟的目标召唤、强大的精神动力和有力的价值支撑。众所周知，批判意识、变革精神是马克思主义的内在精神特质，马克思和恩格斯曾经深刻地指出：“实际上，而且对于实践的唯物主义者即共产主义者来说，全部问题在于使现存世界革命化，实际地反对并改变现存的事物。”[1]以马克思主义为指导思想的社会主义意识形态，坚持历史唯物主义的历史意识、批判精神和变革思想，永不满足，永不懈怠，积极创新，是其应有之义，也是其作为科学意识形态的突出价值和独特优势，这就使得社会主义意识形态不仅需要担负规范社会秩序的政治维护功能，同时也需要肩负提供目标指引、激发精神动力、形成价值共识等精神动力功能。“中国梦”将中华民族伟大复兴、建设中国特色社会主义、实现人民幸福等奋斗目标冠以“中国梦”，以“梦”的形态遥望美好未来、激发精神动力，提供了一种以未来目标审视现实发展的紧张感和使命感，使我们避免陷入夜郎自大、骄傲自满和消极懈怠的陷阱，将我们从功利、务实和个体利益的计较中解脱出来，从而成为释放深化改革动力的精神源头，弥补了人们精神上的缺失，填补了价值上的真空，廓清了价值上的迷惘，为广大中国人民提供了精神家园和归宿。

概而言之，“中国梦”把强烈的现实性和必要的超越性结合起来，既关注现实目标，具有较大的实现可能，又以高远的目标激发人们不断奋斗，丰富人们的精神生活，形成深化改革的价值共识，“追梦”和“圆梦”最终在深化改革开放、

[1] 马克思，恩格斯．马克思恩格斯选集：第1卷[M].北京：人民出版社，1995：75.

推进中国特色社会主义建设事业的切实行动中得到了有机统一。因此，“中国梦”将深邃的历史意识与强烈的时代气息、将社会主义的制度优势和变革意识凝聚在一起，不仅注重为坚持社会主义道路、制度提供有力论证，更注重为社会主义道路、制度的发展和完善提供动力；不仅指明了未来发展目标，同时又丰富和充实了人们的精神家园；不仅注重进一步提升人们的物质生活，而且关照人们更高层次的精神追求，尤其在构建共有精神家园、满足人的超越性精神需求上注入更强大更持久的力量，这是中国梦作为意识形态话语创新的重要意蕴。

4.“中国梦”作为意识形态话语的文化性与生活性

意识形态总是与特定的权力关系直接相关，自然无法回避其政治维度，或者说，政治维度是意识形态不可或缺的本质属性。英国学者汤普森说得很明白：“意识形态的概念可以用来指特殊情况下意义服务于建立并支持系统地不对称的权力关系的方式——这种权力关系我称之为统治关系。就广义而言，意识形态就是服务于权力的意义。”[1]有趣的是，随着人类文明的发展，意识形态功能的发挥越来越依赖于它在文化形态上的精巧和细致，越来越依赖于人们从价值观念上对其自觉的认同。在现代社会，可以看到这样一种现象，任何一种意识形态，只有将它对于特定权力的维护关系通过文化、价值的样态显现出来，才能更好地发挥意识形态的功能。因此，可以这样说，越是精巧的意识形态，就越会凸显其作为文化和价值观念的意味而淡化其政治色彩，其政治功能就越能得到更好的发挥。

改革开放尤其是建立社会主义市场经济体制以来，中国社会结构发生重大变革，社会组织不断涌现，个体意识开始觉醒，公民精神开始发育。与这种社会变迁相适应，政治挂帅、整齐划一的传统意识形态受到猛烈冲击，人们对于意识形态的认知认同逻辑发生了根本性的扭转：传统的意识形态要求人们以其政治身份来获得政治认同和社会认同，从而使得意识形态的合法性问题从来不曾受到质疑。而现在，随着社会生活的日益分化和主体意识的觉醒，人们在追问，意识形态对我而言具有何种功能和价值？为何我不能拒斥这种意识形态而接受另一种意识形态呢？在这种背景下，赤裸裸的意识形态宣传日益乏力，政治化的意识形态宣传

[1] 汤普森．意识形态与现代文化[M]．高铦，等，译．南京：译林出版社，2012：7.

容易引起人们反感，这种转变要求意识形态的政治维度逐渐渗入文化维度，意识形态的整体结构日益转化为个体选择，意识形态的系统理论形态逐渐转变为日常生活的实践形态。

“中国梦”很好地体现了从政治维度转向文化维度的积极转变，因而可以视为社会主义意识形态的话语创新。如前文所述，“中国梦”发端于近代以来中华民族的痛苦历史经历，它在文化上承继了“小康”“大同”思想等传统基因，尤其是承载了近现代历史发展进程中共同的民族心理和历史记忆,并深深植根于“国强则民富、国弱则民困”的文化认知基础之上，因而既唤醒了这种共同的民族心理，又将之升华为基于现代化建设巨大成就的“民族自信”和开拓未来的“奋斗不息”精神，从而标志着中华民族从历史屈辱的集体记忆中走了出来，历史的悲痛转化成为民族的自信，个体的追梦融入民族的追梦、圆梦之中，中华民族最终实现了一种精神价值上的重构。在这一重构过程中“国家富强、民族复兴和人民幸福”获得了一种价值上的合法性和正当性，并赋予社会主义现代化建设一种远超政治功利的价值基础。

“中国梦”在多重意义上构建了“个体—民族—国家”的共同体。这既是一种政治共同体，凝聚了中华民族的共同利益和共同政治身份；同时也是一种价值共同体，汇聚了广大人民群众的价值共识和精神追求；既是一种基于历史感的现实共同体，又是承载了共同理想和未来期望的精神共同体。它既传承和发扬了中国传统文化的精髓，从而对当代中国人的价值观念进行了有效塑造，又搭建了基于人类共通价值诉求相互沟通的桥梁，促进与世界各国开展文化交流和对话，因而大大丰富了社会主义意识形态的文化内涵，更能够促进人们对于社会主义意识形态的认同。同时，“中国梦”仍是尚未实现、面向未来的一种理想，这种基于厚重的历史责任感和民族整体价值的理想，赋予个体一种厚重的历史责任感，要求个体超越只关注其眼前利益、物质利益的狭隘视界，打破利益固化藩篱、个人功利计算的精神武器，从而将个体命运与民族命运、国家命运的历史洪流实现融合，成为推动改革的强大精神动力。

意识形态话语只有贴近人们的日常生活，才具有更大的感召力，因此，意识形态话语的生活化、大众化过程是其发挥功能的重要前提，这就需要进行话语表达方式的创新。从这个角度来看，“中国梦”以通俗易懂、形象生动、贴近生活的方式呈现出来，具有朴实性、草根性和大众化的典型特征，从而更容易被广大群众理解和接受，最终能够达到直入人心、润物无声的宣传教育效果。列宁曾经深刻地指出：“最高限度的马克思主义 = 最高限度的通俗和简单明了。”“梦想”从来都是一个通俗化、日常化、个体化的日常生活用语，“中国梦”把国家梦、民族梦和个人梦融合起来，把普通民众的“上学梦”“住房梦”“就业梦”“致富梦”等源于生活的朴素愿望纳入中国特色社会主义建设梦当中。在保持中国特色社会主义科学价值与精神实质的同时，用人民群众喜闻乐见的通俗化语言把各阶层、各民族、各群体以及每个人的梦想汇聚一体，形成共同的追求和愿景。在差异中寻找共同，在共同中尊重差异，筑建更为清晰明了具体的中国特色社会主义梦想，激发了全体人民的最大共识，这就极大地增强了社会主义意识形态的亲和力、感召力和凝聚力，能够促进人们对于中国特色社会主义的积极认同。

总的来说，“中国梦”不仅是一种政治话语，更是一种文化话语；不仅是一种主流官方话语，更是每个公民的日常生活期望；不仅能够促进政治认同，更能够带来价值认同；不仅强调理论的自洽性，更注重生活的实践性。因此，“中国梦”能够促进社会主义意识形态从政治的表层走向文化的深层、从政治话语走向社会心理层面、从精英化转向大众化，从而更容易赢得民心、促进认同。

三、价值逻辑：社会主义核心价值观的整体性

社会主义核心观“三个倡导”的内涵及其逻辑关系是学界关注的话题，学者们从概念界定、语义分析和逻辑推演等层面进行了诸多有益的探索，对“三个倡导”之间的“整体性逻辑”相关理论阐发，关于三者的内在关系也有并列关系、递进关系和因果关系等论说。笔者认为，从发生学的视角来看，社会主义核心价值观以民众认同和自觉践行作为其价值旨归，势必要超越价值范畴理论自洽、话语相承的表层逻辑，挖掘其在理论的高度、历史的深度、制度的厚度和实践的热

度等层面的深层逻辑。从这个角度来看，社会主义核心价值观的整体性不仅源于它所包含的12种价值范畴之间的逻辑关系的理论推演，更是源于它所坚持的马克思主义理论基石、它得以生成的历史语境和制度根基以及它所蕴含的实践旨趣。

1. 社会主义核心价值观“整体性”的理论视角

中共中央办公厅印发的《关于培育和践行社会主义核心价值观的意见》明确指出：“富强、民主、文明、和谐是国家层面的价值目标，自由、平等、公正、法治是社会层面的价值取向，爱国、敬业、诚信、友善是公民个人层面的价值准则，这24个字是社会主义核心价值观的基本内容，为培育和践行社会主义核心价值观提供了基本遵循。”[1]对于社会主义核心价值观的基本内容，需要从整体性的视野来分析和把握，理解“三个倡导”、12对价值范畴何以构成“一个交融互摄、内在一贯、并行不悖、和谐共生”的价值系统。[2]为此，我们首先需要坚持马克思主义的原理和方法，明确社会主义核心价值观“整体性”的分析视角。

其一，马克思主义主张把价值问题置于现实、社会和历史的语境下审视，强调现实的历史运动是实现特定价值的前提和基础，反对那种抽象的道德批判和价值评价，这为我们阐释社会主义核心价值观的社会、历史和制度根源提供了方法论的指导，也为坚持人的自由全面发展与社会发展良性互动的价值立场提供了坚实的理论依据。

从历史评价和道德评价的双重维度出发，始终把关于人的生存境遇的价值评判、对于人类解放的价值期待和社会生产方式紧密联系起来思考和衡量，这在马克思主义经典文本里随处可见。譬如在谈到人类社会形态的时候，一方面提出了基于生产方式的社会形态发展规律：“人们在自己生活的社会生产中发生一定的、必然的、不以他们的意志为转移的关系，即同他们的物质生产力的一定发展阶段相适合的生产关系。这些生产关系的总和构成社会的经济结构，即有法律的和政治的上层建筑竖立其上并有一定的社会意识形式与之相适应的现实基础。物质生活的生产方式制约着整个社会生活、政治生活和精神生活的过程。”“大体说来，

[1] 中共中央办公厅.关于培育和践行社会主义核心价值观的意见[N].人民日报，2013-12-24(1).

[2] 付克新.社会主义核心价值整体性的语义分析[J].探索，2015（1）.

亚细亚的、古希腊罗马的、封建的和现代资产阶级的生产方式可以看作是经济的社会形态演进的几个时代。”[1]另一方面，他又依据人的生存境遇，把人类社会的发展分为“人的依赖”“物的依赖性”和“人的个性自由、全面发展”三大进程。对于资本主义社会，他一方面批判了资本主义“把人的尊严变成了交换价值，用一种没有良心的贸易自由代替了无数特许的和自力挣得的自由”，另一方面又热情地赞扬“资产阶级在它的不到一百年的阶级统治中所创造的生产力，比过去一切世代创造的全部生产力还要多，还要大”[2]。最为集中的表现就是对共产主义理想社会的描绘，“代替那存在着阶级和阶级对立的资产阶级旧社会的，将是这样一个联合体，在那里，每个人的自由发展是一切人的自由发展的条件。”[3]同时，每个人的自由全面发展、实现人类的解放作为马克思主义追求的终极价值目标，又是奠定在物质产品极大丰富、社会分配按需分配的基础之上的。

社会主义核心价值观的内涵体现了马克思主义在价值观问题上的基本立场这突出地表现为三个方面：一是同时包括“富强、民主、文明、和谐”国家层面的价值目标，“自由、平等、公正、法治”社会层面的价值取向，“爱国、敬业、诚信、友善”公民层面的价值准则。这符合社会发展和人的自由全面发展相结合的价值原则，蕴含了社会发展和人的自由发展的丰富意蕴，遵循了国家发展、民族进步和个人自由的互动逻辑。二是立足于当代中国的经济社会发展的历史语境和现实境况提出相应的价值原则。中国的历史发展逻辑、现实制度逻辑都体现在了社会主义核心价值观蕴含的“国家、社会和个体”三位一体的整体视野，这在后文会将有详细的论述。三是社会主义核心价值观赋予12个价值范畴以中国特色和民族内涵，拒斥了资本主义国家把“自由、民主、人权”等价值普世化、标准化、抽象化的价值偏向。

其二，“科学性”构成社会主义核心价值观整体性的基石。马克思主张用“科学性”来限定“整体性”：“整体，当它在头脑中作为思想整体而出现时，是思

[1] 马克思，恩格斯．马克思恩格斯文集：第2卷[M]．北京：人民出版社，2009：591.

[2] 马克思，恩格斯．马克思恩格斯文集：第2卷[M]．北京：人民出版社，2009：36.

[3] 马克思，恩格斯．马克思恩格斯文集：第2卷[M]．北京：人民出版社，2009：53.

维着的头脑的产物，这个头脑用它所专有的方式掌握世界”。马克思强调说：这种整体“决不是处于直观和表象之外或驾于其上而思维着的、自我产生着的概念的产物，而是把直观和表象加工成概念这一过程的产物”[1]。在这里，马克思批判了那种脱离科学性来追求理论系统性和整体性的做法，主张将科学性作为整体性的首要法则，而不是将二者颠倒过来。马克思的这一视角对于理解和把握社会主义核心价值观的整体性具有启示意义：社会主义核心价值观的整体性不是一种“形式”的或“主观”的整体性，而是体现为它生成于中国的独特历史境遇、深植于中国特色社会主义制度之内以及回应了广大人民群众的主体需求，体现了一种历史的必然性、价值的合理性和人民的主体性。

概括而言，现代社会核心价值观的生成通常有两种方式：一类是“自主建构”，一类是“自发生成”。“自主建构”是由一定的政党或者政府提炼出若干价值范畴，在全社会通过制度约束、教育宣传加以推广、普及，最终内化为民众的自觉认同。现代新加坡的核心价值观建构就是代表。另一类是“自发生成”，就是一种价值观通过知识精英的创造和社会思想的启蒙，经过长期的社会文化熏染、社会制度形塑，逐渐内化为民众自觉的价值认同，英、法等资本主义国家的核心价值观建构主要是这种模式。不管是“自发生成”还是“自主建构”，一种有生命力的核心价值观总是要与这种价值观所依托的社会制度相适应、与一个民族的历史境遇相契合以及与社会民众的知识文化背景图式和物质精神文化需求相吻合，这样才能最终为社会民众所认同并内化为一种价值自觉。社会主义核心价值观的内容虽然是由党中央提炼出来的，但它很好地体现了建基于中国特色社会主义制度、发端于中国独特的历史境遇、植根于当代中国实践的发生逻辑，能够具有强大的价值吸引力并最终为民众所认同。

其三，“实践性”构成了社会主义核心价值观整体性的指向。社会主义核心价值观12个范畴的生命力在于“践行”，在于社会主义价值观凝聚为全面深化的改革共识，转变为全面推进改革的制度设计，内化为广大人民群众的自觉价值认同，以及外化为个体的自觉行为。因此，社会主义核心价值观整体性的侧重点

[1] 马克思，恩格斯．马克思恩格斯文集：第2卷[M]．北京：人民出版社，2009：19.

不在于构建一个静态 的“价值体系”，而在于动态的“不间断的生成过程”的“价值实践”；12 个价值范畴的选择不是个别领导人的偏好，而是着眼于这种价值序列的实践功能及其在生活中展开的实践逻辑。从这个视角来看，社会主义核心价值观尽管也要注重各个具体价值范畴的概念关系，但更需要关注它们在实践上的相互依存、相互支撑和相互促进的关系。而对于这些每一个价值范畴的具体内涵，重要的不是做抽象的、静态的内涵界定，而要对于其丰富性做具体的、实践的功能解读。

2. 社会主义核心价值观整体性的制度逻辑

社会主义核心价值观有两个重要的定语：“核心”和“社会主义”。这两个定语明确了社会主义核心价值观的根本属性：中国特色社会主义制度是社会主义核心价值观的依托所在，彰显了社会主义制度的价值立场和价值优势。中国特色社会主义制度为社会主义核心价值观的提炼提供了制度根基，决定了它的价值取向，规定着它的价值内涵，体现着它的价值本质，这是社会主义核心价值观整体性深层次的制度逻辑。因此，从国家、社会和公民三个方面的整体性来建构内涵，昭示着社会主义核心价值观的定位和着眼点都不是 “个体的德性”，而是融合了改革发展目标、社会制度优势和民众价值期待的“价值共识”。

社会主义作为一种理想的社会制度形态，首先是作为一种道德学说和价值诉求在人类社会出场的，这就是空想社会主义“乌托邦”的价值意蕴。有学者总结说：“透过历史中生成的社会主义多样性的传统，我们看到社会主义是一种思想体系，一种运动，也是一种制度和价值观。其中，社会主义思想体系引导着社会主义运动，指导着社会主义实践和社会主义运动的发展，导致社会主义制度的建构，从而实现社会主义价值。无论是思想体系、运动，还是制度，都追求和实现着社会主义价值。社会主义价值观是社会主义理论、运动、制度的核心，是社会主义的本质之维。”❶

科学社会主义在并没有否定空想社会主义的价值目标，而是将之从一种抽象的道德空想变成一种现实的社会运动。马克思曾指出：“共产主义是用实际手段

❶ 吴向东 . 价值观：社会主义本质之维 [J]. 马克思主义研究，2007（4）.

来追求实际目的的最实际的运动。”[1]也就是，无产阶级的任务应当是将这种价值观和道德的诉求变为一种变革现实的运动，那种把马克思视为“经济决定论”的观点是一种对于马克思主义的误读。实际上，科学社会主义有其明确的价值指向，这就是实现“每个人的自由全面发展”和推动全人类的解放。《共产党宣言》提出的“每个人的自由发展是一切人的自由发展的条件”[2]，马克思期待的“人终于成为自己的社会结合的主人，从而也就成为自然界的主人，成为自身的主人———自由的人”[3]，就是科学社会主义终极价值的明确表述。马克思认为，人的自由全面发展的终极目标不是一种“道德乌托邦”，它需要而且能够在生产力高度发展的基础之上，在吸取了“资本主义母胎”全部文明要素发展起来的新社会形态中得以实现。马克思早在《德意志意识形态》中就明确指出：“只有在现实的世界中并使用现实的手段才能实现真正的解放”，“解放是一种历史活动，不是思想活动”。[4]由此，共产主义（社会主义）一方面体现了社会生产力发展与生产关系发展之间矛盾运动的一种必然性历史逻辑，“资产阶级的灭亡和无产阶级的胜利是同样不可避免的”[5]。另一方面则体现了无产阶级在追求无产阶级和整个人类解放这一价值目标的现实革命活动，并创造了新的价值观念：“共产主义革命就是同传统的所有制关系实行最彻底的决裂；毫不奇怪，它在自己的发展进程中要同传统的观念实行最彻底的决裂。”[6]

中国特色社会主义的创立和发展，所依据的制度前提并不是马克思所预想的高度发展的资本主义，而是一个深陷于民族存亡危机的落后国家，“救亡图存”成为首要任务是中国特色社会主义建立的历史起点，而实现中华民族伟大振兴的“中国梦”成为中国特色社会主义制度最现实的价值目标。国家民族、整个社会和亿万个体之间的命运紧紧捆绑在了一起，他们之间的价值诉求呈现出了相互交

---

[1] 马克思，恩格斯．马克思恩格斯全集：第 3 卷 [M]. 北京：人民出版社，1960：236.

[2] 马克思，恩格斯．马克思恩格斯选集：第 1 卷 [M]. 北京：人民出版社，1995：294.

[3] 马克思，恩格斯．马克思恩格斯选集：第 3 卷 [M]. 北京：人民出版社，1995：760.

[4] 马克思，恩格斯．马克思恩格斯选集：第 1 卷 [M]. 北京：人民出版社，1995：74–75.

[5] 马克思，恩格斯．马克思恩格斯选集：第 1 卷 [M]. 北京：人民出版社，1995：284.

[6] 马克思，恩格斯．马克思恩格斯选集：第 1 卷 [M]. 北京：人民出版社，1995：293.

织、相互融合的发展态势。这种独特的历史境遇给社会主义制度打上了深刻的民族印记和中国特色，但这并不是说中国特色社会主义抛弃了科学社会主义的终极价值诉求，而只是指明了中国特色社会主义制度为实现人的自由全面发展开辟了特殊的道路，并将之具体化为一种独特的价值目标。恰如列宁为十月革命辩护的那样："面对第一次帝国主义大战所造成的那种革命形势的人民，在毫无出路的处境逼迫下，难道他们就不能奋起斗争，以求至少获得某种机会去为自己争得进一步发展文明的并不十分寻常的条件吗？"[1]中国特色社会主义制度为开辟一种新的文明、为实现人的自由提供了重要的制度前提，这恰恰是马克思主义把人的自由全面发展价值建立在现实社会革命基础上这一精神的秉承，并且通过最低纲领和最高纲领的辩证处理，通过人的全面发展与社会全面发展的良性互动，找到了实现这一终极价值目标的现实路径。

从整体性的视野来看，中国特色社会主义制度所决定的社会主义核心价值观，具有了与西方资本主义鼓吹的"自由、民主和人权"普世价值具有完全不同的价值内涵："富强、民主、文明、和谐"等国家层面的价值范畴不仅体现了一种独特的历史发展逻辑，而且体现了社会主义本质特征。比如，"富裕"强调的是"共同富裕"，是对邓小平所提出的社会主义本质论的坚守，"社会主义与资本主义不同的特点就是共同富裕，不搞两极分化"[2]，"解放生产力，发展生产力，消灭剥削，消除两极分化，最终达到共同富裕"[3]。社会层面的"自由、平等、公正、法治"也具有与西方资本主义不同的意蕴，同样体现了社会主义制度的本质要求。比如，"自由"首先强调的是现实生存和发展的自由，而不是纯粹的政治自由；"法治"则体现了党的领导、人民当家做主和依法治国三者的有机统一；"爱国、敬业、诚信、友善"则体现了时代精神和民族精神的要求，反映了中国特色社会主义制度得以创立的强大精神动力。从以上分析可以看出，国家、社会和公民三个方面的价值范畴，分别从不同的价值层面展现了中国特色社会主义的

[1] 列宁．列宁全集：第 36 卷 [M]. 北京：人民出版社，1985：155.

[2] 邓小平．邓小平文选：第 3 卷 [M]. 北京：人民出版社，1993：123.

[3] 邓小平．邓小平文选：第 3 卷 [M]. 北京：人民出版社，1993：373.

本质要求，三个方面共同指向以“国家富强、民族振兴和人民幸福”为基本内容的“中国梦”的实现。因此，社会主义核心价值观三个方面内涵、12 对价值范畴，从不同的价值层面体现了中国特色社会主义制度的根本属性和内在要求，是科学社会主义的终极价值原则在当代中国不同价值层面、不同价值主体当中的具体表现，三者共同支撑起“实现中国民族伟大复兴”的“中国梦”这一价值目标。

3. 社会主义核心价值观整体性的历史逻辑

马克思曾说，“人们自己创造自己的历史，但是他们并不是随心所欲地创造，并不是在他们自己选定的条件下创造，而是在直接碰到的、既定的、从过去承继下来的条件下创造”[1] 事实上，“特定的历史环境”不仅对于社会发展历史的现实进程具有重要的影响，而且对于一定社会的价值观念的沉淀和形塑具有重要的影响。社会主义核心价值观的“整体性”，在一定程度上体现了近现代中国的历史发展进程、马克思主义中国化发展进程以及中国特色社会主义发展历程的必然历史逻辑。这种历史逻辑就是：与西方资本主义“国家—社会”泾渭分明的社会结构及其衍生出来的个人主义价值原则不同，近代以来中国的历史发展漩涡和时代发展洪流把国家、民族和个体全部裹挟进来，国家自由、民族自由和个人自由的历史命题和价值诉求相互交织，国家意识、民族命运和个体道德三者相互融合，并最终汇聚成为实现以“国家富强、民族振兴和人民幸福”为基本内涵的“中国梦”这一价值目标。

现代中国历史的起点是在西方国家坚船利炮的逼迫下出现的一种深重的民族危机、国家危机与文化危机，对于传统文化的批判、西方民主和科学价值观的传入，都是对于解救这种危机的一种现实探索和价值重构。也就是说，现代价值观的出现及其能否被认同都源于它对于解救中国紧迫的民族危亡问题的效用。这种特殊的历史境遇，使得中国的现代价值观的生成具有跟西方资本主义不同的异质特点。西方的现代价值观具有深厚的个体主义渊源，是在商品经济比较发达，市民社会得以形成的基础上，以个人利益、个人权利为突出特征的现代思想体系。而中国的现代价值观具有鲜明的实用理性特点，它不是以个人价值为宗旨，而是

[1] 马克思，恩格斯．马克思恩格斯文集：第 2 卷 [M]. 北京：人民出版社，2009：470–471.

以民族、国家觉醒为宗旨。李泽厚曾经将中国近代史中的价值重构解读为“救亡”与“启蒙”的双重变奏，“救亡爱国”最终成为压倒性的主题[1]。实际上，“救亡”与“启蒙”并非矛盾关系、对立关系，但存在价值选择上孰先孰后的排序问题。毫无疑问，面对深重的民族危和现实困境，承认“救亡”的优先性是一种历史发展的必然。[2]进一步来说，“双重变奏”折射了国家命运和个体命运的紧密相连，反映了是国家意识、民族命运和个体道德三者的相互交织。这种历史逻辑启示我们，社会主义核心价值观的整体性在一定程度上体现了面对民族危机、国家危机时价值重构过程中的“现代选择”。

当然，需要指出的是，回顾中国近现代价值观嬗变的历史脉络，并不是要坚持“历史决定论”和“国家主义”的价值观，也不是要否定社会主义核心价值观提炼过程中的主体选择。事实上，从改革开放以来中国特色社会主义创立的历程来看，社会主义核心价值观的整体性，还体现了改革开放以来中国特色社会主义道路开辟的宝贵经验，彰显了中国特色社会主义制度的独特优势。中国特色社会主义是在改革开放过程中逐步探索出来的，也需要在实践发展过程中不断完善。从最早的“摸着石头过河”到如今的“顶层设计”，中国特色社会主义的发展历程中始终坚持着一以贯之的价值原则：“以人为本”。邓小平把“是否有利于发展社会主义生产力、是否有利于提升综合国力和是否有利于提高人民生活水平”作为一种价值评价的尺度，强调中国特色社会主义要始终坚持“公有制为主体、共同富裕为目标”。习近平把“人人共享人生出彩的机会”作为“中国梦”目标的通俗解读。由此可以看出，中国特色社会主义在价值的旨归是落脚于作为主体的人的，但正如马克思主义强调的那样——“人是现实的人”，因而国家、社会层面的价值观最终指向于个体的人的价值，把满足广大人民群众的物质文化需求作为旨归，个体的价值成为国家层面、社会层面价值观的最终旨归。另一方面，社会主义制度下，人与人的关系不是“所有人对所有人的战争”，社会主义核心

[1] 李泽厚．中国近代思想史论 [M]. 北京：人民出版社，1979：301-302.

[2] 钟明华，罗贵榕．论马克思主义的启蒙精神在中国启蒙运动进程中的遗忘与回归 [J]. 学术研究，2012（5）.

价值观是对于国家、社会和个体三者利益的兼顾，国家和社会层面的价值观可以通过一定的制度安排、程序运作等方式，协调社会个体之间的关系，并最终使其转化为个人的价值意识和价值实践。

4. 社会主义核心价值观整体性的实践逻辑

习近平同志指出：“我国是一个有着13亿多人口、56个民族的大国，确立反映全国各族人民共同认同的价值观‘最大公约数’，使全体人民同心同德、团结奋进，关乎国家前途命运，关乎人民幸福安康。”为此他强调必须“把培育和弘扬社会主义核心价值观作为凝魂聚气、强基固本的基础工程”❶，强调了社会主义核心价值观在中国特色社会主义建设实践中的重要地位和突出功能，同时也指明了社会主义核心价值观的鲜明实践指向。社会主义核心价值观的整体性逻辑，最终体现为它能够从一种自洽的理论逻辑转变为一种有效的实践逻辑，从一种官方的价值倡导转变为民众的价值认同，从一种话语的表层形态沉淀为文化心理的核心灵魂。

马克思早就指出：“共产主义对我们来说不是应当确立的状况，不是现实应当与之相适应的理想。我们所称为共产主义的是那种消灭现存状况的现实的运动。这个运动的条件是由现有的前提产生的。”❷面对世界范围以文化竞争为表征的价值观较量暗潮涌动的新态势，面对全面深化改革背景下我国思想价值观念日趋多元多样多变的新特点，社会主义核心价值观从国家、社会和个体三个层面提出了具体的价值要求，回应了当前中国社会转型所呈现的思想文化价值现状和突出问题，力图在多元价值观中寻求“最大公约数”，凝聚社会主义思想文化发展的价值灵魂，把握这种具有明确现实针对性的实践旨趣是理解社会主义核心价值观整体性的一把钥匙。

首先，社会主义核心价值观兼顾了国家、社会和个体三方面的价值诉求，为全面深化改革找到了价值共识、树立了价值旗帜和提供了强有力的价值支撑。社会主义核心价值观不能看成是一种单纯的公民道德建设规划，而是与当下中国的

❶ 习近平．在北京大学师生座谈会上的讲话[N]. 人民日报，2014-05-4(1).

❷ 马克思，恩格斯．马克思恩格斯选集：第1卷[M]. 北京：人民出版社，1995：87.

现实需求与价值现状相适应的，而是在全面深化改革、建设全面小康社会大视野下的一种精神文化建设战略。也就是说，在利益分化和价值多元的背景下，“寻找改革和发展共识”已经成为能否突破“思想僵化和利益固化的藩篱”，完善中国特色社会主义制度的关键因素之一，因此，社会主义核心价值观在一定意义上要承载为全面深化改革提供价值引导和精神动力的功能。这就需要一方面用“共同体”的价值共识来超越个体价值的狭隘视界，另一方面用社会成员普遍能够接受的“价值重叠”来超越价值分歧和价值超越。社会主义核心价值观把国家层面、社会层面和个体层面的价值内涵凝聚起来，兼顾了不同价值主体的价值诉求，共同支撑起“中国梦”这一共同的价值目标，具有最强烈的现实旨趣和接地气的价值特征。

其次，社会主义核心价值观三个方面内涵构成了一个有序的价值结构，体现了价值“超越性”和“现实性”的关系，为其践行做出了科学的安排。

“超越性”和“现实性”构成了价值观的两个维度，二者关系的合理性则在一定程度决定了这种价值观可否变成现实形态。一方面，“相对于世界的存在、现实、事物的既有状态而言，价值现象具有某种超越的性质，它是产生于现实和实践，又高于现实的现象”[1]。另一方面，价值观需要在一定程度上反映人们日常生活的诉求、经验和意愿，完全脱离现实生活的价值诉求只能是遥远的道德“乌托邦”。当然，“乌托邦”也具有一定的价值和功能，但这种价值和功能难以得到人们长期的体认和最终的认同，更难以在现实生活中变成现实。社会主义核心价值观三个方面的有机统一，很好地体现了这种超越性与现实性的辩证关系，每一个具体的道德范畴既具有自身独立的“价值理性”，又能够为其他价值范畴的实现提供“工具理性”：“富强、民主、文明、和谐”凝聚了整个国家发展的艰辛历程和价值期待，也为社会层面和个体层面的价值提供了前提条件；“自由、平等、公正和法治”既指明了社会的理想状态，也提出了社会治理的原则和思路，这就为实现国家层面价值目标提供了有力保障，也是实现个体层面价值目标的社会前提；“爱国、敬业、诚信和友善”既提出了个体的价值标杆，也提供了国家、

[1] 李德顺．价值论 [M]．北京：中国人民大学出版社，1987：25.

社会发展的精神动力，并最终汇聚为实现国家和社会层面价值目标的主体条件。

从其内在结构来看,社会主义核心价值观处于“终极价值目标—核心价值观—具体价值原则”的三层次结构中的中间，它三个方面内容向上共同支撑起“实现中国民族伟大复兴”这一价值目标，向下统摄起“可实践性”和“可操作性”的具体价值原则，因而它的“整体性”一方面反映了三个纬度共同支撑起社会主义的核心价值原则，另一方面反映了它能够与中国特色社会主义制度结合而变成一种现实价值。

最后，社会主义核心价值观三个方面的内涵，很好地处理了“价值认同”和“利益协调”之间的辩证关系，能够获得广大民众的积极认同。

马克思早就说过：“群众对这样或那样的目的究竟‘关怀’到什么程度，这些目的‘唤起了’群众多少‘热情’。‘思想’一旦离开‘利益’，就一定会使自己出丑。”❶“价值认同”与“利益认同”密不可分，一种价值观要真正获得广大人民群众的认同，需要以“利益认同”作为基础，要让广大人民群众看到自己的利益在价值观念中有清晰的表达。想法，“一种意识形态，如果它不符合人们的利益和经验，就决不会成为这些人的意识形态”❷。

面对人们利益分化的现状，社会主义核心价值观提供了引导、规约和协调利益分化的价值原则，并在三个层面体现为价值提升：在个体层面，“爱国、敬业、诚信、友善”把“原子化”的个体提升为社会的公民，用最为基本的价值原则引导人们的行为，超越自然状态的“丛林法则”；在社会层面，社会主义核心价值观提出“自由、平等、公正和法治”的原则集中体现了当下中国协调人们利益关系的价值原则，“自由”不仅仅指政治自由、宗教自由，在当下中国首先指“经济自由”，即广大人民群众享有发展的“自由”；“平等、公平”是直接指导如何解决利益分化的根本价值原则，回应了广大人民群众的价值期待，也凸显了当下中国的价值共识；“法治”既指党和政府治理国家的基本方式，也是当下协调

❶ 马克思，恩格斯．马克思恩格斯全集：第 2 卷 [M]. 北京：人民出版社，1957：103.

❷ 希克．第三条道路——马克思列宁主义理论与现代工业社会 [M]. 张斌，译．北京：人民出版社，1982：355.

利益关系的重要手段。“富强、民主、文化、和谐”则把个体的利益诉求融入国家整体性的经济社会发展，凝聚了当下中国的利益重叠点和利益前提，把个体的正当利益诉求融入国家社会发展大局当中。

尤其需要指出的是，这三个层面的价值内涵共同指向一个根本的价值立场：促进广大人民群众的根本利益，即“必须以合乎最广大人民群众的最大利益，为最广大人民群众所拥护为最高标准”。[1]对此，习近平总书记在谈到中国梦和个人梦辩证关系的时候形象地说：“让人民群众共同享有人生出彩的机会，共同享有梦想成真的机会，共同享有同祖国和时代一起成长与进步的机会。”[2]因此，社会主义核心价值观体现了“利益共识”和“价值共识”的辩证关系，从“利益共识”中凝练“价值共识”，再用“价值共识”来引领“利益共识”，最终为实现“中国梦”提供了强大的精神动力和价值支撑。

四、人本理念：教育现代化的价值困惑及其超越

我国社会正处在传统向现代的转变，教育也处在从传统教育形态向现代教育形态的转变当中。教育现代化是一个复杂、矛盾、渐进、自觉的过程，是教育实践与教育理论的飞跃。何谓教育现代化？教育现代化的本质与根本目标是什么？教育现代化的根本方向何在？在教育现代化进程取得一定的进展，教育在经济社会发展中发挥越来越重要功能和作用的现代社会，有必要重新思考这一根本性的问题，从而纠正当前教育现代化进程中人们在理念和实践上的偏颇，明确教育现代化的基本价值取向。

1. 教育现代化的价值取向

关于教育现代化的本质和内涵，学界一直存在着着眼于社会现代化的视角和着眼于人的现代化的视角的两种不同理解。着眼于社会现代化的观点认为，所谓教育现代化是社会现代化推动的结果，属于社会现代化的一部分或者说一个子系统，随着人类发展实现了从传统社会到现代社会的转变，由此，根据生产力发展

---

[1] 毛泽东 . 毛泽东选集：第 3 卷 [M]. 北京：人民出版社，1991：1096.

[2] 习近平 . 在第十二届全国人民代表大会第一次会议上的讲话 [N]. 人民日报，2013-03-18(1).

水平，着眼于社会现代化的学者们将教育现代化界定为“以工业社会、信息社会为基础，建立在工业化、信息社会基础上的教育”的一种发展形态。从社会现代化的角度界定教育现代化，必然会导致社会现代化决定教育现代化的观点，将教育现代化看成社会现代化的一个子系统，从而在价值取向上强调教育现代化对社会现代化的依附和服务。

与之相对应，着眼于人现代化的观点认为，教育的本质是培养人的活动，应当从人的层面来界定教育现代化。马克思曾经在《经济学手稿》中深刻地阐述过不同社会形态下人的生存和发展状态:“人的依赖关系(起初完全是自然发生的)，是最初的社会形态，在这种形态下，人的生产能力只是在狭窄的范围内和孤立的地点上发展着。以物的依赖性为基础的人的独立性，是第二大形态，在这种形态下，才形成普遍的社会物质交往，全面的关系，多方面的需求以及全面的能力的体系。建立在个人全面发展和他们共同的社会生产能力成为他们的社会财富这一基础上的自由个性，是第三阶段。第二个阶段为第三个阶段创造条件。”从人的层面来理解教育现代化，则可以将之界定为实现人的现代生存和发展的教育形态转变过程，也即实现人的现代化。促进人的全面发展和现代人格的培育、现代人的素质的全面提升，是教育现代化的本质所在和根本价值取向。

应当说，从社会现代化层面和从人的现代化层面来界定教育现代化都有其合理性。前者从教育属于社会大系统当中的一个子系统的地位出发，强调了教育现代化对社会现代化的适应和服务功能；后者则侧重于教育的根本目的和教育功能的实现方式，强调了教育现代化既是为了适应人的现代化的需要，也是实现人的现代化的主要途径。前者侧重于从教育外部社会环境的影响来理解教育现代化，后者侧重于从教育内部的内在功能来理解教育现代化。如果进一步深究，可以发现两种观点的差异只是侧重点有所不同，前者指向社会现代化，后者指向人的现代化。

尽管关于教育现代化的两种界定只是角度不同，但笔者认为，立足于中国属于后发现代化国家这一基本国情，从实现人的现代化的角度来理解教育现代化更能凸显其本质意蕴，在价值取向上更能明确教育现代化的价值导向，廓清一些思想的迷雾，从而顺利地实现教育现代化。

首先，从社会现代化和人的现代化辩证关系的角度来看，人是社会现代化的能动因素，这就决定了教育现代化应坚持以人的现代化作为根本价值取向。李秀林等人对社会现代化与人的现代化之间的关系有比较客观的阐述：人是实现现代化的主体，人创造着现代化的社会；同时，人又是社会锻造和塑造的客体，人的现代化有赖于社会现代化，现代化的社会创造着现代化的人。在人与社会的关系中，人是唯一能动的因素。社会创造现代化的人是通过人创造现代化的社会而实现的，正是人在实现社会现代化的实践中锻造自己的现代化素质。人塑造现代化的社会，也塑造着现代化的自我，所以，社会创造现代化的人，归根到底是人对自我现代化的能动创造，是自我创造自身的现代化。[1]为此，作为一种培育人、熏陶人的社会实践活动，教育现代化的根本目标应当指向具有“能动性”的现代人，通过人的现代化来促进社会现代化。

其次，过分强调教育现代化对社会现代化的适应容易导致“工具理性”的膨胀，需要以人的价值、人的尊严作为正确的价值导向。着眼于社会现代化的理论比较注重教育现代化对社会现代化的适应和服务，但如果这种服务不是通过人的现代化的塑造，不是通过人的价值的正确引导，可能会导致教育现代化的功利化和工具化。正如著名学者池田大作在《二十一世纪的警钟》一书中提醒我们的那样：“近世以后人类的历史，总的可以这么说，认为自然界和社会制度这种外在世界的变革是左右人类幸福的根本关键，而且仅把目光注视在这一点上。因而不考虑自己作为一个人的生活态度，轻视或者忘记了努力去严格要求自己内在的各种心灵活动……”在现代，显得特别重要的是努力变革和提高人的生命和精神世界。我们将之称为‘人的革命’。”注重人的价值性、从人的现代化的教育为教育现代化立法，才能保证教育现代化成为解放人、发展人的主要途径，而不是造成对人的异化。

最后，随着知识经济的兴起和人力资源理论的出现，现代社会教育对经济、政治和文化发展的作用越来越大，因而尤其需要坚持教育的人本立场，明确教育

[1] 李秀林，等．中国现代化之哲学探讨[M]. 北京：人民出版社，1992：375-376.

的根本价值取向，以促进教育现代化的全面、协调发展。当前，在西方国家，“人的素质是重要的生产力”提升了人们对教育社会功能的关注度，人们对教育提出了越来越高的期待，比如在政治上将教育提升到了直接关系到“国家核心竞争力”的高度，在经济上将教育视为“人力资源”这一最宝贵资源的孵化器。在我国，尽快实现现代化的强烈愿望促使我们对教育寄予厚望从而萌发出更多的教育改革的冲动，同时，教育服务政治、教育是社会公平的重要标尺、教育为经济发展服务、教育培育先进文化、教育为提升企业竞争力服务等外在要求不断冲击着教育并对教育的发展和改革形成了深刻的影响。应当承认，强调教育的服务功能一方面凸显了教育的重要性，从而为实现教育现代化提供了一些有利的条件。但一方面也对教育现代化的实现产生了负面影响，比如对人文素养的忽视，对基础研究投入的不足，对教育内在规律的破坏等。教育现代化的实际过程中，教育目标方向性困惑的情况已经出现了，因而尤其需要从本体论的角度重新来思考教育现代化的本质和根本目标，从而为教育现代化明确根本方向。

2. 现代社会环境下教育现代化的价值困惑

教育现代化是一个复杂、矛盾、冲突的过程，尤其是对于后发性现代化国家来说，在历史传承与现实任务相互交织、本土经验与国外示范相互影响的背景下，实现教育现代化确实存在着相当的困难，不可避免会出现教育现代化价值取向的种种矛盾和冲突，这种矛盾和冲突集中反映在教育目标的选择和确定上。在影响教育价值取向的诸多因素之中，现代社会环境影响的日益强化及其对教育现代化价值取向的冲击和影响是最值得关注的。当前中国社会环境可以概括为开放性、竞争性、信息化和多样化四个方面，因而我们可以将教育现代化价值取向的困惑归纳为四个方面。

第一，开放环境使教育现代化的目标取向在国外教育目标参照下面临比较与选择、认可与置疑的困境。

现代社会是一个开放社会，社会成员的流动、信息的自由流通、知识的共享、经济全球化、政治多样化的格局使整个社会处于相互学习、相互借鉴的开放状态。“过去那种地方的和民族的自给自足和闭关自守状态，被各民族的各方面的互相往来和各方面的互相依赖所代替了。”[1] 开放的环境带来了现代教育的大变革。一方面，教育与经济、政治、文化之间交流和合作的趋势越来越明显；另一方面，不同国家、不同地区在教育领域的交流、合作、相互学习也日益频繁和紧密。

开放环境为教育现代化目标的确定提供了在更广阔范围内进行比较、选择、借鉴的可能，但其负面效果就是容易造成教育目的的“观念超前”。“观念超前”指无视自己的国情，盲目追随西方的教育理念，在确定教育目的时脱离本国、本地区的实际情况，从而造成本土文化与外来文化的冲突与对抗，进而导致本土文化发生扭曲甚至丧失。这种现象在我国教育现代化中有典型的表现，第一就是学校追求所谓“国际一流学校”的时尚。如高校无视种种现实条件的制约，大建校舍，大举兼并，大力创建热门专业，在尚不具备建设“国际一流大学”的条件时揠苗助长，造成了教育资源的极大浪费；第二是忽视传统文化的教育，过分强调所谓国际技能的教育。在课程设置中，人文教育尤其是传统文化教育被忽视，而英语学习被强调到无以复加的地步，不过四级拿不到毕业证，学生成天捧着英语书。这势必会消解大学生对民族文化的认同感，造成一批“文化流浪者”。

第二，竞争环境使教育现代化的目标取向在激励中既易于攀升也易短视。

社会主义市场经济是以竞争机制为基础的，竞争环境对教育目的的确立产生了巨大影响，使教育目的在激励中既易攀升又易短视。应该承认，竞争环境给高校改革带来了一股活力和推动力，在一定程度上促进了高校改革和发展。但是，在高校教育实践中，随着人们对竞争的过分强调，它也带来了过度竞争的消极影响。

过度的竞争容易使教育目的脱离学生身心规律和现实条件而飙升。竞争是一个残酷的优胜劣汰的过程，为了在竞争中处于有利地位，学校容易提出一些不切实际的教育目的，最终脱离社会的需求和学生的身心规律，造成教育的失败。这在教育实践中并不少见，比如大搞形象工程，劳民伤财的做法等。竞争环境带来的另一恶果是造成教育目的的短浅。所谓“十年树木，百年树人”，长时性、常效性是教育成果体现的独特方式。由此，教育目的的确立应当具有战略性、规

[1] 马克思，恩格斯．马克思恩格斯选集：第 1 卷 [M]. 北京：人民出版社，1995：276.

划性和超越性。然而，竞争环境则容易使部分学校忽视这一基本规律，追求人才培养的短、平、快，以争取到更多的资源。典型的表现是学校在专业设置和资金投入方面偏重热门专业，对基础性专业和课程的建设投入不足，从而带来教育资源浪费和长远发展后劲不足等不良后果。

第三，传媒环境使教育现代化的目标取向在信息涌动中既有利于选择又难以深化。

随着信息社会的发展，电视、广播、互联网、多媒体等多种传媒手段使得各种信息的大量地生产和消费、迅速地传递和更新，使社会由闭塞变为开放，资源独享变为资源共享。这一方面扩大了人们选择的机会和可能，另一方面又造成信息的大吞大吐，使得人们的选择难以深入、稳定。传媒环境对人的双面影响在教育目的的选择上体现得非常明显：一方面，信息快速大量的涌动使得学校在确立教育目的时有多样化的选择，从而有利于选择；另一方面，又容易造成教育目的对潮流的盲目追随，影响教育目的的稳定和深入。

传媒环境对教育目的的这种消极影响在我国教育领域随处可见。近年来，由于国门大开和信息的互通，高等学校在具体教育目的的确定上可谓是花样迭出，蔚为可观，“成功教育”“全人教育”“个性教育”“世界公民教育”“生存教育”、“环境教育”等各种口号此起彼伏，走马灯似的频繁更换，各个高校也像赶集的人一样追赶着市场的潮流和热门，不断地改变自己的具体教育目的。应该承认，这些具体的教育目的的提出都有它们各自的合理内容，教育目的也应当体现时代的精神和要求，但问题是，教育有其自身的稳定性和较长的周期性，教育目的的选择必须从自身的情况出发并且保持适当的稳定，这样才能真正适合社会的长期发展和人才的培养。一味地跟风赶浪、追赶潮流而不从实质上改进教育的质量，只会造成教育目的的短浅和急功近利，影响教育的长远发展。

第四，多样环境使教育现代化的目标取向呈现出个体差异性而难于统一。

劳动分工的细化，要求教育培养各门各类不同的人才来适应分工日益细密的现代工作岗位；政治的民主化，要求教育培养更多明确意识到自己权益的社会公民；文化价值观念的多元化，使不同环境里成长的人呈现出不同的精神特质；学校利益的日益分化，不同地区、不同学校之间的竞争，导致教育目的的特色化、个性化；社会对人的主体性的呼唤以及人的主体性观念的觉醒，理所当然地会促进学校重视对学生个性的尊重和培养。所有这一切都表明，教育现代化目标呈现出个体差异性是现代多样环境影响下的必然趋势。

教育目的的个体差异性在促进高校个性化、特色化发展的同时，也带来一些弊端。教育权力的下放，社会、政府在统制教育整体目的的权力削弱了，各地方、学校以及教育主体在教育目的的决策上有了更大的自主性。这一方面能够发挥学校和教育主体的主动性，促进受教育者的个性化发展；另一方面也容易导致教育目的的制定无视社会大局和长期要求，在多样性中消解社会的统一性、长期性、整体性，从而给教育带来很不利的影响。最典型的例子就是许多学校重智育轻德育，大力抓学生的知识、技能的培育，而弃思想政治教育于不顾，使思想政治教育处于边缘化的位置，最终造成学生德智发展不均衡，影响了社会的长期利益、整体利益和根本利益，也影响了学生的全面发展。

3. 教育现代化价值取向的人本回归

教育现代化的人本意蕴和教育现代化进程中价值困境的现实问题，需要从现代社会对人的本质要求以及教育实现人的现代化这一根本价值取向来探讨应对之道。简单地说，就是实现教育现代化价值取向的人本回归。

究其本质，教育是一种有目的、有计划的培养人、熏陶人的社会实践活动。教育的这一本质在时刻提醒我们，教育的形态、教育的发展不能脱离人的价值、人的意义来抽象地理解。换言之，教育的本体性问题只有从人的角度，从促进人的发展和价值实现这一角度才能够得到真正的理解，教育的合法性问题才能够得到解决。那么，人的本质是什么，人在社会和历史发展中的地位如何？对于人的本质，我们都记得马克思的经典界定：人的本质“不是单个人所固有的抽象物，在其现实性上，是一切社会关系的总和”。马克思从实践性、社会性的角度来理解人的本质，其根本的价值立场是坚持人的人在社会和历史发展中的主体地位，他强调，“历史不过是追求着自己目的的人的活动而已”[1]。对于人与社会的关系，

[1] 马克思，恩格斯．马克思恩格斯全集：第 2 卷 [M]. 北京：人民出版社，1992：118-119.

他在也告诫我们“应当重新避免把社会当作抽象的东西同个人对立起来。”从实践主体的地位来强调人的价值和尊严，为我们找到了教育价值回归的根本方向。

马克思不仅为我们明确了人在历史发展中实践主体的地位，而且还为我们揭示了人的生存和发展状态的历史进程，即从“对人的依赖”状态发展到“物的依赖”状态再到“人的自由全面发展”状态。也就是说，人类社会发展的目标是“通过人并且为了人而对人的本质的真正占有”。人类发展的历史进程应当在人的发展状态上摆脱依赖性、实现自主性，摆脱片面性、实现全面性，即要实现“作为一个完整的人，占有自己的全面的本质”。从这个角度来理解，人的现代化当中一个核心的主题就是发展人的主体性，实现人的全面发展。因而，人的现代化就是不仅要克服传统社会当中对人身依赖所导致的异化状态，也要克服现代社会中“科技崇拜”所导致的异化、“金钱崇拜”所导致的异化以及“信息崇拜”所导致人的异化。正如联合国教科文组织所提倡的那样：“教育的目的在于使人成为他自己，‘变为他自己’。”❶

由此我们可以看到，实现人的现代化、促进人的全面发展才是教育现代化的根本价值取向。从这个角度来理解教育现代化，才能实现教育现代化的“物本”超越，体现其值取向的人本回归。人的现代化是一个内涵十分丰富的概念，在其向度上可以理解为从传统人格、片面发展到现代人格、全面发展的正向矢量运动进程，在其维度上可以理解为人自身的全面协调发展、人与社会的协调发展以及人与自然的协调三个方面。

为了实现人的现代化的价值取向，一个基本路径是发展主体性教育。所谓主体性教育，是人的主体性理论在教育上的运用和发展，指发展以培养具有主体性的人为宗旨、促进人的全面发展的教育。一般而言，主体性教育具有三个层面的结构。第一个层面是教育主体性，即指教育活动在社会系统中具有独立性、自主性和超越性；第二个层面指教育管理者和教育执行者的自觉性、独立性和创造性；第三个层面指教育活动过程的自觉性、独立性和创造性，以培养具有独立、自主

❶ 联合国教科文组织国际发展委员会．学会生存——教育的今天和明天 [M]. 华东师范大学比较教育研究所，译．北京：上海译文出版社，1982：10.

和创造性的人。应当说，培养具有独立、自主和创造性的人是教育主体性的出发点和落脚点，因而也是教育主体性当中最重要的一个方面。但要实现这一根本目标，实现教育的主体性是其前提。不能实现自身教育的主体性，培养人的主体性目标就很难实现，而教育现代化的方向性迷失问题就会出现。为此，本书侧重于从教育自身主体性的角度来阐明教育现代化的根本方向，从而为实现人的主体性和全面发展奠定基础。

第一，推动教育现代化，实现教育的独立性。教育的独立性，指教育不依赖于其他社会子系统，遵循自身发展规律的特性。实现教育的独立性，是教育现代化的本质要求。在传统教育模式下，教育往往成为政治和经济的附庸，成为维护既有制度的手段，因而在教育目的方面注重培养因循守旧、墨守成规的人。在现代社会里，教育是社会大系统中的一个子系统，它既要受到经济系统、政治系统等其他社会子系统的制约，为经济发展和政治进步服务，又要遵循自身的发展规律，并能动地作用于其他系统，表现为服务性与独立性并存、适应性与超越性共生。同时，教育对其他社会子系统服务作用的实现，必须建立在遵循教育自身发展规律的基础之上，脱离了教育系统本身固有的规律性，就不能很好地发挥教育对经济、政治发展服务功能。由此，教育现代化的基本方向，要全面考虑教育本身独立性与服务性、适应性与超越性两方面的特征，既充分考虑现代社会的发展对教育提出的新要求，又要保持教育自身的独立性，遵循教育自身发展的规律，从而更好地实现人的主体性和促进人的全面发展。

第二，推动教育现代化，实现教育的自主性。教育的自主性，集中表现为决策者在教育目的的确立过程中的鉴别性、选择性和为“我”性上，即根据自身的实际情况和教育发展规律对各种具体的教育目的进行鉴别、判断和选择。实现教育的自主性，关键是要处理好教育目的的继承和发展、借鉴和创新的关系。继承、借鉴是创新、发展的前提和基础，创新、发展是继承、借鉴的目的和要求。在全球化浪潮汹涌澎湃的当今社会，我们要吸收传统教育目的的精华，借鉴其他国家和地区在教育目的制定方面的经验，特别是要善于吸收体现时代发展方向的积极内容。但这种吸收和借鉴，并不是简单的全盘照搬照抄，而是有所辨别、有所批判、有所选择，要在“吸其精华、去其糟粕”的基础上，制定出既符合国情校情，又反映时代潮流的教育现代化目标。作为拥有充分自主权的高等院校，更应当充分发挥自己的主动性，积极探索本地区的经济、文化情况和社会发展要求，利用自己独特的传统资源和办学特长，制定出既承继优秀文化传统、又反映时代发展潮流的，既面向世界的、又具有自身独特性的科学的教育目的。

第三，推动教育现代化，实现教育的超越性。教育的超越性指教育面向未来，培养出适合于未来社会发展的人才。教育的超越性集中表现在对人的创造能力的开发和培养上。教育对人的影响有三个层次：塑造、改造和创造。塑造作用是指受教育者在教育作用的影响下形成原来没有的知识、发展新的能力；改造作用指受教育者在思想上改变原来的错误认识，形成正确的观念，在业务上改变原来的知识结构，形成新的知识结构；创造性教育能实现人的创造性本质，发展人的创造性能力。为了培养出具有创造性的人才，“现在，教育在历史上第一次为一个尚未存在的社会培养着新人”[1]。在宏观教育发展战略方面，邓小平提出的“面向世界，面向未来，面向现代化”的教育方针，是对教育现代化实现现实取向和未来取向互通、适应和超越共存的高度概括。一方面，教育现代化要立足于我国的国情，把握教育自身的规律，为实现当前紧迫的社会发展目标和人才目标的培养目标做出贡献。另一方面，要有前瞻性的眼光，战略性的思想，把教育的发展放在战略性、基础性、先行性的重要位置，充分发挥教育在未来国际竞争和创造性人才的培养中的重要作用，培养出千千万万的创新性人才，实现教育的超越性。

[1] 联合国教科文组织国际发展委员会．学会生存——教育的今天和明天 [M]. 华东师范大学比较教育研究所，译．上海：上海译文出版社，1982：92.

第四章　网络关系嬗变与政治文明发展

网络技术的发展带来的不仅是技术性变革，而且对人的社会关系变迁产生了巨大的推力，提供了新的空间。“互联网作为正在成长中的新的现实空间，已不再限于过去认为的虚拟社会或者作为现实社会补充的网络投射，而正在作为一种社会实在全方位、立体化深度影响、渗透、混合、重塑着我们的生存环境与日常生活。它凝聚着技术与资本的双重力量，携带着政治与社会的博弈和合作，同时还蕴藏着自身运作与传播的深层逻辑。”[1]由此观之，网络空间中人的社会关系是现实的而不是虚拟的，是真实的而不是想象的。在当代中国，网络关系变革所涉及的内容是广泛性的、多层次的，本章专门考察网络关系对于政治发展所带来的变革内容，探索政治文明建设如何应对网络空间的新变化。

一、微博时代的政府公信力难题及其破解

麦克卢汉在《理解媒介：论人的延伸》一书中提出一个著名的观点：“媒介即信息。”每一种新媒介的产生与运用，都宣告我们进入了一个新的时代。微博的出现即是如此。从郭美美事件、卢美美事件、动车事故等一系列事件的发生发展过程来看，微博的政治变革能量正在我国政治生活中集中爆发出来。政府公信力在微博时代面临着由权力弥散、公共领域重构所带来的多方面挑战。

[1] 李良荣．以互联网寻路国家治理方式与治理能力现代化 [M]// 张志安．网络空间法治化——互联网与国家治理年度报告（2015）．北京：商务印书馆，2015：1.

1. 现实与虚拟：微博带来的政治变革能量

微博，即微型博客（micro-blogging），由于每条信息限定在140字符以内故得名“微”。它是一个基于用户关系的信息分享传播及获取平台，用户可以通过WEB、WAP以及各种客户端组建个人社区，通过手机短信、即时讯息软件、电子邮件、MP3或网页等方式实现信息即时分享。从2006年美国Twitter的出现算起，短短十余年间，微博发展迅猛，正逐渐成为现代社会重要的信息传播方式。根据微博信息中心发布的《2016微博用户发展报告》，截至2016年9月30日，微博月活跃人数已达到2.97亿，较2015年同期相比增长34%；其中9月份移动端在MAU总量中的占比为89%；9月的日活跃用户达到1.32亿，较去年同期增长32%。[1] 微博之所以受到追捧，是因为它作为一种新兴的信息传播手段和个人交往平台，具有即时性、交互性、共享性与开放性等基本特征。所谓即时性，是指博主能够随时随地将自己的所见、所闻、所感、所想通过文字、图片、音频以及视频等方式上传到个人平台与共享空间，关注该博主的朋友、看客可以第一时间接触这些信息，并快速、及时地直接反馈信息。

随着智能手机的使用和普及，移动的介质使任何人在任何时间发布或者收看任何信息成为可能，实现成本低廉，实现过程极为简单，因而微博是“一个人的电视台”，任何人可以通过它实现“现场直播”“现场接收”与“现场反馈”。所谓共享性，是指微博兼具单向选择和双向沟通的自由，既允许即时的对话交流、离线的留言回复的交流，又可以通过加“关注”了解对方动态、“转发”再传播或者相应的“评论”等进跟从。所谓交互性，是指微博基于人际传播的交流方式，不仅维系原有的现实人际传播，方便熟人圈子里的便捷交流，而且创立了新的“交际圈”，大大增加了微博传播的可接受性。所谓开放性，指微博“零门槛”的进入方式和无边界、无限制的传播效果。微博通常表现出口水化的写作方式、碎片化的出版方式。它为使用者创造了便捷、方便、简单、兼容的交流平台，理论上任何人都可以进行微博交流，个人空间与公共空间的界限模糊，个人平台对所有

[1] 新浪微博数据中心 .2016 微博用户发展报告 [EB/OL].(2017-06-20)[2017-08-22].http://data.weibo.com/report/reportDetail?id=346.

人开放。

微博的出现和普及，带来了巨大的政治变革能量。Facebook 与 Twitter 在 2010 年底至 2011 年席卷整个北非地区的大规模政局动荡中发挥了突出的政治动员功能，完全改变了传统政治变革的概念及其方式，也给各国政府带来了崭新的挑战，西方学者称之为“微革命”。在国内，微博的政治变革能量也正在显现，集中表现为权力结构的分散化、意见表达的平民化、政治心理的传染性和政治动员的便捷性。

（1）权力结构的分散化。权力从本质上说是一种影响力，这种影响力突出地表现为话语权的拥有状况。因此，如阿尔文·托夫勒所说：“知识和信息的分配必然影响权力的分配。”[1] 在网络技术发展之前，公共权力的运作是建立在政府与民众信息不对称基础之上的，政府部门凭借着对传统媒介的高效整合，通过程序繁琐的代议制在公共领域中占据着话语权的绝对优势。网络技术的发展，尤其是作为“自媒体”的微博的普及，改变了这种权力运作方式。微博推动了权力结构从垂直型向扁平型转变。有学者指出，微博“具有正向民主价值，削弱了信息集权控制的能力，销蚀着金字塔式的等级集权制的权力结构”[2]。一方面，微博揭开了权力的面纱，使得公共权力部门处于可视状态，大大拓宽了公众对政治运作的信息资源的知情程度，从而加大了对政治运作过程的监督和制约；另一方面，微博赋予了普通民众以话语权，使得普通个体的利益诉求、政治需要、政治态度能够通过微博平台在公共领域中表达出来，并产生相当的影响力。

（2）意见表达的平民化。微博的表达方式具有个体化、平民化、情感化和生活化的特征，它赋予了社会大众以个体身份表达意见的机会与可能。作为一种满足“四零条件”（零编辑、零技术、零成本、零形式）而实现“零进入壁垒”的网上个人出版方式，微博实现了作者、内容和读者三个层次的“源代码的开放”，促进媒体世界完成“从大教堂模式到集市模式的根本转变”。[3] 微博大多呈现的

[1] 托夫勒．权力的转移 [M]. 吴迎春，译．北京：中信出版社，2006：35.

[2] 李永刚．互联网络与民主的前景 [J]. 江海学刊，1999（4）.

[3] 方兴东，王俊秀．博客：E 时代的盗火者 [M]. 北京：中国方正出版社，2003：5.

是个人的情绪宣泄或者自娱自乐，但这种私人空间的表达却具有公共的性质，这种看似天马行空、片言只语的表达方式展现了宏大叙事下个体的声音、视角和感受，在一定条件下蕴含着后现代式的解构现实政治系统的巨大政治能量。

（3）政治心理的传染性。微博传播方式有三个关键词，即“私密”“关注”与“分享”。所谓“私密”，指微博作为网络日志的变种，通常记录博主对日常生活的感触、感想和经验，从而具有私人、私密空间的性质，这是微博具有亲和力、感染力和可信度的重要原因。所谓“关注”，指任何人都可以在微博上把那些自己感兴趣的博主加为自己“关注”的对象，“关注”与“被关注”反映的是人与人之间某种程度的认同感，这种方式导致具有相同心理倾向的人群容易聚到一起并互相交流。所谓“分享”，指微博具有公共领域的典型特征，博主希望通过微博分享个体经验以形成团队，产生社会干预的力量。“私密”赋予了政治心理以真实性；“关注”赋予了政治心理以传播性；“分享”赋予了政治心理以发酵性，从而使得政治心理能够借助微博平台在短时间内传播、聚集和发酵，并以“围观”“路过”等形式释放出强大的舆论压力。

（4）政治动员的便捷性。一般而言，政治动员指有目的地引导社会成员积极参与重大政治活动的过程。微博赋予了广大民众政治动员的主动性、便捷性和难预测性。微博的零门槛使得每个网民都有可能成为政治动员的主体，“微博时代的传播特点是每个网民都可能参与公共话题，表达对社会环境的兴趣、了解和关注，从而使得被关注的事件在虚拟空间中因为被放大而重新定义，滋生出推动事物变化和社会变迁的动力”[1]。

2. 机遇与困境：微博对政府公信力的冲击

关于政府公信力，学术界的界定主要有信用、信任和合法性三种视角。信用视角将执政党公信力置于政党信用或诚信的基础之上；信任视角把政治信任当作执政党公信力的内核；合法性视角则倾向于把执政党公信力等同于社会的认同和支持。[2]三种界定的差异源自于对公信力出发点的视角差异，而对政府公信力所

[1] 陈卫星 . 微博时代的媒体围观 [J]. 今传媒，2011（2）.

[2] 吴家庆，严卿 . 国内学术界执政党公信力研究述评 [J]. 政治学研究，2011（4）.

涉及的因素并无本质差别。本书将政府公信力理解为社会公众（主体）对政府组织或者个人（客体）的一种集中性评价，是公众对评价预期与客体表现之间的契合程度的体验，这种体验能够具体表现为客体的合法性和合理性。公信力从本质上说是社会公众基于政府及其官员在公共权力使用、公共资源分配、公共形象塑造等方面内容而体现出来的对政府的一种信任、满意和认同的社会心理。

政府公信力是一个具有结构序列的系统。有学者借用英国学者伊·拉卡托斯“科学研究纲领”中关于“内核”和“保护带”的分析方法，从政治信任的视角将政府公信力划分为“公信力硬核”与“公信力保护带”。“公信力内核”包括对政治共同体的信任、对政治制度的信任以及对政治价值的信任三个子系统；“公信力保护带”包括对公共政策的信任、对公共组织的信任以及对政治行动者的信任三个子系统，“保护带”与“内核”及其子系统构成了一个循序渐进的政治信任序列结构，并遵循由外至内的破坏顺序。因此，一个政治体系的修复保护带层面政治不信任能力至关重要，决定着是否能够阻止对政治信任内核的侵蚀。[1]

微博对政府公信力的影响，遵循着从“保护带”到“内核”的顺序，从揭露政府的言行到反思具体政治体制合理性，再到政治制度合法性，最后到政治理念的正义性的递进次序。而政府在每一阶段的应对是否得力、政府和民众良性互动能否建立成为影响政府公信力的重要因素。

第一，信息揭露与政治监督。微博的即时性、开放性、交互性、便捷性、包容性和草根性，彻底颠覆了传统媒介自上而下的传播方式，挑战了传统媒介的权力体系与话语权，赋予了大众自下而上、多中心、多源头、随机性、离散型的信息揭示、意见表达权力，让“全民记者”变成可能，媒体环境进入“机构传播和个人传播共处的时代”。这是微博时代影响政府公信力的新元素。

从已发生的微博事件来看，民众在信息揭露和政治监督方面主要针对政府官员的个体行为以及涉及民众切身利益的突发事件，其中揭露和监督政府官员个人行为尤其是贪腐行为成为微博关注的焦点，从周久耕事件、香艳日记到郭美美事件均属此类。这一类微博事件主要是冲击政府公信力的“保护带”，呈现着当前

[1] 上官酒瑞．政治信任的结构序列及其现实启示 [J]. 江苏社会科学，2011（5）.

中国民众对官员个体行为不信任与对政治制度与政治价值理念的信任同在、对地方政府的不信任与对中央政府的信任并存、对政府短期行为的不信任与对政府长期信任的兼备等悖论式特点。因此，微博的信息揭露和政治监督并不会必然导致政府公信力的流失，政府如何反馈和应对显得尤其重要。如果政府对民众的政治诉求能够及时反馈，形成良性互动，则有益于增强政府公信力，反之，如果政府部门对这种诉求采取封、堵、围、删等压制手段，则可能酿成信任危机，进而对政治信任的“内核”造成伤害。

第二，意愿表达与议程设置。微博之所以受到民众追捧，是因为它赋予了广大民众以话语权，这种话语权具体表现为意愿表达与议程设置两个层面。微博被称为个人媒体、自媒体、互媒体或者人际媒体，这些称谓揭示的是微博的个人媒介本质和功能。作为一种个人媒介，微博放大个人声音的能量是十分惊人的。有人将微博传播比喻为蜂巢式传播、病毒式传播，指微博在人际传播的基础上通过“关注”与“被关注”形成了“核裂变式”传播的能量。在微博传播过程中，传播者的身份并不重要，重要的是所传播的资讯内容是否具有分享意义和对于社会的价值穿透力。[1]只要个体的意见具有分享意义和价值穿透力，个体的意见表达就能够在“被关注”的过程中极大地发酵。

议程设置是美国传播学家 M.E. 麦库姆斯和 D.L. 肖于 1972 提出的概念。他们认为：大众媒介不能决定人们对某一事件或意见的看法，但可以通过安排相关的议题来有效地左右人们关注某些事件和意见，以及他们发表议论的先后次序。受众会因媒介提供议题而改变对事物重要性的认识，对媒介认为重要的事件首先采取行动。[2]与传统媒介不同，微博的议程设置不受政府、精英的左右，大众既是受众又是信息的创造者和传播者，可以通过自己的关注和评论，吸引更多公众的注意力到某些事件上，由此凸显“议题”的重要性，使之逐步显著化、重要化而成为公众的“思考对象”，从而将“个人议题”上升到“公众议程”。

微博赋予大众表达意见的便捷性以及议程设置的可能性，必然会导致大众的

[1] 喻国明 . 新型传播方式的崛起与传统媒介的价值落点 [J]. 新闻与写作，2010（4）.

[2] 郭庆光 . 传播学教程 [M]. 北京：中国人民大学出版社，1999：214.

主体评价能力大大增强，并在信息传递过程中增强意见表达的政治影响力。值得注意的是，大众意见表达与议程设置具有明显的选择性与偏向性，政府机关及其成员的行为往往成为大众关注的焦点，现实政治生活中涉富、涉官、涉权的相关内容，尤其是负面内容更容易在微博上受到关注、讨论而成为焦点。大众在微博上表达政治意愿的方式也往往不是理性的、客观的，而是夹带着嘲讽、发泄、质询、批判甚至攻击性言语的。在这个过程中，政府的包容心、适应力以及客观冷静的态度对其公信力的影响尤其重要。

第三，在场围观与舆论压力。微博对政府公信力影响最典型、最集中的方式是就某个议题在短时间内聚集强大的舆论压力，迫使政府及时做出反应。所谓舆论，从传播学角度可以界定为“一种公众对共同关心的社会事件或问题公开表达看法最终形成较为一致意见的传播现象。简单地说，舆论即公众意见的传播”[1]。舆论作为公众意见的集中表达，既包括了公众对某一社会事件的认识、态度、观点和看法，同时也包含了公众对政府的期待、情感与认同，因而能够表达作为公信力评价主体的公众对政府公信力状况的一种评价结果。

近年来，微博上最热的两个词分别是“围观”和“路过”，这两个词体现了微博上容易形成强大的在场围观与舆论压力。从现有微博事件来看，突发事件容易在微博上积聚强大的舆论压力。甚至有很多学者认为，网络空间中尤其是微博平台上正在形成与传统政治体系相对应的“公共领域”，哈贝马斯将之界定为“关于内容、观点，也就是意见的交往网络，在那里，交往之流以一种特定方式加以过滤和综合，从而成为根据特定议题集束而成的公共意见或舆论”。[2]事实上，微博所形成的舆论压力正逐渐成为影响现实政府行为、推动政治体制改革的力量，迫使政府公信力的维系方式从传统封闭环境走向现代开放环境。需要指出的是，微博平台的在场围观与舆论压力混杂着理智和非理智的成分，并具有出现群体极化的趋势，因而需要理性引导。

---

[1] 邵培仁. 媒介舆论学：通向和谐社会的舆论传播研究 [M]. 北京：中国传媒大学出版社，2009：3–4.

[2] 哈贝马斯. 在事实与规范之间：关于法律和民主治国的商谈理论 [M]. 童世骏，译. 北京：生活·读书·新知三联书店，2003：445.

第四，政治动员与行动组织。微博具有的成本的低廉性、载体的无界性以及监管的困难性等特点，使得个体和一定的组织能够轻易地跨过现实与虚拟的界限，发起政治动员和行动组织，产生巨大的现实政治影响力。有学者将借助微博等虚拟媒介的社会动员过程概括为“公共舆论议题的制造——公共舆论场域的搭建——意见领袖的出现——问题由虚拟空间向现实空间扩散”这样一套基本程序。[1]

政治动员与行动组织既可能产生积极的政治功能，也可能产生负面的政治影响，并最终对政府公信力形成冲击。积极的政治动员和行动组织，本质上是个体公民和社会组织借助微博而发挥社会管理的职能。譬如，学者于建嵘在个人微博上发出随手拍照解救拐卖儿童的动议，得到了粉丝的围观和响应，最终在全国范围内掀起了一场微博打拐行动。公安部在这场民间发起的政治动员中及时参与，借助微博公民记者的强大能量，实现了政府与公众的良性互动，取得了良好的政治动员效果，为提升政府公信力加分不少。消极的政治动员和行动组织最为典型方式的就是借助于微博平台而发生的群体性事件。有学者将网络群体性事件的发生逻辑概括为“个人问题社会化、社会矛盾网络化、网络舆论扩大化以及舆情蔓延危机化”[2]。借助微博平台的群体性事件也遵循这一逻辑，并最终导致政府公信力的流失。

综上所述，微博对政府公信力的影响呈现出层次不同的四种方式。就其效应而言，既有正面的促进效应，也有负面的消极效应。总体而言，当前微博主要是对政府公信力的“保护带”形成冲击和影响，尚未对其“内核”形成冲击。但是，如果不发挥“保护带”的自我修复功能，任由公信力的“保护带”受到冲击而束手无策，最终将导致公信力“内核”受到冲击和侵蚀，发生真正的公信力危机。

3. 变革与互动：政府提升公信力的应对思路

微博通过改变权力结构、增大权力运作透明性、调整民众期望值等方式对政府公信力产生影响。但从根本上说，微博对政府公信力产生何种效应，与政府及

[1] 孙晓晖．网络群体性事件中执政公信力的流失及其防范——基于社会动员的分析视角 [J]. 理论与改革，2010（4）．

[2] 孙晓晖．网络群体性事件中执政公信力的流失及其防范——基于社会动员的分析视角 [J]. 理论与改革，2010（4）．

其工作人员的应对方式密切相关。因此，新媒体时代政府提升公信力的具体路径，需要放在推进政治体制改革的大环境中去积极寻找。

第一，理性看待微博，积极推进政治现代化。

在政治现代化的背景下思考政府公信力建设的问题，首先需要对政府公信力变化的实质做出理性的判断，并对微博的政治功能有一个全面、客观的评价。美国 1964 年的民调显示，有 3/4 的公众信任联邦政府，而 1995 年同样的民调显示，只有 1/4 的公众信任联邦政府。[1]

从政治现代化的视角来看，微博是推动政治体制变革、实现政治现代化的“体制外”力量。这种“体制外”力量以压力的方式呈现，但其效应究竟是正面还是负面，取决于政府的应对方式是否有效，能否将这种体制外的力量整合为体制内的力量。亨廷顿在《变化社会中的政治秩序》一书中曾提出了发展中国家政治体制变革的规律，即在保持政治秩序稳定的前提下对新的政治变革因素加以整合。因此，政府相关部门和官员需要克服对微博传播的恐惧心理，改变对微博堵、围、拦、删的管理方式，积极探索应对策略，促进政府与民众的良性交流与互动。如能树立正确的理念，采取积极的对策，微博将成为推进改革的积极动力，并实现政府公信力从传统形态向现代形态的转变。“一种政治制度，如果不信任在其中容易被表达和听到，而且其假定的理由容易被公平地评价为有效，或者被驳倒；那么，由于这种透明性给公民提供的保证，它值得信任。”[2]

第二，改善执政方式，积极推进政务公开化。

从政治信任的视角来看，个人信任与制度信任是两种不同的信任模式。个体信任可以经由人们的日常生活经验感受到，而普遍信任与制度信任则是将信任给予那些并不为我们所知道的特定的人或组织。政治信任的基础是制度信任而不是个人信任。克劳斯·奥弗指出：“信任制度”意味着与“信任我的邻居”完全不同的某种东西，它意味着知道和承认包含于一种制度中的价值观和生活形式有效，

---

[1] NYE J S，ZELIKOW P D，KING D C. Why people don’t trust government[M]. New York: Harvard University Press，1997：584.

[2] 董春宇，宋桂祝 . 信任与不信任的政治哲学反思 [J]. 党政干部学刊，2009（8）.

并由这一承认引申出假定，该假定认为这一想法对许多人来说是完全可以理解的，以致能激发他们对制度不间断的积极支持并遵守其规则。[1]而要建立起制度信任，需要制度本身及其运作满足“讲真话、公平、守约和团结”四个方面的要求。因此，要从根本上提升政府公信力，需要培育和提升民众对制度本身的信任，因而就其本质来说是一个改善执政方式的过程，需要积极推进公共权力运作的公开化、透明化与制度化。

从当前中国的现实来看，较为迫切的是加强信息公开、官员问责和依法行政三个方面的制度建设。信息公开制度是体现和保障公民知情权、监督权，将公共权力运作置于民众监督之下，推进行政运作公开化、透明化的具体制度安排。近年来“郭美美事件”“躲猫猫事件”“假老虎事件”之所以会造成信任危机，都源于相关部门信息的不公开、不透明所导致的民众的质疑，尤其是事件出现之后相关部门的推诿、辩解和“捂”“盖”的信息处理方式，更是加剧了危机，造成了更大程度的不信任，这也是微博上谣言不断的重要根源。唯有建立政府信息公开制度，及时发布信息和反馈信息，确保公共权力在阳光下运用，方能取信于民，这也是维护和提升政府公信力的必要条件。官员问责制度，指对政府及其官员的一切行为和后果都必须而且能够追究责任的制度，其实质是通过各种形式的责任约束，限制和规范政府权力和官员行为，最终达到权为民所用的目的，是现代政府强化和明确责任，改善政府管理的一种有效的制度。官员问责制度实际上是在维护制度本身的公平、守约和团结等诚信指标，也是平息微博质疑、提升政府公信力的重要保证。值得指出的是，官员问责制度应当成为一项长效机制，而不仅仅是一种临时性的平息民意的举措，这样才能真正发挥其提升公信力的功能。依法行政，指政府部门和官员通过依据法律和制度来行使其公共权力。依法行政对政府公信力建设的突出功能是剥离官员个体行为与制度之间的简单捆绑，使得个别官员的不诚信行为不至于对政治制度造成冲击和影响，从而维护政治制度较高的信任度。

---

[1] 沃伦．民主与信任[M]．吴辉，译．北京：华夏出版社，2004：53.

第三，发展微博政务，积极推进行政信息化。

微博作为一种融合多种媒介形态传播特点的新型传播工具，打破了传统媒体对权威话语权的强势垄断，极大拓宽了民意表达的渠道。但是，微博舆论的自发性倾向明显，相对分散的主体表达还没有上升到系统自觉的境界，存在着舆论的虚假性、情绪化、非理性以及审美情趣低下等弊端。因此，政府应主动出击，积极发展微博政务，发挥政府微博信息发布的权威性、便捷性、服务性等优势，实现官民微博互动，从而在增进政府与民众之间的沟通与交流中不断提升政府公信力。

近年来，电子政务因具有“参与者匿名、自由、无时间、地点限制、参与方式公开透明、政府与公众之间可以实时互动、实时交流”[1]等优势，在世界范围内掀起了一股以“政府再造”为主题的行政变革潮流。微博政务作为行政改革的重要内容也已得到了党中央和部分地方政府的高度重视。从两会期间中央领导人的“微博问政”到“微博云南”“广州微博公安”等地方微博政务平台，微博广开言路、引导民意、信息辟谣、政治动员和服务民众的积极功能得以发挥，政府的服务理念在微博政务中得到强化，政府公信力在微博服务中得以提升。

微博政务要得到更大程度的发展，不仅需要提升政府的信息化水平，更需要政府树立服务理念，增强服务能力，强化服务意识，积极推动行政管理方式的变革。当前，需要在几个方面探索微博政务的影响力和辐射力：一是实现微博政务与现实政务的良性互动。微博政务要体现“情为民所系，利为民所谋，权为民所用”的庄严承诺，对民众反映的利益问题要有相应的解决协调机制、对民众的建议要有贯彻落实机制、对民众举报的官员要有问责机制。唯有增强微博政务的现实政治功能，微博政务本身的公信力才能建立。脱离了现实政治，微博政务将沦为花瓶式的摆设。二是改善微博政务的交流方式。微博所倡导的交流方式是真诚、率性、幽默，微博政务要得到民众青睐，就不能端架子、带官腔、绷脸面，而要增强亲和力、富有人情味，适当运用网络语言，在坚持原则性的前提下鼓励官员表达个人性情。三是维护微博政务平台的权威性。个人微博所传播的信息往往是

[1] 金湘军．电子政务背景下的公民参与和政府管理创新[J]. 马克思主义与现实，2010（3）．

真假交织、良莠不齐，并且具有情绪化、片面化的缺点。为此，政府微博就需要发挥其在引导舆论方面的正向功能。而要实现这一功能，就需要保证政府微博所传播的信息具有准确性、客观性、公正性和及时性，积极引导个人微博自发信息的负面影响。

二、自媒体时代政府话语权的危机与变革

当代社会已进入媒介化社会。近年来除了报纸、广播、电视等大众媒体外，手机短信、Email、BBS、QQ，尤其是博客、微信的大规模迅速崛起，并且日益在信息传播、舆论监控、文化传递、社会守望等方面发挥出强大的能量，使人们惊呼“自媒体时代”来临了。媒介的扩大实质是话语权的释放。从大众媒体支撑政府话语权到自媒体释放平民话语权，舆论不再完全按照公权力设想的路线传播。“郭美美事件”中有关部门的极力澄清，温州地铁事件中新闻发言人的言论危机，都是政府话语权在自媒体时代遭遇危机的突出表现。自媒体时代的来临，考验着政府的执政水平和执政策略。

1. 平民时代：自媒体勃兴带来的话语权新格局

“自媒体”也称“个人媒体”，是私人化、平民化、普泛化、自主化的传播者，以现代化、电子化的手段，向不特定的大多数或者特定的单个人传递规范性及非规范性信息的新媒体的总称。美国新闻学会的媒体中心于 2003 年 7 月出版了由谢因波曼与克里斯威理斯两位联合提出的“We Media（自媒体）”研究报告里面对“We Media”下了一个十分严谨的定义：“We Media 是普通大众经由数字科技强化、与全球知识体系相连之后，一种开始理解普通大众如何提供与分享他们本身的事实、他们本身的新闻的途径。”自媒体包括但不限于个人微博、个人日志、个人主页等，其中最有代表性的托管平台是美国的 Facebook 和 Twitter，中国的 Q-zone 和微博。

自媒体的勃兴带来了传播方式的重大变革。它具有与传统媒介组织化、规范化、单向度的传播方式截然不同的自主化、个性化与交互性特性。首先，自媒体传播具有自主性。在自媒体时代，人们能够随时随地将自己的所见、所闻、所感、

所想通过文字、图片、音频以及视频等方式上传到个人平台与共享空间。人们不再接受被一个统一的声音所告知，每一个人都能够独立发布讯息，也能够在独立获得的资讯中进行判断。其次，自媒体传播具有个性化。自媒体平台可以说是“一个人的电视台”，人们“想说就说”，用完全个性化的方式传递生活的阴晴圆缺，建构自己的社交网络。有学者形象地将此描述为“全民DIY”，即“自己动手制作，没有专业的限制，想做就做，每个人都可以利用DIY做出一份表达自我的‘产品’来”[1]。再次，自媒体传播具有交互性。与传统媒体一对多的线性传播模式不同，自媒体的传播方式可以实现一对一、一对多、多对一、多对多的网状传播。这种交互性使它能够轻松实现人际传播、群体传播、组织传播的兼容。媒体与受众的距离为零，任何人都可以通过它实现“现场直播”“现场接收”与“现场反馈”。

由此可见，自媒体的勃兴必将带来一场话语权格局的大调整。所谓话语权，就是“说话的资格”，指主体发出自己的声音，将自己的意愿、见解、观点与诉求传播出去并使之获得听众，从而产生一定影响的资格、机会与能力。话语权在社会结构中的分布状况与信息传播方式息息相关。在传统媒介时代，政府部门和社会精英凭借着对媒介的高效整合、通过程序繁琐的代议制民主制度而在公共领域中占据着话语权的绝对优势。然而，自媒体的勃兴彻底打破了政府部门和社会精英对话语权的垄断和主宰的格局，推动着信息传播主体从组织化、集团化向分散化、个体化的转变，开启了一个话语权的平民时代。

话语权的平民时代，具体表现为话语表达主体的平民化、话语表达形式的平民化与话语表达影响力的平民化三个维度。首先是话语表达主体的平民化。自媒体传播是一种满足“四零条件”（零编辑、零技术、零成本、零形式）的“零进入壁垒”表达方式，实现了作者、内容和读者三个层次的“源代码的开放”，促进媒体世界完成“从大教堂模式到集市模式的根本转变”。[2]用户只需要通过简单的注册申请，就可以创建属于自己的“媒体”，发表属于自己的言论，从而实现了话语表达主体由政府下放到民众，由精英扩大到“草根”的平民化过程。其

[1] 喻国：直面数字化：媒介市场新趋势研究[J].新闻实践，2006（6）.

[2] 方兴东，王俊秀.博客：E时代的盗火者[M].北京：中国方正出版社，2003：5.

次是表达形式的平民化。自媒体表达不受规范化的要求，不必遵循严密的逻辑，也不用注意语法，呈现出一种原创性、娱乐性和随意性的平民色彩。正如数字化大师尼葛洛·庞帝在《数字化生存》中所说的那样："你不必再阅读别人心目中的新闻和别人认为值得占版面的消息，你的兴趣将扮演更重要的角色。过去因为顾虑大众需求而弃之不用、排不上版面的文章，现在都能够为你所用。"❶ 再者是表达影响的平民化。微博等自媒体平台上所展现出来的看似天马行空、直抒心扉、片言只语的表达方式，实际上展现了宏大叙事下个体生命的声音、视角和感受，在一定条件下蕴含着自下而上的巨大政治能量，并通过形成舆论压力的方式呈现出来。

2. 权力转移：自媒体时代政府话语权的危机

法国哲学家米歇尔·福柯（Michel Foucault）认为，权力从本质上说是一种影响力，这种影响力突出地表现为话语权的拥有状况。他提出"知识—权力"的概念，深刻地指出话语与权力之间的本质联系。他将"话语"界定为说话的资格："话语意味着一个社会团体依据某些成规将其意义传播于社会之中，以此确立其社会地位，并为其他团体所认识的过程。"❷ 因此，话语不是简单地表达观点，任何话语都是权力关系的产物，其背后隐藏着复杂的权力关系。"在任何社会中，话语的生产是被一些程序所控制、筛选、组织和分配的，它们的作用是转移其权力和危险，应付偶然事件，避开其臃肿麻烦的物质性。"❸ 按照他的观点，权力是一种影响力，对话语权的掌控是权力运作的重要机制。

福柯对话语权与权力关系的分析提醒我们，话语权具有重要的政治功能。西方马克思主义者安东尼奥·葛兰西（Antonio Gramsci）较早地强调了无产阶级争夺话语权的重要性，他在《历史与阶级》一书中提出："社会集团的领导作用表现在两种形式中——在统治的形式中和'精神和道德领导'的形式中。"❹ 前一形式表现为国家机器，后一形式则体现为文化领导权或话语权。合理掌控话语权

❶ 庞帝 . 数字化生存 [M]. 海口：海南出版社，1997：181.

❷ 刘北成 . 福柯思想肖像 [M]. 北京：北京师范大学出版社，2001：201.

❸ 刘北成 . 福柯思想肖像 [M]. 北京：北京师范大学出版社，2001：201.

❹ 葛兰西 . 狱中杂记 [M]. 北京：人民出版社，1983：316.

对于政府而言具有重要的政治功能，它既是政府合法性和公信力的重要支撑，也是意识形态宣传教育的重要渠道，还是政治动员的重要前提和消除政治危机的重要方式。

美国学者托夫勒（Alvin Toffler）曾指出："知识和信息的分配必然影响权力的分配。"[1]知识和信息的分配是随着传播媒介的变革而不断变化的，话语权的变革意味着权力关系的转变，进而带来政府对话语权掌控能力、掌控水平和掌控路径的变化。在互联网出现之前，政府凭借着对大众媒体的掌控而实现了对话语权一定程度的垄断，但自媒体的勃兴开启了一个话语权的平民时代，从而在一定程度瓦解了政府对话语垄断的传统格局，带来了权力分配主体的多元和重心的下移，并可能带来政府话语权的时代危机。

第一，话语权的弥散化带来话语整合的困境。传统大众传媒时代可以称之为"集约式"话语权时代，代议制制度设计下繁琐的政治程序、严格的信息"把关人"制度以及自上而下的信息传播机制使得政府与民众的信息严重不对称，政府对信息流动的内容、渠道和数量具有高度的掌控能力和统合能力，从而确保了政府话语权的权威性。然而，自媒体的勃兴带来了一个话语权"众声喧哗"的时代，话语的集约性被弥散化所取代。自媒体传播的及时性、开放性、交互性、便捷性、包容性和草根性，挑战了传统媒介的权力体系，颠覆了自上而下的传播方式，极大地解放了大众的信息发掘、传播与接受能力，赋予了大众自下而上、多中心、多源头、离散型的信息发布和意见表达权力，由此，"全民记者"变成可能，话语表达进入机构传播和个人传播共处的时代。在这种情况下，政府的话语整合就出现了困境。政府的话语整合能力有赖于其信息的真实性和权威性、信息发布的组织化以及政府的公信力等要素。政府在合法性上表现为集体意志和整体利益的代表，但政府的行为却需要由具体的行政机构和行政官员来组织实施，因此在自媒体时代可能出现"揭露政治"，以及"公民记者监督"对政府机构和行政官员开展"全景式监控"的情况，并且因为个别官员、个别机构的不当言行而影响政府的整体形象和话语权威。进一步而言，"个人媒体正是当下技术媒介草根化、

[1] 托夫勒. 权力的转移 [M]. 北京：中信出版社，2006：35.

私人化发展的产物，是以用户个人为中心的、可自主控制并为个人传播服务的媒体，其目标是自由的平民共享。”[1]这种个人媒体放大个人声音的能量是十分惊人的，它在人际传播的基础上通过“关注”与“被关注”形成了“核裂变式传播的能量”[2]，要通过组织化、系统化的方式整合这种多元的、弥散的话语表达实属不易。

第二，话语权的流变性带来话语管理的困境。在自媒体时代，信息传播速度大大加快，个人传播信息的能力大大加强，从而使得话语热点如潮流般不断变化，焦点人物和话语表达也不断发生变化，每个焦点话题都可能聚集起巨大的舆论力量，酝酿出新的意见领袖，宣泄出某一群体的政治诉求，产生出巨大的政治影响力。你方唱罢我登场，各领风骚数十天，这便是话语权的流变性。话语权的流变往往以“议程设置”的不断流变而呈现出来。美国传播学家 M.E. 麦库姆斯和 D.L. 肖认为，媒介可以通过安排相关的议题来有效地左右人们关注某些事件和意见，以及他们发表议论的先后次序。受众会因媒介提供议题而改变对事物重要性的认识，对媒介认为重要的事件首先采取行动。[3]依托自媒体渠道，理论上每一位民众都可以令“事件”引起更多人的关注，由此凸显“议题”的重要性，使之逐步显著化、重要化而成为公众的“思考对象”，从而将“个人议题”上升到“公众议程”。这就给政府的话语管理带来了困难。值得注意的是，大众意见表达与议程设置具有明显的选择性与偏向性，具有公共性和公益性的政府机关及其成员的行为往往成为大众关注的焦点，现实政治生活中涉富、涉官、涉权的相关内容，尤其是负面内容更容易受到关注、讨论而成为焦点。大众表达意见的方式往往也不是理性的、客观的，而是夹带着嘲讽、情绪发泄、质询、批判乃至攻击言语的。在这个过程中，政府能否展现相当的包容心和适应力对其话语权的影响更为关键。

第三，话语权的开放性带来话语主导的困境。自媒体平台是一个无边界的虚拟话语空间，在经济全球化的发展趋势下更是扩展为无国界的话语平台。话语权

---

[1] 郑智斌，李淑欢．试论网络时代的个人传播 [J]. 江西社会科学，2008（8）.

[2] 喻国明．新型传播方式的崛起与传统媒介的价值落点 [J]. 新闻与写作，2010（4）.

[3] 郭庆光．传播学教程 [M]. 北京：中国人民大学出版社，1999：214.

的开放性同时意味着风险性，低门槛必然带来较低的可信度，良莠不齐的信息给政府的话语主导性造成了干扰。就国际而言，西方国家经常利用其强大的经济力量和媒体优势对我国进行施压。西方发达国家以民主、自由、人权为幌子在全球范围内积极推行其资本主义意识形态，“人权”观念、“普世价值”等思想价值观念在发展中国家民众当中具有相当的市场。在世界范围内社会主义处于低潮的大背景下，我国所坚持的马克思主义指导下的中国特色社会主义意识形态的声音处于弱势地位。就国内而言，由于个人空间与公共空间的界限模糊，普通个体的思想观念、利益诉求、政治态度能够在公共领域中表达出来，进一步考验着政府的话语主导权。尤其当下非马克思主义的意识形态的滋长，部分社会成员有意淡化主导性、鼓吹多元化，享乐主义、拜金主义等思潮在民间仍有一定市场，这些现象都是政府把握话语主导权所面临的严重挑战。

第四，话语权的冲突化带来话语协调的困境。随着当代中国改革开放的日益深入，经济体制深刻变革，社会结构深刻变动，利益格局深刻调整，思想观念深刻变化。在这种背景下，不同利益群体争夺话语权的竞争和博弈日益激烈，并在一定场合以话语冲突的方式呈现。自媒体的迅速发展扩大和催化了话语冲突的范围和强度，这一点从近两年微博平台上频频出现的言语交锋就可以看得出来。总体而言，社会精英层（包括政府官员）由于其更高的“关注”度在自媒体传播中仍然处于话语权优势地位，但是普通民众争夺话语权并形成舆论的能力也越来越强。正如有学者指出的那样：“舆论的形成、发展以及产生影响的过程，就是多个参与方的心理和行为在相互依赖、影响、制约中不断变化的过程，就是在博弈中不断争夺舆论主导权和舆论影响能力的过程，就是舆权博弈的过程。”[1]作为政府必须协调这种冲突，尤其是既得利益群体通过话语权优势维持其利益以及弱势群体通过话语权争夺、争取其利益而产生的冲突。但是，在舆权博弈的过程中，强势群体有可能通过绑架舆论而阻碍政府行为，弱势群体有可能发布反社会的过激言论，专家言论也有可能被收买而丧失独立性，政府的话语协调难度越来越大。

---

[1] 陆小华．新媒体观：信息化生存时代的思维方式[M]. 北京：清华大学出版社，2008：19.

3. 主动变革：自媒体时代政府话语权的重塑

自媒体的勃兴带来了话语权的新格局，使政府话语权遭遇到前所未有的冲击和挑战，这充分考验着政府的执政水平和执政策略，需要政府进行有效的应对。同时，自媒体传播也是一把双刃剑，能够打破话语权的垄断，也可能造成话语权的滥用甚至失控。因此，政府必须积极应对自媒体时代的话语权挑战，通过主动变革实现政府话语权的重塑。

第一，从话语控制到话语整合，增强政府话语权的主导性。

由于话语权对政府而言具有重要的政治功能，能为政府提供合法性论证，也是政府进行意识形态宣传的重要渠道、政治动员的重要前提和消除政治危机的重要方式。政府话语权的重塑首先需要从正视现实、变革理念开始，实现从话语控制到话语整合的转变，同时发挥其在引导舆论方面的正向功能，从话语一元独占到话语多元主导的转变。

美国学者亨廷顿在《变化社会中的政治秩序》一书中将政治现代化的过程描述为“一连串旧的社会、经济和心理信条全部受到侵蚀或被放弃，人民转而选择新的社交格局和行为方式”的过程。“它意味着人们在态度、价值观和期望等方面和传统社会的人们分道扬镳，并向现代社会的人们看齐。”[1]话语权的重塑理应放在政治现代化的大视野中理性审视，并成为政治现代化的重要内容。如果能够理性看待不同话语权的积极功能并有效应对，则多元发展恰恰能够促进一元主导。相反，如果对不同声音心怀恐惧，采取堵、围、拦、删的管理方式，则最终将消解政府的话语权主导。

巩固自媒体时代政府话语权的主导性，关键的问题是正确处理话语权“一”与“多”的关系。“多”是前提，只有允许不同声音和话语的存在，“一”的主导才有广泛的基础和客观的前提；“一”是主导，如果不发挥政府对“多元话语”的主导性和整合力，多元话语则只能变为“众声喧哗”的话语冲突，并最终导致自说自话的话语隔膜和话语分裂。因此，政府作为话语引导者需要具备一定的舆情前瞻意识、语言表达能力与媒介传播素养，必须主动了解自媒体的传播特征和

[1] 亨廷顿.变化社会中的政治秩序[M].上海：上海人民出版社，2008：26.

运用技巧，注意研究舆情监测和预警机制，这样才能在话语权的纷争和流变中掌握主导权。

第二，从单向传递到对话交流，增强政府话语权的平民化。

自媒体展现了一种平等的、开放的、轻松的、便捷的、随意的话语方式，这是它赢得大众的重要原因。相反，传统的政府话语表达则往往以一种居高临下、严肃化和程序化的方式呈现，强调自上而下的单向传递而忽略平等的对话沟通，这是政府话语表达难以获得民众认同甚至引起逆反心理的重要原因。因此，政府需要在话语方式上进行变革，从单向传递转向对话交流，灵活地将权威性和亲和力结合起来，实现政府话语权的平民化。

近年来政府的平民化取向已经由理念层面落实到实践环节，对于自媒体良治之道的探索也由被动变为主动。比如电子政务，因其具有“参与者匿名、自由、无时间、地点限制、参与方式公开透明、政府与公众之间可以实时互动、实时交流”[1]等特点和优势，掀起了一股以“政府再造”为主题的行政变革潮流。“微博问政”也风生水起，渐成政府信息公开和创新社会管理的新趋势。从两会期间国家领导人的“微博问政”到地方微博政务平台“微博云南”“广州微博公安”等的开放，自媒体也为表达政府话语、广开言路、引导民意、信息辟谣、政治动员和服务民众发挥了积极的作用。

平民化不是一个时期、一个阶段的话题，而是需要长期坚持的方向。它的实质是贴近民生、平等交流、释放善意。在自媒体时代实现政府话语权的平民化要把握几个原则：一是坚持服务。政府主动进驻自媒体平台，不仅是为了发布消息，更应当服务民众。坚持服务宗旨实际上是政府由以“传者”为中心向以“受众”为中心的观念转变，是政府平民化转向的主要体现。没有服务精神，自媒体平台仍然只是没有共鸣的自说自话。二是改善交流。自媒体所倡导的交流方式是真诚、率性、通俗、幽默，政府的话语表达要得到民众青睐，就不能端架子、带官腔、绷脸面，而要通俗易懂、亲切朴实，适当运用网络语言，在坚持原则性的前提下鼓励官员表达个人性情。三是信息公开。自媒体时代人人都有麦克风，只有透明

[1] 金湘军.电子政务背景下的公民参与和政府管理创新[J].马克思主义与现实，2010（3）.

才能获得理解和信任。近年来由于个别相关部门信息不公开导致民众对公共权力产生质疑的事件屡见不鲜，“郭美美事件”“躲猫猫”事件所造成的危机就根源于此，事件出现之后相关部门的推诿、辩解和捂、盖的处理方式更使危机加剧，造成了更大程度的不信任。唯有建立和完善信息公开制度，及时发布信息和反馈信息，方能取信于民，重建政府话语权的权威。

第三，从话语协调到利益协调，增强政府话语权的公正性。

话语权背后的本质是权力关系，话语权纷争背后的本质是利益博弈，自媒体时代话语权的多元化格局只不过是释放了利益表达的渠道而已。在利益分化日益突出的当代社会，政府话语权的权威性、合理性和正当性都建立在其对人民群众整体利益、长远利益和根本利益的坚守上，这也是自媒体时代增强政府话语权的根本性举措。

关于实现公平正义，罗尔斯在《正义论》中提出了两条基本原则：“第一原则：每个人都应有平等的权利去享有所有人享有的类似自由体系协调一致的、由平等的诸基本自由构成的总体系。第二原则：社会和经济的不平等应该这样安排，使得①这两种不平等都能够最大限度地增进最不利者的最大利益；②这两种不平等所依系的职务和地位，应该基于机会的公平平等条件向所有人开放。”[1]近年来经由自媒体平台发布并引起强烈反响的重要新闻事件如湖北石首群体性事件、江西宜黄拆迁事件、李刚事件等，在辐射出自媒体的强大政治能量外，也从另一角度映射了社会弱势群体话语权缺失的无奈，使自媒体表达成为一种“个性化维权方式”。已经有学者研究过这一问题并且提出了“45° 仰望”的理论，说明明星、媒体从业者、企业名人、作家等社会精英由于其高关注度而拥有更大的话语权，而草根民众只有在突发事件中有机会成为关注焦点，在日常生活中则依然是“沉默的大多数”。[2]因此，理论上自媒体为每个公民提供了平等的表达意见的机会，但是社会分层的现实状况对话语权的分布仍然具有重要影响。

由此可见，政府话语权的重塑并不仅仅是一个方法问题，网上的声音反映的

[1] 金里卡．当代政治哲学 [M]. 上海：上海译文出版社，2011：57.

[2] 周根红．微博 45 度仰望与话语权 [J]. 新媒体，2011（9）.

是网下的现实问题，话语协调的背后隐藏的是利益协调的实质。一方面，政府需要积极主动地关注社会弱势群体并利用自身话语资源为之代言，而对强势群体的操纵话语权则要进行适度遏制。另一方面，政府更需要时刻关注自媒体上散发的舆情动向，及时回应和解决现实中的民众诉求，并在解决问题的过程中修补和完善制度。从话语协调到利益协调，实践“权为民所系，利为民所谋，情为民所系”的执政诺言，切实保障人民群众的知情权、参与权、表达权和监督权，政府才能够理直气壮，才能够在自媒体平台上赢得公信力，重塑话语权。

三、虚拟社区中的社会动员态势及其治理

近年来，网络媒体催生的虚拟社区带来何种政治变革能量成为学术界关注的热点话题。技术变革总是“嵌入”在一定的社会结构当中，并与社会结构中的其他要素产生复杂的互动效应。在国外，从阿拉伯之春的“微革命”到美国“华尔街”和英国伦敦的“占领运动”，虚拟社区中“无组织的组织”“媒介革命”“剧场表演”“微革命”给社会运动、集体抗争乃至革命理论带来了新的学术问题和理论挑战，如何解释新媒体在“阿拉伯之春”“占领运动”中发挥的地位和功能，如何诠释文化与政治之间边界日益模糊的趋势，如何区分新社会运动与传统社会运动的不同特点，譬如虚拟空间能否克服奥尼尔所说的“搭便车”难题？虚拟社区中的组织资源来自何方？虚拟社区中的动员方式有何不同？在我国，政治动员是中国共产党的一种传统优势，但虚拟社区中“网络政治参与”“网络群体性事件”“微博问政”“人肉搜索”等新生政治现象正在导致一种“政府政治动员与民众社会动员的”非均衡态势的出现，一方面，党和政府原有的动员系统依然在运转并逐渐渗透到网络虚拟领域，网络政治动员作为传统政治动员的延伸和拓展，其作用方式和作用效果如何需要进行观察。另一方面，以非政府组织和个体民众为主体、借由网络工具进行的的自下而上的社会动员在中国悄然兴起，成为体制外政治主体维护自身利益、提出政治诉求、参与政治活动等的手段和方式。

如何看待这种发生在虚拟空间中的“自发性”社会动员，“控制／抵抗”成为一种主流的分析话语，交替着“媒体赋权论”和“娱乐消遣论”两种论调。在“媒

体赋权论”者看来，虚拟社区中的新动员实际上是一种“抗争”。在“消遣娱乐论”看来，虚拟抗争不过是一种“网络民主的神话”[1]和“网络幻想”。一方面，网络虚拟空间并不是平等的乐园。“在很多威权国家里，网络给强者赋权而剥夺了弱者的权力”。[2]另一方面，“远离政治”的网上聊天、娱乐、八卦和消遣才是主流。网民既有积极的行动者，更多的则是消极的行动者。大量消极行动者的存在使得虚拟空间充斥着“信息异化、群体极化和极端的思想和行为”。网络空间形成相互分割、内部等级制度森严、偏离公共社区、一个个孤立的“以兴趣为中心”的“小团体”。[3]

“媒体赋权论”和“娱乐消遣论”的争议分别反映了虚拟空间中社会动员的复杂，社会动员的真实境况及其带来的社会效应是多元和复杂的，而这种“控制／抵抗”的宏观分析范式的解释效度需要重新思考，其主要的弊端在于过于强调宏观的政治与媒体的关系而忽视了微观领域中社会动员的丰富性和多元性。挪威学者Marielle Stigum Gleiss认为，当前关于中国媒体政治的研究主要有两种理路，一是强调网络媒体在行动者之间建立关系网和信息传播渠道，以此来助力线下集体行动，另一种则是聚焦于网络媒体生成公共舆论的功能，进而以舆论压力迫使政府和公共机构调整政策。她认为，这两种观点都是一种“宏大叙事”，忽视了媒体与社会政治结构之间微观互动关系。为此，她借用了后马克思主义者拉克劳、墨菲的话语理论、人类学家Scott的“底层政治”和德国政治学者Oliver Marchart的“最小政治”政治，在对“微尘”案例进行话语抗争的实证分析基础之上，提出了虚拟空间是一个充满竞争的“意义战场”（battlefield for meanings）的观点，认为话语斗争、霸权接合乃是媒体集体行动的关键所在。[4]

---

[1] HINDMAN M. The math of digital democracy[M]. Princeton：Princeton University Press，2009：118.

[2] MOROZOV E. The net delusion：The dark side of Internet freedom[M].New York:Harper Collins Press，2012：3.

[3] LEIBOLD J. Blogging alone: China， the Internet， and the democratic illusion?[J].The journal of Asian studies，2011，70(4).

[4] GLEISS M S. Speaking up for the suffering other: Weibo activism， discursive struggles， and minimal politics in China[J].The journal of media， culture & society，2015，37：513-529.

Marielle Stigum Gleiss 主张中国网络政治的研究视角从宏观政治转向微观政治，从话语斗争的多元性和变动性来透视背后的利益纷争和价值冲突，这一思路对于超越民主化和娱乐化的二元分析框架是富有启发意义的。为此，本书运用微观政治的分析视角，以 QQ 群这一当前中国运用最为广泛的社交媒体平台作为研究对象，以环境抗争这一具有典型意义的集体行动方式，尝试揭示在中国当前的社会语境下，虚拟社区的社会动员的真实境况是怎样的？成员之间的社会关系究竟如何？虚拟社区中社会动员的特点、功能及其局限是什么？

1. 文献综述与研究方法

“动员”一词的基本含义就是为了实现一定目的而进行资源调动的行动过程。动员最早是一个军事学术语，涂尔干首次将动员概念引入社会学语言，将动员定义为“唤起某个人或者群体的一切能量”[1]。关于“动员”的研究一直与现实政治和社会发展的真实境况密不可分，而互联网的发展使得虚拟社区的动员成为学术界关注的焦点问题。

在西方，动员通常被视为集体行动、社会与政治运动乃至革命的前提和必不可少的步骤，关于动员的研究大多蕴含在社会运动理论研究中。《剑桥社会学辞典》中将“动员”（mobilize）词条完全等同于“集体行动”（collective action），将其定义为“利益集团借以产生一个公共物品的过程”。[2] 西方社会运动理论源于现实的集体政治抗争行为，可以划分为三个阶段：19 世纪末 20 世纪初早期社会运动理论关注动员的社会心理，勒庞提出的“心智归一法”（the law of mental unity）认为，处于集体之中的个人将在思想和行为方面渐趋一致，变得越来越野蛮和非理性，最终导致集体非理性行为。[3] 布鲁默认为，社会运动 / 集体行动起源于社会结构所引起的不安情绪，这通过三个步骤显现出来：集体磨合（milling）、集体兴奋（collective excitement）和社会感染（social contagion）。[4] 20 世纪 60 年

[1] 涂尔干 . 社会分工论 [M]. 渠东，译 . 北京：生活 · 读书 · 新知三联书店，2013：203.

[2] TURNER B. The Cambridge dictionary of sociology edit[M].New York:Cambridge University Press，2006：75.

[3] 勒庞 . 乌合之众：大众心理研究 [M]. 冯克利，译 . 北京：中央编译出版社，2005：20.

[4] 赵鼎新 . 社会与政治运动讲义 [M].2 版 . 北京：社会科学文献出版社，2012：63.

代，民权运动、新“左”派运动、女权运动、环境运动等“新社会运动”推动了社会运动理论的发展与繁荣。“资源动员理论”与“政治过程理论”成为西方学术界的主流，“动员”日益看成是“集体行动”和“抗争性政治”（contentious politics）的核心环节，从而将动员的研究再从宏观的国家—社会结构分析转向为微观的资源分析。曼瑟尔·奥尔森提出了搭便车理论（free-rider problem），认为当一群理性的人聚在一起想为获取某一公共物品而奋斗时，其中每个人都想让别人去努力而自己坐享其成，这就是所谓的搭便车困境。[1] 麦卡锡和左尔德以美国新社会运动的兴起为例，主张社会运动兴起主要源于社会可供利用的资源大大增加了。查尔斯·梯利（Charles Tilly）区分了“政体模型”和“动员模型”两个模型。他分析了一个社会运动的动员能力取决于该社会成员控制的资源的多少，而动员能力由两个因素综合决定：社会运动成员控制的生产因素（包括土地、人力、资本和技术等资源）和将他们所控制的生产因素转化为社会运动资源的能力。他强调，要把群体利益转化为一个社会运动的动员能力，组织力量最为关键，而一个群体成员的共同特征和群体内部联系越大，该群体的组织能力就越强。[2]20 世纪 90 年代以来，文化、认同感、话语和意识形态在社会运动研究中受到了重视，产生了四个在一定程度上相关的研究领域：政治机会结构、社会运动动员、运动文化和运动话语形成以及运动与媒体的关系。“政治机会结构”理论认为，政治机会指那些比较常规的、相对稳定的、能改变人们社会运动参与度的政治环境。“社会运动动员”理论主要关注两个问题：一是组织 / 网络和人的居住和活动形态的空间环境这两个因素在社会运动动员中的作用。二是内在社会运动动员结构和外在社会运动动员结构在运动动员中的意义。“运动文化和运动话语形成”理论所关注的是文化、意识形态、话语和情感在社会运动中所发挥的作用。“媒体与社会运动关系”理论关注的就是本书的核心问题，媒体发展到底给社会运动带来了机遇还是挑战？新的媒体变革如何改变了社会运动的理论与实践？

2009 年以来，以“新媒体革命”为突出特征的“阿拉伯之春”和华尔街、

[1] 奥尔森 . 集体行动的逻辑 [M]. 陈郁，郭宇峰，李崇新，译 . 上海：格致出版社，上海三联书店，上海人民出版社，2011：5-8.

[2] TILLY C. From mobilization to revolution[M]. New York:Addison-Wesley Pub. Co.， 1978：7.

伦敦发生的“占领运动”，引发了学术界关于“这是一场推特革命”与“这不是一场推特革命”之间的持续争论，技术“悲观主义”与“乐观主义”之间的交锋再次上演。技术乐观主义的代表人物克莱·舍基认为：“随着社会交流变得越来越稠密，复杂和具有参与性，网络连接起来的人们获得了更多的信息渠道，更多的机会参与公众讨论，他们采取集体行动的机会也随着增多。”❶与之相反，技术悲观主义则认为，在威权体制压迫之下，不管是社交媒体、脸谱还是推特，都不能将他们组织起来集体反叛。显然，组织集体行动通常需要“强社会关系”，但社交媒体充其量不过是一种“弱社交关系”，社交媒体何以能够将“身体的在场”和“虚拟的在场”连接起来，从而在不同的抗议群体中形成集体行动呢？西班牙学者 Paolo Gerbaudo 借用了舞台剧中“象征性聚集”的概念来分析这种“无组织的组织”现象。他认为，新媒体空间中的“组织”实际上是一种复杂的、“流动的”或者“软性”的组织和领导，犹如舞台剧的“象征性聚集”。这些核心的组织者大部分时间不会出现在舞台中心，但他们的“情景设置和脚本设计工作”，创造了一种象征性的“在场感”，将遥远分散的个体在虚拟空间中聚集起来，并助燃了一种共同的愤怒、挫折、焦躁等情感动力，“在场感”和“情感压力”最终在发起集体行动中发挥了关键作用。这种“流动性的”或者“软性的”的组织者类似于韦伯所说的魅力型或者说基于同意的领导，在理论上人人都具有决定权，但事实上大多数情况下倾向于由那些高度参与的人群来主导社会运动。影响力主要是依据全身心投入社会运动的时间和精力来进行分配的，长尾理论在新媒体空间依然有效。

在中国，关于“动员”的研究有“自上而下”和“自下而上”两种视角。自上而下一般是将政治权威如执政党、政府等视为动员的主体，将动员看作是一种领导方式。林尚立认为：“所谓政治动员，简单讲就是执政党或者政府利用拥有的政治资源，动员社会力量实现经济、政治和社会发展目标的政治活动。”❷自下而上的视角一般将政治动员看作是民众与政治权威进行政治博弈的行动或手

❶ 舍基．人人时代：无组织的组织力量 [M]. 胡泳，沈满琳，译．杭州：浙江人民出版社，2015：126.

❷ 林尚立．当代中国政治形态研究 [M]. 天津：天津人民出版社，2000：271.

段。动员目标是为某种政治诉求寻求支持或是避免自身利益受损；动员主体是“体制外”的社会行为主体，即所谓的挑战者（challengers）或者草根阶层（grassroots），包括社会组织和个人；动员客体没有明确指向或者身份，而是具有共同背景、兴趣或诉求的群体；动员方式一般是叙事、对话、媒体沟通等；动员路径是自下而上。这种阐释视角在西方学术界首先发展起来，目前在中国也受到越来越多的关注。

“动员”研究的视角从自上而下逐步转变到自下而上的转变，实际上体现了改革开放以来中国社会结构的剧烈变革和社会治理方式的转变，而新媒体技术的发展则使得这种变革在虚拟空间中集中爆发出来。其相关研究成果主要聚集于三个方面。

其一是关于网络政治动员的基本内涵、类型与特征。国内关于网络政治动员的概念尚未形成统一的认识，有不同的价值立场和研究视角，代表性的观点主要有：“信息安全”的视角，如沈昌祥、左晓栋认为，网络政治动员是“政治动员主体为达到特定政治目的，通过发布具有政治煽动性的网络信息，在网络虚拟空间里对网民进行的政治鼓动、诱导、操纵”[1]。“政治传播”的视角，如娄成武、刘力锐认为，网络政治动员是指“在一定的社会环境与政治局势下，动员主体为实现特定的目的，利用互联网的技术平台在网络虚拟空间有意图地传播针对性的信息，诱发意见倾向，获得人们的支持和认同，号召和鼓动网民在现实社会进行政治行动，从而扩大自身政治资源和政治行动能力的行为和过程”[2]。“政治参与”的视角，如朱海龙认为，网络政治动员从本质上来说就是网络社会信息嬗变所带来一种“政治参与方式变革”，这种政治参与动员的特征在于“极大地重塑了个体在政治参与动员中的地位”“为政治参与动员提供了至为重要的时效性”“革命性地提高了政治参与动员的效率和能量”以及“政治参与动员的群体基础与方式发生变化”。[3]关于网络政治动员的类别，有研究者根据不同的动员主体，分

[1] 沈昌祥，左晓栋．信息安全 [M]. 杭州：浙江大学出版社，2007：101.

[2] 娄成武，刘力锐．论网络政治动员：一种非对称态势 [J]. 政治学研究，2010（2）.

[3] 朱海龙．网络社会信息嬗变对政治参与动员的影响 [J]. 湖南师范大学社会科学学报，2010（3）.

为政府动员、媒体动员、个人和组织动员三种类型；根据不同的性质，分为冲突性动员与共意性动员；根据引发动员事件的所属空间，分为网外事件动员和网上事件动员。[1]

其二是关于网络动员的发生机制。娄成武、刘力锐等人对网络政治动员的发生机制作了比较系统的分析，概括为“实—虚转化启动阶段”“网络空间符号化互动阶段”和“虚—实转化完成阶段”，并研究了这三个阶段的具体机制。[2]杜骏飞从传播学的视角将网络动员信息的催化过程概括为沿着“信息、效用、认同、行动四个层级的跃升”的过程。[3]朱力、卢亚楠则将网络政治动员视为集体行动的新结构性因素并从社会心理的视角提出了其发生过程：“互联网及其人际传播对集体行为有助燃的作用，这种助燃作用表现为内聚动员和外扩动员两条脉络。”[4]

其三是关于网络动员的政府回应与应对。娄成武、刘力锐等学者系统阐述了如何回应和治理“自发性网络政治动员”。他们将治理模式分为法治中心模式和技术中心模式两种模式，指出了治理的限度问题，即网络政治动员的治理只能是有限的治理，使其朝着规范的方向发展，使其社会危害性和对社会的冲击尽量最小化。陈潭等学者概括了现有对网络群体性事件的三种治理模式，即根据主要控制阶段的不同，可以粗略划分为“预先控制模式”“主体控制模式”和“后果控制模式”。第一种模式认为要在信息来源处设立关卡，这种模型的提出是基于对网络诈骗、网络色情、网络暴力等信息污染和违法行为普遍存在的认知，相关研究者主张建立系统的网络法律规范体系（包括网络信息传播基本法和各项专门法），推动网络立法的国际合作等；第二种模式提出要对事件爆发后的传播行为进行监控，持该意见的学者将网络“意见领袖”作为左右网络群体性事件的事态发展的关键因素，主张第一时间找到意见领袖并与其进行沟通；第三种模式主张根据信息传播的效果制定管理方案，认为由于信息发布者与接受者之间存在经验

[1] 陈华．互联网社会动员的初步研究[D]. 北京：中共中央党校，2011：36–38.

[2] 娄成武，刘力锐．论网络政治动员：一种非对称态势[J]. 政治学研究，2010（2）.

[3] 杜骏飞：弥漫的传播[M]. 北京：中国社会科学出版社，2002：156–157.

[4] 朱力，卢亚楠．现代集体行为中的新结构要素——网络助燃理论探讨[J]. 江苏社会科学，2009（6）.

差异，传播信息会呈现不同程度的“游离”与“契合”状态，换言之，网络群体性事件不一定会酿成网络危机，因此对其管制行为的政治与社会学判断，应该基于对具体传播效用水平的度量。[1]孙晓晖针对网络群体性事件提出了防范的路径与举措：即要回归社会动员的视野，通过构建预控动员机制、抢占舆论动员制高点、凝聚公众的价值认同、满足公众的责任期待以及推进现代化的政治体制改革等方面展开。[2]

本研究选择南方某发达城市Z市X区一个“反垃圾焚烧”为主题的QQ群作为研究对象。Z市垃圾焚烧项目在2009年另一个区筹建，遭到该区居民的强烈抗争最终宣布停建。随后市政府将X区作为新的选址点，该区是新兴经济技术开发区，经济发展十分迅速。X区距离市中心大约为30千米左右的距离，近年来先后迁入了微软、IBM、LG等全球知名企业，原有住户以农民为主，但商品房开发相对于市中心较晚，这两年呈加速发展之势，新建了一大批楼盘，但总体外来入住居民不多，入住人口随着商品房的兴建而与日俱增。自2010年市政府确定在距离楼盘大约10千米附近的某镇建立规模号称亚洲最大的垃圾焚烧厂以来，反对建垃圾焚烧场成为附近居民的主要目标，遂建立了该群，主要成员为维权积极人士，并在各小区积极发展成员。

而在虚拟社区的选择上，本研究选取了QQ群作为研究对象。QQ是中国最为流行功能最强的即时通信软件，也是现在在中国被使用次数最多的通信工具，用户对于QQ使用的信任度和忠诚度很高。中国互联网信息中心发布《2014年中国社交类应用用户行为研究报告》显示，根据2014年1月到7月半年时间中的跟踪调查，89.3%的用户使用过即时通信工具，其中使用过QQ的用户比例接近77.8%，经常访问率为72.5%，遥遥领先于其他即时通信工具。[3]QQ群是由是一个聚集一定数量QQ用户的长期稳定的公共聊天室，QQ群成员可以通过文

❶ 陈潭，罗晓俊．中国网络政治研究：进程与争鸣[J]．政治学研究，2011（4）．

❷ 孙晓晖．网络群体性事件中执政公信力的流失及其防范——基于社会动员的分析视角[J]．理论与改革，2010（4）．

❸ 中国互联网信息中心.2014年中国社交类应用用户行为研究报告[R/OL].（2014-08-22）[2018-12-10].http://www.cnnic.net.cn/hlwfzyj/hlwxzbg/sqbg/201408/t20140822_47860.htm.

字、语音和视频进行聊天，在群空间内也可以通过群论坛、群相册、群共享文件等方式进行交流。QQ 群实现会员制，每个群的规模从 200 人到 2000 人不等。创建 QQ 群的人叫作群主，能委任群成员为管理员，并且有权解散群，群主和管理员可以添加、删除群成员。会员可以通过群搜索连接到任何一个群，但每个群的管理员有权限决定是否允许新成员的加入，以及将群成员踢出群外，这既给每个 QQ 群较大的自由度和开放度，又能够在一定程度上由管理员决定是否保留群的私密性。目前尚无关于 QQ 群数量的精确统计，腾讯官方说法是每日上亿用户活跃在数千万热门 QQ 群中，占整个 QQ 使用时长超过三分之二。通过建立 QQ 群来发起社会动员，是当前较为典型的一种表达形式。

本研究采取虚拟民族志、深度访谈和主题分析（theme analysis）相结合的研究方法。为了掌握一手信息资料，研究者自 2012 年加入该群之后，一直关注群内的信息，参与到群内和群外各种活动当中，与该群的积极分子建立了较好的关系，从而能够对该群所组织的各项活动的发展进程有一个总体的了解和掌握。深度访谈，指从 2015 年 3 月 20 日到 4 月 12 日之间，对于该群的 6 名成员进行了深入访谈。研究者通过 QQ 以文字的方式问问题，访谈对象也通过 QQ 以文字的方式回答问题，在具体访谈过程中，研究者先前设置了 12 个问题，但具体访谈过程中，则以开放的姿态对于相关问题进行追问。每个访谈的持续时间从半小时到两个小时不等，大多数访谈在一个小时左右。主题分析指研究者将 2015 年 4 月到 5 月为期一个月的所有发言贴进行归类整理，解读分析，概括出这段时间群当中发言所涉及的主题。

2. 虚拟社区中社会动员的功能、策略与特点

信息技术已经成为组织和策划社会动员不可或缺的要素，因此可以看到，传统的植根于组织中心和领导推动的集体行动逻辑发展成为一种新的"集体行动逻辑"：采取集体行动和达成共同目的已经日益成为在可以信赖的关系中分享观念和行动的一种个人表达和自我确证。[1]那么，虚拟社区中的社会动员究竟发挥着

[1] BENNETTW L，SEGERBERG A.The logic of connective action: Digital media and the personalization of contentious politics[J]. Information，communication & society，2012：15（5），739－768.

怎样的功能？动员的主体是谁？尤其是“无组织的组织”在社交媒体中如何表现，动员策略是什么？分析调查数据，可以有如下发现：

第一，QQ 群在环境抗争的社会动员中发挥着重要功能，其功能主要有信息交流、危机渲染、情绪激励、方案商议和行动动员。

信息交流是虚拟社区一个最为基础的功能，对于环境抗争类虚拟社区来说，社区内讨论的内容具有高度的集中性和指向性。根据对群内一个半月发帖内容的主题分析，发布与垃圾焚烧、环境保护相关的信息占到 85% 以上，尽管也偶尔有幽默搞笑、时政新闻和其他内容，但总体比例很低，而且有成员发表无关内容时，尤其是广告内容时，群管理员都会及时制止。发帖内容主要包括垃圾焚烧常识普及、政府推进垃圾焚烧的进度播报、同类事件（包括抗争案例和垃圾焚烧厂经营现状）分享、城管委等相关官员个人信息、专家对于垃圾焚烧的评论、信访流程和环保投诉信息、抗争进度展示等内容，这与别的QQ群常见的议题多元随意、风格嬉笑怒骂颇不相同。从深度访谈也可以看出，所有的访谈对象都认为加入群的收获就是“获得了许多关于环保和臭气的有用信息。”访谈对象 D 的回答很有代表性：“我加入群之后的收获主要是了解、沟通和行动。了解其他人对垃圾焚烧的态度（基本上都反对），了解垃圾分类的必要性，从反对焚烧到认识到要坚持垃圾分类。这是了解的内容和收获，很大一部分是获取他人对焚烧这一主体的态度。通过沟通来了解 QQ 群组织了哪些活动？对于反垃圾有何功能？沟通包括：表达自己的不安情绪，以及认同、反对别人观点时做出的回应。活动包括：信访、宣传环保（某某小区门前的活动）、调查问卷发放与收集。QQ 群在组织活动时发挥了什么作用？对于反垃圾，起到的作用是：广泛告知焚烧厂规划这一事实，以及潜在风险、危害（比如环境与健康、房产贬值）。QQ 群起到信息通知与反馈的作用。”

从社会动员的视角来看，通常的信息的交流并不会导致行动，而只有交流的信息都带有一种行动的“危机感”和“紧迫感”时，才会在参与群体中激发行动的压力。该群的例子可以看出，信息交流过程中自觉或者不自觉地进行“危机渲染”，是该群一个典型的特征，也是成为促发行动的一个重要因素。群创立者 A

在深度访谈中谈到，群员参与实际抗争行动不积极的一个重要因素在于“可能大家认为距离 10 千米影响不大”，“所以说环境保护在中国是大问题。不仅政府要重视，老百姓也应增强意识”。为此，群里有人专门制作了一张细致的地图，描绘垃圾焚烧厂建立之后可能会造成的影响，该图甚至考虑到了垃圾焚烧烟囱的高度、气候、风向等因素，结论就是“10 千米内垃圾焚烧依然带来严重影响”。[1]

“情感归属”是虚拟社区动员的又一重要功能。作为一种“身体缺场”的社会动员，情感的聚集在社会动员中发挥着重要的黏合作用。在该群的调查显示：这种情绪感染具有“积极的情绪激励”和消极的“抱团取暖”两个层面。积极的“情绪激励”主要表现在群成员采取同仇敌忾、精诚团结的一种集体归属感。在该群中,那些为发垃圾焚烧的积极分子的相关行动在QQ群中不断展示,而此时“围观”的群友则会纷纷点赞，给予动力，这是积极方面的情感归属。作为一个现实动员并不积极的虚拟群体，“抱团取暖”的功能更为突出，尤其是面对一种抗争难度很大、集体性风险时，对于个体而言具有缓解情绪压力的功能。

这个群起到了“吐槽、表达不满，缓解精神压力”的作用。

访谈对象 C 说：不能强求别人去付出，但是会感受到大家都是比较理性地反对焚烧。同时觉觉得 QQ 群起到一个吐槽与缓解焦虑情绪的作用（因为很多人和自己一样，面对现实都无奈，同时感觉风险大家一起承担，有种风险被分散的作用）。我觉得入群之前，感觉这是个人不幸；入群之后，发现很多人都和自己一样（至少是住科学城的这个群体）。抗争方案讨论和集体行动是虚拟社会最终的目标。用访谈对象 E 的话来说，就是“没这个群，可以说任何活动都组织不起来，这就是组织活动的平台”。

第二，虚拟社区中社会动员的“风险危机话语构建”和“情感动员”策略。

虚拟社区社会动员最为基本的动员策略就是“危机话语”的建构。后马克思主义学者拉克劳、墨菲认为：话语在社会抗争中发挥着关键的作用，社会动员在很大程度上取决于能否“接合”挑战“霸权话语”的对抗话语。在涉及环境的社会动员中，共同的“风险”“危机”和“危害”是实现动员的有效策略。

[1] 垃圾焚烧厂距离小区约为 10 千米。

从主题分析中可以发现，该群构建“风险”的策略有几个方面：一是借用现有先例来描绘垃圾焚烧厂建立后的严重危害和灾难性后果。这种直观、感性的照片和报道材料对于构建集体认同的“风险话语”成效明显。访谈中所有成员也都表示“加入群之后对于垃圾焚烧的危害性和可怕后果”有了更深刻的认识。二是运用“专家话语”来对抗“专家话语”。垃圾焚烧原本是一个争议颇大的环境问题解决办法，群中经常会发布反垃圾焚烧权威人士的言论以及相关论据来反驳主烧派的观点。三是运用相关事件来“隐喻”管理缺陷及其带来的风险后果。四是以切身体会强化空气污染所造成的危害。

其次是在话语构建中寻找“道义”的支撑点，激发群成员的“义愤”，实现“情感动员”。杨国斌在分析中国网络动员时说：“一般来说，不能调动感情的抗争性谈话难以发展成网络事件。反之，能让人感动，给人以震撼的谈话，容易发展成有影响的网络事件。这个过程就是情感动员的过程。”[1]道义的感召、情感的发酵、共意的形成，是“身体缺场”的网络社会动员的重要策略。尽管垃圾焚烧是一个“潜在”的威胁，但该群成员近年来一直遭受着“臭气污染”的困扰，周边企业的频繁偷排问题一直没有解决，对该群成员的身心造成了较大的影响。根据我们跟踪调查的发言记录，这种情感动员成为“信息发布”和“行动建议”的中介环节。一旦企业偷排毒气，便有成员立即在群里发布“臭气来临”之类的消息，随后有更多的邻居加入讨论，确认毒气的气味、来源和危害，等等。

情感动员常用的一个策略就是对于“弱者遭遇”的渲染，以此赢得更多人的同情心来形成情感共鸣。在该群的情感动员中，有两个突出特点：一是运用“救救孩子”之类的话语感染成员。二是渲染“道义”力量，为社会动员寻找道义支撑。应星认为：“气”是中国人追求承认和尊严、抗拒蔑视和羞辱的情感驱动，而草根行动者是“气”在整个行动过程中释放、升发和调控的主导因素。[2]这种“气”实际上是一种对于某种道义和价值观受到蔑视的情感体验。

---

[1] 杨国斌．连线力．中国网民在行动[M]．邓燕华，译．桂林：广西师范大学出版社，2013：267.

[2] 应星．“气”与中国乡村集体行动的再生产[J]．北京：开放时代，2007（6）.

第三，虚拟社区中成员的相互关系及其“无组织的组织”特点。

虚拟社区中成员关系究竟如何？学界常用的就是“强关系”与“弱关系”分析视角，虚拟社区中成员之间的关系被认为主要是一种“弱关系”。从调查情况来看，QQ 群里的成员关系被认为是一种“弱关系”，面临共同的环境风险，使得群成员团聚到了一起，但他们彼此之间的关系远不是亲密、可以信赖的，而主要是以“利”相聚。访谈对象 B 的观点很具有代表性：“我没这感觉也不准备有这感觉（朋友）。没有永远的朋友，只有永远的利益，虽然这样说功利了点。大家本来就是为利益聚到一起的。”随后，他又稍稍修正了自己的观点：“当然人熟悉了，自然有感情。”这种相对松散的关系，加上 QQ 群没有办法实现完全的实名制，成员之间的信任感难以建立。访谈对象 C 就表示：“（群里）人有千百种，怎么信任呢？”同时，虚拟社区中成员之间脱离了现实社会的责任感，情绪化、本能的一面被释放出来，因此群员之间的关系带上了更多情绪化的色彩，访谈对象 D 的态度很有代表性：

“QQ 群作为虚拟社区，很少人认识我，我可以不用顾忌地发泄情绪；现实邻居就不行。比如表达一些失望的消极情绪，以及对他人不作为的愤怒，更直接。如果是认识的人就不行，我要顾忌他们的情绪，和我在他们心目中的印象，维护邻居之间的情感。所以说 QQ 群比较直接，会更多情绪化，而且会有一些很直接的冲突。如果在现实中，我不认同他人言论，通常保持沉默。群里面不会，很多人会直接反驳，我也会直接反驳别人。总之，我觉得虚拟社区的人更真实，现实中的人更理性。”

QQ 群“弱关系”与“微信群”的“强关系”特征形成了较为鲜明的对比。访谈对象 D 说：“微信群意见比较一致、统一，基本上都是认识的人；QQ 群会较多不一致的声音，陌生人比较多。”正因为如此，若没有现实邻居关系的支撑，QQ 群的社会动员能力会因为群成员关系的疏远受到影响。访谈对象 E 认为，这种“弱关系”特征是群里抗争力度不大的原因之一：“为啥群体行动的人比较少呢。这里原因就多了。最主要的是这个群里的人来自四面八方，没有凝聚力。……”

这种“弱关系”特征，使得 QQ 群中的社会动员以一种“无组织”的方式呈现出来。强调成员关系的民主平等，淡化“领导者”“组织者”的作用，甚至微博平台那样引导舆论的“意见领袖”也没有出现，这是该QQ群一个比较突出的特点。群的创立者访谈对象A在谈到信息分享来源时强调:“信息是大家转发的，没有哪个发起，自由发言。不存在关系平等问题。”访谈对象B和D也证实了这种“淡化领导、服从民主”的特征。

访谈对象B说：“QQ群关于组织活动有不同方案和建议时，哪种方案支持的人多用哪种。按少数服从多少的原则？又不是强制性的，没投过票，但大致这样。成员悲观与否，是他自己的权利，我不会怎么做。我不会引导群里言论？我哪有这么多精力，群是一个自由体，自然形成，自觉行为。”

访谈对象D说：“不会（引导话题到正题上），因为我觉得每个人都有发言权（刷广告的除外）。而且可以了解到其他人关注点和在想什么。再说了，都是不认识的人，怎么强迫？基本上是，但是可以理解为都是一群乌合之众。无组织。”

当然，从主题分析和追踪调查发现，“组织者”或者说积极分子依然在群中扮演着引导信息和号召行动的角色。统计群内一个月的发言情况，发现信息的发布者85%以上来自于几个固定的积极分子，包括群的创立者和管理员。对这些帖子进行及时回应、点赞的也主要是几个积极分子。最为重要的是，定期发布垃圾焚烧项目进展、公布社会动员消息、进行抗争动员的也主要是那几个固定的发言者。几个积极分子的积极发言、引导话题与进行动员与大多数成员的被动回应和保持沉默成为该群的一个典型特征。这一现象也印证了“流动性的”或者“软性的”的组织者是虚拟社区中社会动员不可或缺的要素，表面上人人具有决定权，但事实上依然由那些高度参与、为动员付出时间和精力的积极分子来主导社会运动。当然，这种“领导”“组织”性不像现实社会动员那样明显和突出，往往掩盖在一种平等协商的信息分享之下，并且只有通过获得大多数成员的情感共鸣和自觉认同才能实现。总的来说，作为一个公众讨论的区域，相对于微博“发帖—关注”的传播方式而言，QQ群中的“意见领袖”主导话语是比较难的。也就是说，如果有能够主导话语的人，也就是他／她表达了大家的利益或者愿望。但如果没有积极分子的软性组织，那么虚拟社区中的成员就可能变为一个毫无行动力的“乌合之众”。

3. 虚拟社区中社会动员的限度与问题

虚拟社区中的社会动员与现实社会动员呈现何种关系？虚拟社区的社会动员是否彻底颠覆了资源动员理论？对于这个宏大的理论问题，本研究不可能做一个全面的回应，我们将关注的焦点放在两个理论问题的思考上：一是虚拟社区动员是否以及如何依赖于现实社会的资源动员能力。二是奥尼尔的“集体行动困境”是否会在虚拟社区中呈现，信息交易成本降低是否能够解决交易成本过高的困境。

首先来看虚拟社区动员对于资源动员能力的依赖。资源动员理论认为，“动员模型”认为一个成功的集体行动由以下因素决定：参与者的利益驱动（interest）、运动参与者的组织能力（organization）、社会运动的动员能力（mobilization）、社会运动发展的阻碍和推动力量（repression/ facilitation）、政治机会或威胁（opportunity/ threat）、社会运动群体所具有的力量（power）。一个社会运动的动员能力取决于该社会成员控制的资源的多少，而动员能力由两个因素综合决定：即社会运动成员控制的生产因素（包括土地、人力、资本和技术等资源）和将他们所控制的生产因素转化为社会运动资源的能力。他强调，要把群体利益转化为一个社会运动的动员能力，组织力量最为关键，而一个群体成员的共同特征和群体内部联系越大，该群体的组织能力就越强。[1]

对于资源动员理论所强调的诸多变量，这里我们重点考察“动员能力”。作为一个新兴发展区，随着越来越多的居民迁入以及随着迁入居民“动员能力”的增强，社会动员的力度就越来越大，这种现实动员的组织能力成为影响虚拟社区动员活跃状况的重要动因。根据研究者的追踪调查，从2010年年底到2015年6月这段时间，“反垃圾焚烧”的社会动员可以划分为三个阶段：第一阶段是三个中产阶级为主要成员的个别抗争阶段；第二阶段是某别墅加入后的联手抗争阶段；第三个阶段是新建楼盘大量业主入住阶段。

在第一个阶段，垃圾焚烧厂项目直接影响到的群体主要有两个：一是垃圾焚

[1] TILLY C. From mobilization to revolution[M]. New York:Addison-Wesley Pub. Co., 1978：7.

烧厂建立所在的当地村民，相关部门承诺让他们整体搬迁，只有一个人口约 300 人的小村庄因对搬迁补偿款太低而心存不满。二是刚刚迁入到这个新区的三个新业主楼盘。业主主要是高校教师、工程技术人员和公司白领构成的中产阶级，其中有两个楼盘为该市的“双限房”（注：是政府保障房的一种，该市规定家庭年收入在 20 万元以下，在该市没有房产的购买首套自住房的居民方可申请，因政府土地出让优惠从而对开发商卖房最高价格进行了限制），每个楼盘大约 1000 多户，共计 3 万多人。该 QQ 群最早就由这三个楼盘的业主创立，加入成员主要也是这三个楼盘的抗争积极分子。最初，每个小区大约有 10 余名积极分子在现实和 QQ 群众进行动员，但由于这三个小区距离垃圾焚烧厂选址约有 8~10 千米，大多数成员对于潜在“危机”并不太在意，而且小区业主难以动用媒体及其他相关社会资源，积极分子也募集不到组织活动的财政经费，因而完全靠几个积极分子的奔走呼号，苦苦支撑，抗争和相关动员活动的参与者极少。与现实动员相一致，QQ 群的成员也仅有 200 来人，群里发言十分冷清，积极分子的动员活动参加者也极少。

第二个阶段是垃圾焚烧厂周边一个别墅小区业主的加入，使得社会动员的规模大大扩大，抗争形式也日趋丰富多元。

第三阶段是更多新兴楼盘业主入住，开始酝酿出规模庞大的“集体行动”。2014 年下半年，该区更多新兴楼盘的业主纷纷入住，这些楼盘的售价随着房价上涨，均价都在 1.3 万元 / 每平方米以上，购买这些新兴楼盘的业主都具有较好的经济实力。这些新兴楼盘的业主入住给社会动员注入了新的活力，各个小区之间的一致抗争的局面开始出现。

从上述发展历程来看，从最早的几个积极分子的个体抗争到别墅小区的加入，再到新兴楼盘业主的参与，QQ 群的社会动员能力与成员的资源动员能力成正相关的关系。作为虚拟社区的 QQ 群的社会动员在很大程度上依赖于现实社会动员，虚拟社区的社会动员与现实社会的动员协调一致、相互配合，才会产生巨大的效应。

第二个问题是关于虚拟社区在多大程度上降低交易成本，从而克服“集体行动困境”的问题。曼瑟·奥尔森在1966年发表的《集体行动的逻辑》中提出搭便车理论（Free-rider problem），认为当一群理性的人聚在一起想为获取某一公共物品而奋斗时，其中每个人都想让别人去努力而自己坐享其成，这就是所谓的搭便车困境。[1]谁都想要坐享其成，但谁都不愿意付出成本，最后导致交易成本太大而无法采取一致的集体行动，其基本的理论预设是“经济人”的自私和理性的计算。对这种理性人的预设，很多学者提出了批评。譬如霍奈特提出了“为了承认的斗争”，强调“社会认同”和荣耀等对于抗争者的积极意义。网络虚拟社区出现之后，很多学者认为，信息传播的便捷性、交流的匿名性、成员的情感共鸣和少数积极分子的“志愿精神”能够大大降低交易成本并促发集体行动。

从我们的调查数据来看，“交易成本”依然是困扰虚拟社区的一个重要因素。无论是主题分析还是个人访谈的结果都证明：该群抗争积极分子发言频率较高，大多数人处于潜水、围观和回帖状态，从而导致少数人的行动和大多数人的“潜水”之间十分不平衡的状态。访谈对象A、B、C和D都在抱怨群里“看热闹的多”“群不活跃”“他们需要自觉行为，我们能怎么样呢？”访谈对象认为，造成这种状况的一个重要原因，就是一种“成本和收益”的理性计算。访谈对象B明确谈道：“没有永远的朋友，只有永远的利益，虽然这样说功利了点。大家本来都是为利益聚到一起的。”

访谈对象D的态度转变很能说明“理性计算”所导致的“集体行动的困境”，作为一个最初阶段积极组织各种活动和在群里发言积极的活跃分子，她在经历了抗争难度太大和多数人并不积极的双重打击之后，不愿再为抗争花费太多的心思和精力，开始变成一个消极的抗争者。D刚大学毕业不久，在Z区公司工作并买了一套新房。D最初积极参加抗争的原因并不全是出于自身利益受损，而是带上了强烈的“义愤”色彩。在这种“气”的推动下，D积极参加组织活动，信访、宣传环保（小区门前的活动）以及调查问卷发放与收集，在群里她也积极发言，努力转帖，号召行动，但她很快发现群里其他成员并不积极，多数人持沉默和观望的态度：“不能强求别人去付出，但是会感受到大家都是比较理性地反对焚烧。

[1] 奥尔森.集体行动的逻辑[M].陈郁，郭宇峰，李崇新，译.上海：格致出版社，2011：5-8.

同时觉觉得QQ群起到一个吐槽与缓解焦虑情绪的作用。我觉得入群之前，感觉这是个人不幸；入群之后，发现很多人都和自己一样（至少是住科学城的这个群体）。”此时，D一方面发现QQ群具有抱团取暖、缓解压力的功能，另一方面也不得不面对大多数人“搭便车”行为的无奈。

D由积极的抗争者转变得消极跟大多数人的搭便车有关，但最主要的原因是阶段性失败造成的挫折感：“知道焚烧厂环评通过后，与自己的预期相悖，很不愉快”，“但是争取不到也要正视现实，而且争取到几乎是没有希望的事。这话我不会和他们说，感觉有点儿泼冷水”。在经历这种挫败感之后，D开始从抗争的热情中冷却下来，用“成本—收益”的理性计算来审视自己抗争到底值不值得。

在一番“理性”的“成本—收益”考量之后，D选择将组织集体抗争转为个人奋斗和“心理调适”的个体化策略。也就是说，当集体抗争“成本—收益”不划算时，他们可以选择“心理调适”来逃避问题，或者通过个人奋斗离开该区来解决问题。D感慨地说：“有时候只能接受现实，改变不了就接受……嗯，我也拿这个（同学出国移民）安慰我自己。我同学说，有本事别抱怨，移民啊。说我这是穷，不努力。我想想，从正面的方面来说，确实这样。现在能做的就是接受现实，热爱生活。多看看××科学城的绿化，多想想自己的职业规划，我觉得这才是我这个年龄段的人该做的事……不关注的好处就是，好像真的不存在了一样，心理上对我没影响。”

在这之后，D不再在群里积极发言，尤其不再号召大家参加某种活动。但仍然关心群里的情况，偶尔也会对其他积极分子的号召进行点赞。也就是说，从一个活跃的积极分子变成了一个相对消极的“跟随者”。但D对于自己的逃避行为仍有不甘，但感觉无力改变现实，对于其他积极分子的积极抗争从内心来说颇为钦佩：“所以有时候很佩服坚持下来反对的人，我觉得他们有信仰。自己不争取，希望别人争取其实我也是这类人。但是争取不到也要正视现实，而且争取到几乎是没有希望的事。这话我不会和他们说，感觉有点儿泼冷水。要做的就是尊重他们，多听他们表达，学习他们的心态。”分析D从一个积极分子转变为一个跟随者的行为和心理变化，可以看出，在虚拟社区中，“搭便车”行为依然是制约集体行动的一个重要因素。当然，“理性计算”和“交易成本”不是孤立起作用的，它与抗争目标的难度、群员的响应程度以及组织者的动员能力等其他因素相互影响，共同发挥作用。

4. 问题讨论和简单结论

目前学术界对于虚拟社区中的社会动员存在着较大的争议，有学者把网络媒介本身视为社会动员的一个单独影响因子，也有学者将虚拟社区作为一种背景平台。对于虚拟社区中社会动员的功能与限度、策略与特点存在颇大争议。本书通过对于 QQ 群的实证研究，主要有以下发现。

第一，虚拟社区中社会动员的功能主要有信息交流、危机渲染、话语构建、情绪激励、方案商议和行动动员。信息交流是虚拟社区基本的功能。Oldenburg 认为：“社区作为一个公共空间，是家庭和工作之外任何常规、自发、非正式和令人愉悦的聚会的地方。为成员提供了无拘无束、随性和可持续的交流机会。”但是以抗争为目的虚拟社区，群里的信息交流远不是愉悦和随性的，它在话题内容上高度聚焦于抗争目标，并且弥漫着一种“危机感”和行动的“紧迫感”。正是这种信息交流的“危机感”，成为诱发抗争情感和行动动力的关键要素。因此，虚拟社区提供了超越现实社会动员的诸多条件，使得成员之间身体“不在场”的“聚集”成为可能，从这个意义来说，虚拟社区开启了社会动员新的可能。

第二，建构“风险危机话语”的建构和开展“情感动员”是虚拟社区社会动员的主要策略。克兰德尔曼斯指出：“社会问题（分配或交换不平等、公共物品问题）本身并不必然引起集体行动，只有当社会问题被人们感知并赋予其意义时才会成为问题。”“人们对现实的解释，而非现实本身，引发了集体行动。”“如果一个群体不能产生集体认同感，那么它就无法完成任何集体行动。”[1]我们的研究证明了社会动员的“建构性”，虚拟社区中首先需要“危机话语”的建构，这种危机话语的建构往往体现了活动积极分子的有效策略，也是他们组织性的一

[1] 莫里斯，缪勒．社会运动理论的前沿领域 [M]// 克兰德尔曼斯．抗议的社会建构和多组织场域．刘能，译．北京：北京大学出版社，2002：95.

个重要体现。而一旦这种“风险话语”得到了足够多的人认同，距离社会动员也就不远了。但如果这种“风险话语”并未得到相当数量的成员认同，集体行动也难以发生。

本研究也证明了：丰富、强烈的情感以及这种情感的相互感染，情感发酵、情绪感染是虚拟社会中社会动员的重要策略，在一定程度上可以说，“情感动员”是其不可获取的要素。这种“情感动员”往往会触及成员的“情感痛点”，譬如对孩子身体健康的担忧和关切，对企业和政府不作为的“义愤”，“道德元素”和“情感痛点”的结合，是虚拟社区社会动员发起的重要推动力量。

第三，虚拟社区中成员之间的关系是一种“弱关系”，积极分子很难完全主导信息交流的内容以及决定社会动员的最终方向。形式上的言论自由和发扬民主成为虚拟社区社会动员的显在特点。然而，虚拟社会中由不能脱离组织者的积极参与，完全无组织的社会动员活动根本无从实现。同时，更为重要的是，组织者的现实动员能力成为影响虚拟社区社会动员的重要因素。虚拟社区的社会动员与现实动员之间的动员能力呈现正相关关系。那些社会动员能力强的“社会精英”，往往会成为虚拟社区社会动员的重要推动力量，但他们往往会“潜伏”在幕后和后台，他们提供的财力支援、媒体资源和抗争策略成为影响虚拟社会社会动员的重要因素。因此，虚拟社会中的社会动员从本质上看并不仅仅是“信息贫困者”和“信息富有者”之间的差距，从根本上来说则是社会阶层差异所带来的动员能力差异。从这个视角来看，“无组织的组织”只不过是组织以一种“软性”和“后台”的方式呈现出来，真的毫无组织或者组织者的资源动员能力太低，那么，虚拟社区就只能成为“吐吐槽、发发牢骚”的场域。

第四，虚拟社区为成员之间交流信息、进行动员提供了十分便捷的平台，但社会动员经典的“集体行动困境”并没有被克服，缺乏有效的组织和有权威的领导者，QQ 群可能因为意见不统一、过分民主而难以形成团结一致的力量，搭便车行为的存在使得组织者的风险较大，而大多数人不愿付诸行动。个人利益驱动和非理性的争论影响到理性方案的形成和集体行动的发起。因此，“成本—收益”

分析的理性计算，与参与成员的规模和同性特征、参与者的社会阶层所决定的抗争意愿和抗争能力、抗争目标的难易程度以及替代方案的存在与否以及抗争者的斗争经验丰富程度等多元要素，共同决定了虚拟社区的社会动员能否成功发起，以及社会动员的规模及其影响后果。“多元决定论”依然是分析虚拟社区社会动员的重要视角。

第五章　生态关系嬗变与生态文明建设

从表面看，生态关系是人与自然关系的问题，但本质上无法逃脱人的社会关系的深刻影响，在一定意义上可以看成是一种较为特殊的社会关系。在当代中国，随着经济社会的发展，生态关系日益引起关注，逐渐成为人的社会关系中的一个重要维度。生态文明建设更是被赋予了超越工业文明、塑造人类新的文明的期待和希望。本章把生态关系放到人的社会关系的视域中来开展研究，探索当代中国生态文明建设的突出问题及其建设理路。

一、生态文明建设中的人本问题

人类社会步入所谓的“后工业时代”以来，与人类基本生存密切相关的生态问题已成为一个全球性的难题，同时也越来越成为全球关注的焦点问题。在2012年召开的中共十八大上，明确将生态文明建设定位为中国特色社会主义建设“五位一体”总体性战略布局不可缺少的一部分。对于生态文明建设的相关问题，近二十年来我国学术界也给予了高度的关注，产生了一系列研究成果，其中不乏真知灼见。在已有的生态文明建设相关研究中，人们过多地将重心放在了人与自然关系问题上，虽然有足够的理由和依据证明这种关注的合理性之所在，但仍有意无意地忽略了一个更深层的问题，那就是生态文明建设的核心意蕴——人本问题。在很大程度上，生态文明建设不仅关涉人与自然之间的关系，与人与人之间的关系更为紧要，环境正义、生态产品分配和人本发展成为生态文明建设中十分突出的课题。鉴于此，需要对生态文明建设的深层核心即人本问题做出梳理，透视生态文明建设进程中人的社会关系发展命题，为我国的生态文明建设奠定更为坚实的理论基础。

1. 人与自然的关系问题：生态文明建设的常规关切

在国内外已有的生态文明建设的相关研究中，尽管从不同的角度和侧面深入研究了生态文明建设的起因、内涵、路径，等等，但绝大多数相关的研究阐述均集中到了一个问题上面，那就是人与自然的关系问题。从某种程度上讲，在很多学者看来，生态文明建设的问题就是解决人与自然的关系问题。为此，已有的研究对传统人与自然的关系问题提出了种种批判性和建设性的意见和论断。批判性的意见主要集中在传统对人与自然关系的认识问题上面。批判性的意见普遍达成的一个基本共识是：一直以来尤其是人类进入工业文明时代以来，"人类中心主义"的价值取向占据了人与自然关系的主导方向。在此主导价值取向的引导下，相对于人类来说，自然自身没有独立的价值和平等的地位，人类对于自然仅是单向的利用和索取，因此人类把自然设定为自身的绝对客体和对象，路径是向自然宣战，目的是要征服自然。然而这样的做法，其中隐含的逻辑正如恩格斯的警示："我们不要过分陶醉于我们人类对自然界的胜利。对于每一次这样的胜利，自然界都对我们进行报复。每一次胜利，起初确实取得了我们预期的结果，但往后和再往后却发生完全不同的、出乎预料的影响，常常把最初的结果又消除了"，"因此文明每走一步都要记住：我们统治自然界，决不像征服者统治异族人那样，决不是像站在自然界之外的人似的——相反地，我们连同我们的肉、血和头脑都是属于自然界和存在于自然之中的"。[1]也就是说，对于自然界的态度，人类应该摒弃敌对或者绝对对立的姿态，并放弃人类作为"万物的中心"之位置，建立起一种敬畏自然、与自然平行或共生的新秩序。

建设性的意见则主要集中在现代社会对人与自然关系认识的转向问题上面。与批判性意见相对，建设性的意见则从正面达成了一个共识，现时代人类已进入所谓的"后工业社会"，人类的文明实现了一次范式转换，在对待人类与自然的

[1] 马克思，恩格斯．马克思恩格斯选集：第4卷[M].北京：人民出版社，1995：383-384.

关系问题上，人类取得了更高层次的认识：人与自然的关系应该是和谐共存而不是相互对抗或征服与被征服，自然和人类一样具有同等的价值和地位。正如一些学者指出的那样："生态文明是继原始文明、农业文明、工业文明之后人类社会发展的一个新的文明形态，意味着人类在处理人与自然的关系方面达到了一个更高的文明程度"，"作为一种兴起的现代文明形态，生态文明意味着人类对自然的征服不再是现代社会发展的依托与主线，取而代之的是人与自然的和谐相处与共存共荣"。[1] 因此，从某种程度上看，在新文明（生态文明）时代里，人与自然应该消除紧张的"战争关系"，趋向和谐、平等与共荣，这是生态文明的本质要求，也是生态文明时代的根本特征。

纵观当前有关生态文明建设的有关论述，其中心是人与自然的关系问题，从某种程度上讲，在生态文明的新社会形态中，人与自然的关系构成了其他一切关系的基本前提。因为"人与自然的生态关系和谐，其他关系才可能和谐，生态文明才可能形成。因此，人与自然的和谐是生态文明的基本价值取向。"[2] 诚然，探讨生态文明建设，人与自然的关系问题理应首当其冲，但如果仅仅关注或过分关注此问题，对于和生态文明建设相关的问题尤其是宗旨问题可能会偏离或者有意无意地被疏漏。

2. 人本问题：生态文明建设的常见疏漏

一直以来，在有关生态文明建设的各种研究和实践中，相对于常规关切诉诸的人与自然关系问题，人们有意无意地忽略和疏漏了另外一个十分重要的问题，那就是人本问题。对此，可能有人认为，在生态文明建设中，人与自然的关系问题其中已经内含了人本问题，或者说生态文明建设本身就已经体现了"以人为本"的旨趣和价值取向。对此，有学者指出："生态文明建设对人的发展提出了新的要求，特别是人的实践方式、思维方式、价值理念、审美情趣等方面都要相应发生改变。建设生态文明，要求全社会牢固树立生态文明观念，塑造与之匹配的新

[1] 卓越．加强公民生态文明意识建设的思考 [J]. 马克思主义与现实，2007（3）.

[2] 龚天平．生态文明的伦理精神——一种实质伦理的探讨 [J]. 华中师范大学学报（人文社会科学版），2013（1）.

型人格范式——生态人格。”[1]也就是说，生态文明建设已经内含了一种要求，那就是对人的要求，要求人也应该具有一种生态化的人格。诚然，生态文明建设本身体现了人作为“建设主体”的人本成分。人在生态文明建设中的生态主体身份除了内在的“生态人格”之外，还体现在外在的“生态行为”当中，这就是“人类能够自觉地把一切社会经济活动都纳入地球生物圈系统的良性循环运动。它的本质要求是实现人与自然和人与人双重和谐的目标，进而实现社会、经济与自然的可持续发展和人的自由全面发展”[2]。以上这些对生态文明建设中“人本问题”的论述，确实从某个角度切中了生态文明建设的人本要害，但从深层的角度来看，仍存在一些难以解决的问题，这些问题主要表现在以下两个方面。

第一，人与自然的关系问题与人本问题的性质混淆。在当前有关生态文明建设的研究和认识中，人们把人与自然的关系问题当作一个基础性问题来看待，并试图证明人本（或以人为本）问题本身隶属于这个前提。笔者认为，其中的逻辑存在者明显的问题。因为严格来看，人与自然的关系问题、人本问题并非同质的问题，两者的性质存在明显的甚至根本的差异。前者更多的是一个“事实性”问题，它是科学研究的对象；而后者则更多倾向于“价值性”问题，它是价值调适的对象。用德国哲学家康德的话来说，前者是理论理性要面对的问题，后者则是实践理性要解决的问题；或借用马克斯·韦伯的概念范畴，前者是工具理性需要面对的问题，后者则是价值理性需要解答的问题。从理论上讲，人与自然的关系问题涉及了两个完全对等的主体，即人与自然；而人本问题则仅涉及了一个主体，即人（类）。如果把生态文明建设仅仅理解为人与自然关系问题的解决，其关注的仅仅是人（作为真正的能动主体）应该如何尊重自然、理解自然、认识自然、顺应自然等方面的问题，这些问题根本上讲属于哲学认识论层面的问题。而如果把生态文明建设理解为人本问题的解决，其关注的则是人与自身、人与人之间的关系问题，这些问题则属于哲学价值论层面的问题。因此，两者性质有根本的区别，不可同日而语。

[1] 彭立威．生态人格：生态文明建设的主体呼唤 [N]. 光明日报，2012-02-14（11）.

[2] 廖才茂．论生态文明的基本特征 [J]. 北京：当代财经，2004（9）.

第二，生态文明建设中的人本问题仍未能从深层次得到澄清。按照常规的理解，生态文明建设需要处理好人与自然这个前提，它的目标指向人与自然的和谐共处，虽然这其中有“人本”的成分，但这点不突出。更为严重的是，这样很容易产生一种价值定向的误解或者偏差：为了自然的价值，人类应该做出种种努力。换言之，自然的价值成了生态文明建设的价值定向标。然而，生态文明建设从根本上讲，是为了人的价值能更好、更全面地实现，而并非自然的价值更好、更全面地实现，这才是真正的人本，也是生态文明建设本来的价值定向。正如罗马俱乐部在《增长的极限》研究报告最后指出的那样：“我们希望提供的最后一个思想是，人必须探究他们自己——他们的目标和价值——就像他们力求改变这个世界一样。献身于这两项任务必然是无止境的。因此，问题的关键不仅在于人类是否生存，更重要的问题在于人类能否避免再陷入毫无价值的状态中生存。”[1]也就是说，人类自身的价值实现与否，才是一切问题的关键。因此，生态文明建设，表面上是处理人与自然的关系问题，但从深层次来看，根本的问题在于人的价值、人的意义如何更好地实现，这才是最为关键的。生态文明建设的根本是为了人、人的价值和意义，而并非为了自然及其价值和意义，这点必须在生态文明建设中得到明确的澄清，否则我们谈论处理好人与自然的关系问题，本身没有属人的价值和意义。综上所述，生态文明建设对于人与自然的关系问题之常规关切纵然具有充足的理由和依据，但很容易造成生态文明建设之根本价值定向——对人本问题的疏漏和忽略，并可能引起一些不必要的误解和混淆等。因此，在理论上重新澄清生态文明建设中的人本问题十分必要，同时也可以减少一些关于生态文明认识误区和实践弯路。

3. 生态文明建设中人本问题的几个层面

第一，人的价值是生态文明建设的绝对价值。在当前有关生态文明的定位中，作为基础性的前提问题必须明确：它的价值定向是人本，或人的价值，而非自然之本或者自然的价值。人的价值是生态文明建设的绝对价值，这点必须从理论上

[1] 米都斯，等 . 增长的极限——罗马俱乐部关于人类困境的报告 [M]. 长春：吉林人民出版社，1997：152–153.

得到确认和定向。当然，需要注意的是，将人的价值定向为生态文明建设的绝对价值，并非重走传统的“人类中心主义”道路，更不是贬损或降低自然的价值和地位。相反，这是“去人类中心主义”并褒扬和提高自然价值和地位的做法。这其中的原因有二：其一，人类本身既是自然又是其发展的目的和归宿。说人类本身是自然，主要指的是人类本身是自然的一个部分，属于自然的一个物种，人类和自然不可分割。这正如马克思所言：“自然界，就它本身不是人的身体而言，是人无机的身体，人靠自然界生活。这就是说，自然界是人为了不致死亡而必须与之不断交往的。人的身体，所谓人的肉体生活和精神生活同自然界相联系，也就等于说自然界同自身相联系，因为人是自然界的一部分。”❶也就是说，人类本身的肉体和精神生活就具有自然的因素和成分，自然界和人在此交融交汇于一体，并不是人类能作为单独存在的“实体”而“中心化”。虽然，人属于自然的一部分，但同时人类又是自然界的发展链条中处于“高位”或者“末端”的一部分。这是因为不管从现实还是反思角度来看，人类均是自然发展的目的和归宿，正如康德所言：“我们有充分的理由把人类不仅是像一切有机物那样作为自然目的，而且在这个地球上也作为一切其他自然物都与之相关地构成一个目的系统的那个自然最后目的。”❷也就是说，按照自然界从无机物、有机物、普通生物到高级生物的发展链条和方向，人类是自然界的最后目的和归宿，这也是自然界正常秩序的一种集中表现。当然，康德强调的人类，除了具有纯自然之身外，还具有超越于自然的道德之维；由于人类具有超越于自然之身的道德，其还构成了自然的终极目的。需要注意的是，强调人是自然发展的归宿，并非贬低自然，相反，具有道德灵性的人类又属于自然，这本身恰恰是抬高了自然界的价值和地位。

其二，自然因人类的存在而富有价值和意义。不管从哪个角度来看，纯粹的自然本身是没有任何价值和意义的。自然的价值和意义只有因人类的存在才可能彰显出来，同时从很大程度上讲，自然的价值和意义也是人类赋予的。这正如马克思所言：“被抽象地孤立地理解的、被固定为与人分离的自然界，对人说来也

❶ 马克思，恩格斯．马克思恩格斯全集：第 42 卷 [M]. 北京：人民出版社，1979：95.

❷ 康德．判断力批判 [M]. 邓晓芒，译．北京：人民出版社，2002：287.

是无。”[1]同时，对于人类来说，只可能“在人类历史中即在人类社会的产生过程中形成的自然界是人的现实的自然界；因此，通过工业——尽管以异化的形式——形成的自然界，是真正的、人类学的自然界”[2]。也就是说，只有和人类生活及实践相关的自然界，才可能具有价值和意义。这里需要注意的是，我们说自然界具有价值和意义，不是单纯表示其对于人类来说具有利用价值，同时更重要的是：自然的价值和意义必须是人类赋予它的，单纯的自然自身无法创造价值和意义，而只有人类，作为一个具有自由自觉能力的“自然物种”才具有创造价值和意义的能力。如此一来，人与自然之间明显的逻辑就显示了出来：假如作为赋予自然价值和意义的人类本身都没有价值和意义，自然的价值和意义又怎么可能生成和得到尊重呢？

综上所述，在生态文明建设中，首先要明确的问题就是将人的价值作为其绝对的价值，这是生态文明建设最为基础的前提，也是生态文明建设的价值定向，一切的研究、实践均应该以此作为起点和归宿。否则，生态文明建设的方向、目标等将可能出现偏离甚至在研究或实践中误入歧途。

第二，人与自身关系的生态化是生态文明建设的主观性原则。如果说，上述的第一点是生态文明建设中人本问题的核心的话，还需要具体的生态文明建设原则与之匹配。这些原则可以从不同的层面和角度去划分，但是最为基础的原则，莫过于从人与自身关系、人与人关系的生态化两个角度来确立。所谓关系的“生态化”，就是在某种关系链条中，各种因素（成分）结构次序合理、功能职责分明，构成一种良性的循环运转网络。在生态文明建设中，要全面、真正地实现人的价值，使人本成为生态文明建设的核心，其中一个重要的原则，也是主观性的原则，就是人与自身关系生态化的原则。所谓人与自身关系的生态化，本质上讲，就是人作为个体其内在世界的协调统一。这又主要包括两个方面：其一是人的肉体存在的生态化；其二是人的精神存在的生态化。前者主要从人作为自然的身体系统来看，各个生理器官和系统健康、协调，身体的各种机能处于正常运转的平衡状态。

---

[1] 马克思，恩格斯．马克思恩格斯全集：第 42 卷 [M]. 北京：人民出版社，1979：178.

[2] 马克思，恩格斯．马克思恩格斯全集：第 42 卷 [M]. 北京：人民出版社，1979：128.

后者主要从人作为具有灵性的精神存在体来看，心灵或灵魂的各种因素（如理性、激情、欲望等）协调统一，精神的各种功能（如情感、道德、审美等）处于正常运转的良性循环状态。需要注意的是，我们谈人与自身关系的生态化，更多的是指后者，即人的精神存在的生态化。因为肉体存在的生态化，更多的是一种来自于先天的恩赐，而精神存在的生态化，则更多的是一种来自于后天的修养，其属于“价值”的领域，也是人力可以为之的。需要指出的是，作为现代社会产物的生态文明，作为其中人本原则之一的人与自身关系生态化，从根本上讲，是人的现代化，它要求人的心理（外及行为）实现一种现代范式转换。这正如美国学者英格尔斯所言：“一个国家只有当它的人民是现代人，它的国民从心理和行为上都转变为现代的人格，它的现代政治、经济和文化管理机构中的工作人员都获得了某种与现代化发展相适应的现代化，这样的国家才可真正称之为现代化的国家。否则，高速稳定的经济发展和有效的管理，都不会得以实现。即使经济已经开始起飞，也不会持续长久。”[1]这其中人的现代化逻辑同样适用于当代生态文明建设。因为我们讲的精神的生态化，也是真正实现现代化的一种必然要求，同时是现代化要求人应具备的一种心理特征。换句话说，生态文明建设是现代化的产物，精神生态化则是与人的现代化相适应的特征。这其中，人的理性、激情和欲望等能够真正协调统一，维系在一个正常和相对稳定平衡的状态之中，而不至于在现代化世界中迷失于某个方面而导致人的精神系统失常。假如真的那样，人在自我迷失的情况下，实现自我的价值都已成为问题，自然的价值就不可能被认同和关注，生态文明建设将会无法于个体的实践开始。

在人与自身关系生态化的论域中，除了人的现代化或心灵因素的协调统一外，还有一点值得注意，那就是人的精神之各种功能也要良性运转。具体地说，就是人对自然的情感、道德和审美应该处于良性的运转之中。情感上说，亲近自然；道德上说，敬畏自然；审美上说，物我一体。这三者应该同时并存协调，但是这又以第三者即审美为极致。因为，正如著名学者张世英先生所言：“审美意识中‘不在场者’在‘在场者’中的显现实际上就是通过想象力把在场与不在场结合为一

[1] 英格尔斯．人的现代化[M]．殷陆君，译．成都：四川人民出版社，1985：134.

体，人能在审美意识中体悟到与万物一体，这就是一种崇高的境界。……万物一体的崇高正是这样的境界，它是超越有限的意识所无穷追寻的目标。”[1]也就是说，人类应该在精神世界中，体悟与自然融为一体的崇高境界，超越于自身有限的个体，将自我放置于天地万物之中，在场与不在场都合为一体，这可谓是精神的圆融状态，有我即无我，无我即世界，这才是人与自身关系生态化的最高境界。因此，生态文明建设如果在人的这种审美意识中开展，其将在个体中奠定绝对可靠的主观性原则和基础。综上所述，人与自身关系的生态化是生态文明建设的个体实践基础，同时也是生态文明建设的根本性之主观原则。

第三，人与人关系的生态化是生态文明建设的社会性原则。在生态文明建设中，较之人与自身关系的生态化的主观性原则，其关涉个体能否自觉参与建设的问题；而人与人关系的生态化则是社会性原则，其关涉整个社会作为一个共同体能否自觉参与建设的问题。何为人与人关系的生态化呢？在特定的社会共同体中，每个个体都能有保障地发挥自己的所长并能够得到相应的回报，人与人之间不存在根本的利益冲突和矛盾，换句话说，就是“各尽所能，各得其所”。因此，人与人的关系是否能够生态化，就跟一个社会的制度性质和运行机制深度关联。在阶级对立的社会中，人与人关系的生态化几乎是不可能的；而在不存在阶级对立的社会中，人与人关系的生态化也不一定必然地能够得到贯彻，但至少存在着很大的可能性。很显然，相对于生态文明产生的时代背景（在资本主义时代或者工业化时代之前，不存在生态文明的提法，也没有这个需要），现实地看，只能对应两种社会制度，其一是资本主义制度，其二是社会主义制度。在资本主义制度（社会）里，不管统治者如何变换治理的理念和形式，都改变不了其私有制度的剥削和利益分配不公性质——资本家的贪婪本性和利益最大化目的决定了人与人之间关系的紧张和异化。同时在资本逻辑的支配下，商品拜物教侵蚀着每一个人，包括资本家和工人、统治者和普通民众，所有人都难逃物化的厄运。如此之下，除了利益的角逐，人与人之间的狡诈和欺骗、关系的异化，一切应该正常

[1] 张世英．哲学导论[M]．北京：北京大学出版社，2004：164.

的社会关系都不存在了。对于资本主义社会各种关系的病态扭曲和异化现象，马克思曾批判道：“在我们这个时代，每一种事物好像都包含有自己的反面……财富的新源泉，由于某种奇怪的、不可思议的魔力而变成贫困的源泉。技术的胜利，似乎是以道德的败坏为代价换来的。随着人类愈益控制自然，个人却似乎愈益成为别人的奴隶或自身的卑劣行为的奴隶。甚至科学的纯洁光辉仿佛也只能在愚昧无知的黑暗背景上闪耀。我们的一切发现和进步，似乎结果是使物质力量成为有智慧的生命，而人的生命则化为愚钝的物质力量。”[1]也就是说，财富的发展与贫困相生、技术的胜利与道德堕落同步、人对自然的征服与剥削和自我堕落为伍等，物质好像成为灵智而生命则蜕化为物质。试想，当人与人之间的关系完全被物质力量左右而矛盾冲突重重时，当人的价值被等同于商品和物质的价值时，在人的世界里面，自然的价值还剩几何？这是其一。其二，客观地说，在资本主义社会里，人与人的关系因剥削和压迫的存在，已经变得极其紧张，在这样的环境下，资产阶级和无产阶级要真正形成一股共同的力量去应对生态问题，这也是极其困难甚至是不可能之事。

与资本主义社会相对，在社会主义社会里，因公有制作为社会关系的基础，人与人之间的根本矛盾冲突得到了解决，第一次实现了人与人关系的生态化，这构成了人们共同应对生态问题的真正经济基础与心理基础。对此，马克思明确表示：“共产主义是私有财产即人的自我异化的积极的扬弃，因而是通过人并且为了人而对人的本质的真正的占有；因此，它是人向自身，向社会的（即人的）人的复归，这种复归是完全的、自觉的而且保存了以往发展的全部财富的。这种共产主义，作为完成了的自然主义，等于人道主义，而作为完成了的人道主义，等于自然主义，就是人和人之间的矛盾的真正解决，是存在和本质、对象化和自我确证、自由和必然、个体和类之间斗争的真正解决。它是历史之谜的解答，而且知道自己就是这种解答。”[2]也就是说，在共产主义社会（或者成熟的社会主义社会）里，人的价值得到了充分的实现、人的尊严和意义得到了充分的尊重和

[1] 马克思，恩格斯．马克思恩格斯选集：第1卷[M].北京：人民出版社，1995：775.

[2] 马克思，恩格斯．马克思恩格斯全集：第42卷[M].北京：人民出版社，1979：120.

认同，人向自身的本质复归。历史上私有制条件下出现的各种矛盾和冲突（尤其是人与人之间的矛盾）都得到了充分的化解，人类第一次实现了自然主义、人道主义的融合和共通。换言之，人的价值和自然的价值在共产主义社会里得到了相互印证、和解甚至融为一体。此时，当前生态文明建设所遇到的问题，将会得到全社会甚至是全人类发自内心的共同应对与解决。由此可见，某种程度上讲，人与人之间的矛盾彻底解决了，实现了社会关系的真正生态化，生态问题将不再成为一个问题。反观我国当前的实际情况，有一点需要澄清的是，生态文明建设的各项目标和宗旨的实现尚需努力。因为我国虽然已经进入了社会主义社会，但是按照邓小平同志的讲法，暂时还是"不够格"的社会主义，我国的社会主义仍处在初级阶段。四十年来，我国社会主义建设取得了一系列辉煌的成就，但各种问题也十分突出，尤其是在社会矛盾方面，近年来出现上升和激化的迹象，即贫富差距问题、城乡二元问题、官民关系问题、社会诚信问题、收入分配问题等，既成了当前社会关注的焦点，也是社会不稳定的潜在威胁因素。当前这些负面因素的存在构成了我国社会人与人关系生态化的重要阻碍，同时也构成了生态文明建设的社会性阻碍。因此，要真正使我国的生态文明建设在社会层面得到共同的支持和推进，各级政府必须关注普通老百姓的各种疾苦，真正以人民的利益为重，尽最大的可能做到满足人民群众基本的生活需求，努力实现社会公正、公平，为人民群众创造一个"各得其所"的生存发展环境。这是社会主义的本质要求，同时也是生态文明建设重要的社会性原则。简言之，没有人与人之间的稳定和谐关系这个前提，人与自然关系的和谐就很难具有社会性的合力基础，生态文明建设也失去了群众性、大众性的人力保证。

综上所述，人本问题是生态文明建设的前提和基础性问题，要真正有效推进生态文明建设，必须关注人与自身关系的生态化、人与人关系的生态化两组人本问题。而两组问题的有效解决构成了生态文明建设的绝对主体性（个体）原则和社会性（群众、大众）原则。

二、环境正义、利益博弈与政府责任

环境污染无疑是中国社会发展最为突出的问题之一，也将成为影响中国经济社会持续发展的关键问题，频繁发生的与环境有关的群体性事件也证明环境问题同时也是敏感的民生问题。当代中国环境问题的症结何在？其解决出路为何？我们尝试从环境正义的视角切入，探索当代中国环境问题的理论基石、问题症结和解决出路，从而为推进生态文明建设提出建议。

1. 环境正义：环境问题的哲学之基

从表面来看，生态环境问题是人与自然之间的问题，但本质上却无法逃脱人与人之间的关系。尤其是当我们尝试解决生态环境问题的时候，超越“人类中心主义”不能成为走向“自然主义”的借口。由此，需要从正义的视角思考环境问题，这是在理论上需要明确的起点。那么，何谓正义？何谓环境正义？对于正义，功利主义、自由主义、社群主义、多元文化主义等各大流派的学者都有不同的理解和界定，人们也难以达成一致的共识。然而，正如威尔·金里卡在《当代政治哲学》一书中概括的：任何一种看似合理的政治理论都分享着同一种终极价值——平等。每种理论都分享“平等主义共识”[1]。因此，与其争议“何种正义”，不如同意“正义”乃是人类共享的价值追求，这种价值理想承认人人平等的价值内核。

众所周知，罗尔斯的《正义论》复兴了正义理论在当代哲学界、政治学界的声望，他提出的两条基本原则：“第一原则：每个人都应有平等的权利去享有所有人享有的类似自由体系协调一致的、自由平等的诸基本自由构成的最大总体系。第二原则：社会和经济的不平等应该这样安排：①使得这两种不平等都能够最大限度地增进最不利者的最大利益；②使得这两种不平等所依系的职务和地位，应该基于机会的公平平等条件向所有人开放。”在自由主义的意义上强调了人人平等的当代正义意蕴。他所提出的“无知之幕”以及他的正义理论对社会弱者的关怀，尽管激起了很多思想家的批评，但在吸引当代思想家重新关注正义话题上却是功不可没的。那么，环境正义的内涵是什么呢？纵观西方生态伦理的发展进程，

[1] 金里卡．当代政治哲学[M]．刘莘，译．上海：上海译文出版社，2011：7.

可以看到一种明显的研究进路转向：即从关注人与自然的伦理关系转变到关注人与人之间的关系（特别是正义问题）。从人与人之间关系的维度理解环境正义问题，不仅契合环境正义的本质内涵，也能够紧扣环境问题的症结，为解决环境问题奠定基础。一般而言，所谓环境正义，即承认人人（代际之间和代际之内）都平等享有分配生态环境资源的资格和权利。环境正义强调的是，不同的主体（不同的群体、地区、国家甚至世代）在面对环境利益和负担的分配时，在表达自身对环境的理解和想象时，需要得到公正的对待。环境正义必然要求询问："谁在承担环境损害的负担，又是谁从这些损害中得到了利益，受益者该通过何种方式来补偿受损害者？"显然，环境正义是将正义理念引入环境问题，其核心则是权利诉求的平等和公正，这种正义既包括环境资源和环境服务的分配正义，也包括在环境权益上每个群体乃至每个个体的尊严和人格得到承认的正义。正如美国环境政治学家戴维·施劳斯伯格所说："环境正义的概念不应仅仅局限于分配正义，因为当遭遇到环境正义问题时，人们除了会因为环境利益和负担的不公平分配而激发不正义感之外，同样也会因感到自身的尊严和价值没有得到应有的承认，而激起对于正义的渴望。"❶

这种双重的视野在当代中国具有意义，因为当代中国不仅存在着大量遭受环境污染、在环境资源分配遭遇不公的弱势群体，也有很多积极行动的环保主义者，后者所关注的不仅仅是一种环境资源的分配，而且他们也在为弱者的尊严而奋争。从主体的视角来看，环境正义包含了三个维度：在当今生活的人们之间的公正分配；在当代人和未来的后代人之间的公正分配；在人和非人的共同世界之间的生存机会的公正分配。分配正义主要体现自然资源在国家之间的公平分配、国内的公平分配、代际之间的公平分配、人类的需要与环境本身之间公平分配等层面。概括地讲，也就是代内正义、代际正义和种际正义。环境正义必然要求，在环境利益分配时强势群体对弱势群体行为的不正义现象得到校正。环境正义关注不同经济和文化背景下的群体所面临的环境问题的解决。环境正义将与人们生活和生

❶ 博登海默．法理学——法律哲学与法律方法[M]．邓正来，译．北京：中国政法大学出版社，1999：252.

存密切相关的环境作为当前最需要保护的重点。

2．利益博弈：环境问题的症结所在

生态正义的实质是民众拥有平等的生态权利，生态权利则必然涉及现实利益。由此，实现生态正义并非易事。首先源于正义本身具有不同的价值立场，正如博登海默所说："正义具有一张普罗修斯式的脸，变幻无常，并且具有极不相似的面貌。"[1]更为重要的是，正义的实现总要受到利益和能力的牵制。从环境正义的实现来看，无论是发达国家与发展中国家、国内不同地区、不同群体之间的代内公正，还是代际公正问题，本质上依然是一种生态资源合理分配、生态权利与责任合理分担的利益问题。因此，可以说，环境问题的症结乃是一种利益博弈，利益博弈的背后则是生态权利的冲突。聚焦于我国环境问题，利益博弈及其背后的生态权利失衡乃是环境问题的症结所在，其核心就是对资本的追求与坚持社会大众利益之间的博弈，利益博弈的失衡也是环境问题难以得到解决的根源所在，而利益博弈的失衡又是生态权利的不公。

众所周知，资本的本性就是追逐利益的最大化，为了实现利益的最大化，资本不仅将社会利益排除在自己的视线之外，甚至不惜以牺牲社会利益来换取利润最大化。若没有强有力的利益主体、制度规约和补偿机制来加以束缚，资本的逐利性和扩张本性就难以遏制，环境的破坏、生态的恶化演变为满足污染企业追求利润最大化、地方政府全力追逐 GDP 的必然后果，其结果却由社会公众来集体承担。这种利益博弈的失衡是由多种因素导致的，并有多方面的表现：首先，生态资源是一种公共物品，若没有对公众生态权利的确认，那么其在供给与消费过程中就会产生外部性的问题。其必然结果就是作为公共资源的生态资源可能由一小部分人占有和消费，而生态污染后果则由众人来承担，这就必然放大资本逐利的本性，导致生态资源的过度开采、生态资源浪费等现象。近年来中国矿山资源的过度开发、草原的荒芜以及水土的流失等就是最好的例证。

其次，在博弈主体的力量上存在巨大的失衡，而同时缺乏有效的制度规约，

[1] 博登海默．法理学——法律哲学与法律方法 [M]. 邓正来，译．北京：中国政法大学出版社，1999：252.

使污染企业的资本利益和地方政府追逐GDP和税收的冲动联姻，共同侵蚀大众的生态权利。在市场领域，污染企业通过规避环境污染的“外部性成本”往往在产品价格上占据较大优势，从而造成驱逐其他企业“劣币驱逐良币”的效应[1]；在企业和政府的关系上，由于GDP成为地方政府政绩衡量标尺，企业只需要支付低廉的成本给地方政府，就可以获得生态资源，同时豁免企业经营所带来的环境污染成本，社会公众则被排除在环境资源分配的大门之外，其生态权利没有得到应有的尊重，也缺乏起码的公众参与权。因此，生态资源的权益分享由地方政府和企业独占，而责任和后果则由公众承担，这必然带来生态资源的过度消耗与环境问题的日益恶化。近年来频见报端的污染企业的偷排顽疾、钢铁企业的重组困境、小水泥厂关闭又重开的反反复复，尤其是频频爆发的环境事件，都是对这种利益失衡的说明。

最后，生态环境上博弈的囚徒困境加剧了权益失衡现象。在生态权利的博弈上，每个人都希望别人去保护资源和环境，自己去使用；同时自己去保护没用，只是牺牲了个人利益，保护不了环境，因为别人并不配合[2]。由此，生态权利和生态责任的分摊是不均衡的，尽管生态环境问题从根本上关涉每个社会主体的利益，但要形成治理和保护的共识却相当困难，这种困境在当代中国均有表现，譬如，地方政府在江河治理上的相互推诿，难以形成合力；环境性群体事件中依然是一种“避邻”运动，只要污染企业不在自己家门口就好；地方政府对污染企业的关停总是相互观望等。当然，围绕生态环境博弈的权利失衡有一个临界点，就是生态环境问题恶化到一定程度，影响了所有民众的生活，激发了民众的生态权利诉求。我国环境性群体事件的高发、频发是近年来民众环境权利意识觉醒的重要表现，也是改变这一利益失衡格局的重要动力。据环保部的统计，自1996年以来，环境群体性事件一直保持年均29%的增速，2012年我国环境重大事件增长120%，特别是重金属和危险化学品突发环境事件呈高发态势[3]。雾霾天气已

[1] 徐婷婷，沈承诚．论政府生态治理的三重困境：理念差异、利益博弈与技术障碍[J]. 江海学刊，2012（3）.

[2] 郑也夫．环保的困境：我们造不出坚硬的道德支点[J]. 绿叶，2010（4）.

[3] 王姝．环境群体事件年均递增29%[N]. 新京报，2012-10-27（A5）.

经影响到了每个公民的健康安全，使得每个人都不再有逃避的空间，从而促使公众集体抗争的动力已然出现。同时，中央政府层面重视“生态文明”，提出“美丽中国”愿景，与民众环境权利意识的觉醒形成合力，正在逐渐改变原来严重失衡的博弈力量，带来改善生态环境、实现环境正义的希望。

3．政府责任：环境问题的解决之道

政府作为社会运转的核心，拥有强大的政治统治资源，是生态文明建设的领导者、组织者、管理者、服务者。政府职能的状态是影响生态文明建设效率与效果的最大权重因素。毋庸讳言，在生态权利的维护上，恰恰是政府的错位和缺位，导致广大民众的生态权利没有得到应有的维护。由此，明确政府在实现环境正义中的责任，重塑其服务公众的角色是解决环境问题的出路所在。

首先，政府需要切实承担起作为生态正义代言人、生态环境监管者和生态权利冲突仲裁者的责任。在经济考核指标的推动下，以 GDP 论英雄、盲目攀比经济增长速度以及“拼资源、拼环境，追求高速发展”成为个别地方政府的思维和行为惯性，从而忽视了环境保护和可持续发展。[1] 因此，需要提倡“绿色发展观”和“环保政绩观”，制定可行的环境发展考核指标，把资源消耗、环境损害、生态效益纳入经济社会发展评价体系，建立体现生态文明要求的目标体系、考核办法、奖惩机制和问责机制，从而促使政府摆脱与企业共谋而实现自身经济利益的路径依赖，回归到生态正义维护者、生态环境监管者、生态冲突裁决者的合理角色。

其次，政府需要构建和执行维护生态环境的规章制度。政府角色的转变，需要观念的转变和制度的转变来加以保障。一方面，政府应当创造条件让弱者发出声音，切实维护公民的环境权益。需要增强环境相关决策的公开性和透明性，开拓广大公众参与环境决策、环境评估的渠道，赋予维护自身环境权益的机会和资格，唯有构建“自上而下”的压力机制和“自下而上”的参与机制，才能打破资本在生态环境上的强势地位。另一方面，政府需要尽快完善维护环境的利益协调沟通机制、环境风险预防和监管机制、环境破坏的惩罚与补偿机制。目前，通过司法诉讼渠道解决的生态环境纠纷不足 1 %。群众遇到生态环境纠纷，宁愿选择

[1] 王虹，仇艳艳．生态文明视域中的政府职能转变 [J]. 马克思主义与现实，2009（1）.

信访或举报投诉等途径解决，而不选择司法途径；司法部门也不愿意受理生态环境纠纷案件。这种法律上的困境必须打破。除了进一步支持民众的依法抗争，还需要建立环境公益诉讼制度；在《中华人民共和国侵权责任法》的基础上，制定单行的环境损害赔偿法，将环境和生态系统的公益损害与公民的私人损害，列入赔偿范围，这样方能约束强势群体对生态资源掠夺，为广大民众享有环境正义提供援助和保障。最后，政府需要出台和执行相关政策，探索市场化手段和政策化手段协调联动的机制。由于在事实上生态产权由政府垄断，民众生态受损也缺乏价格量化指标，引入市场机制和价格制度显然是必要的。由此，应深化资源性产品价格和税费改革，建立反映市场供求和资源稀缺程度、体现生态价值和代际补偿的资源有偿使用制度和生态补偿制度。积极开展节能、碳排放权、排污权、水权交易试点。但仅仅依靠市场化手段是不够的，还需要加强环境监管，健全生态环境保护责任追究制度和环境损害赔偿制度。加强生态文明宣传教育，增强全民节约意识、环保意识、生态意识，形成合理消费的社会风尚，营造爱护生态环境的良好风气。

党的十九大报告指出："我们要建设的现代化是人与自然和谐共生的现代化，既要创造更多物质财富和精神财富以满足人民日益增长的美好生活需要，也要提供更多优质生态产品以满足人民日益增长的优美生态环境需要。必须坚持节约优先、保护优先、自然恢复为主的方针，形成节约资源和保护环境的空间格局、产业结构、生产方式、生活方式，还自然以宁静、和谐、美丽。"❶破除利益阻挠，实现环境正义，这是当前我国解决环境问题的关键所在，而以坚定的决心和勇气，转变政府职能和角色，切实履行政府职责，当是实现环境正义的第一步。

❶ 习近平.决胜全面建成小康社会，夺取新时代中国特色社会主义伟大胜利——在中国共产党第十九次全国代表大会上的报告[M].北京：人民出版社，2017：50.

第六章　国家治理现代化与人的社会关系协调

协调当代中国人的社会关系、构建社会主义和谐社会，从来都不是一个微观的技术治理问题，必然涉及国家治理方式的重大变革。十八届三中全会明确提出：全面深化改革的总目标是完善和发展中国特色社会主义制度，推进国家治理体系和治理能力现代化。人的社会关系协调也需要纳入国家治理现代化的宏观视野中进行规划，在推进国家治理现代化、全面深化改革的进程中不断发展。本章梳理了国家治理现代化与社会主义和谐社会的契合性，探讨了“德法共治”的可能性，提出了全面从严治党的实践逻辑，明确了全面深化改革的基本原则，尝试为人的社会关系协调提供一些思考和探索。

一、国家治理现代化视域中的和谐社会

1. 社会主义和谐社会的基本内涵

中共十六大以来，构建社会主义和谐社会成为我国经济社会发展的重要命题，社会和谐作为社会主义基本属性受到空前重视。从而为人的社会关系发展明确了清晰的目标愿景。社会主义和谐社会既承载了传统的文化精华，又彰显了社会主义的制度属性，更指向当前中国社会人的社会关系发展的时代要求，具有十分丰富的内涵。

首先是人与人的关系层次的和谐。人与人关系的和谐究竟有哪些主要的方面呢？我们认为，从大的方面来看，主要有两个基本的类型，一个是社会、法的层

次之人与人的和谐关系，与其关涉更多的是法律、契约、制度等具有“硬核”的政治性上层建筑；另一类型则是长幼、性别、血缘等自然层次的人与人之间的和谐关系，与其关涉的则更多是伦理、道德等人伦方面具有“软质”的思想性上层建筑。与之相对应，第一种类型的和谐更多的是指黑格尔的市民社会意义上的和谐，其主要诉求的是个人与个人、个人与团体（包括国家、民族、区域、利益集团等非个人组织或联盟，以下同）、团体与团体等之间的经济利益（地位）、政治利益（权利）平等等方面均衡和平等。显然，这是我们对和谐社会概念阐释所经常强调的方面，可以依靠人以外的某些约定的强制力量来推进和发展；而与第二种类型相对应的和谐则往往在我们强调和谐社会概念时候较少去关注。这种和谐的主要诉求是人与人之间在物质及政治利益关系之外所要达到的理想状态：家庭和睦、伦常有序、男女互尊（主要是男女平等）、兄友弟恭等。这些和谐关系以家庭这个自然有机体为纽带，而家庭又是社会共同体的有机细胞，所以此层关系应该成为和谐社会概念的题中之义而得到强调和重视。

其次是人与自然界的关系层次的和谐。对于这层关系，首先我们要弄清楚人与自然界之间究竟是一种什么样的关系这个基础性的问题。我们认为，人与自然界的关系可以从两个方面来理解：第一，人与其实践活动指向的外在自然界之间的关系；第二，人与其肉体存在本身的关系就是人与自然关系的一个重要部分。对于第一重关系很好理解，无须赘述。对于第二重关系，可以这样理解：因为人本身就是自然界的一个部分，自然界是人的无机身体，而人是自然界的一种发展和延伸。这样，某种意义上讲，人和自然界是具有“同质”关系的同构体。显然，从人与自然两层关系中我们可以确知，人与自然的和谐既是人的有机体与自然之无机体之间和睦共处，又是人的有机体自身的内在调适。这种和谐就是马克思讲的“彻底的自然主义或人道主义，既不同于唯心主义、也不同于唯物主义，同时又是把这两者结合起来的真理。”[1]也就是说，人与自然的和谐是对传统将人与自然、人与自身机能看作绝对主客二元对立（纯粹唯物主义或者唯心主义）

[1] 马克思.1844年经济学哲学手稿[M].中共中央马克思恩格斯列宁斯大林著作编译局，译.北京：人民出版社，2008：105.

路径的反抗，超越此以返回到人与自然更为始源的境域中：作为社会（人）的自然界的“自然界生态平衡”和作为自然的人的“自身自然生态平衡”。

其三是人自身精神关系层次的和谐。人是肉体与灵魂、物质与精神的混合体。肉体固然重要，但是人之为人，区别于动物在于人有精神追求和精神生活。人除了要满足自身肉体生存的自然欲求外，还要拷问和追寻人生的意义和价值。精神的追求构成了人类生活必不可少的一部分。这也是人和动物的最大区别所在，正如马克思所说：“动物只是它所属的那个种的尺度和需要来构造，而人懂得按照任何一个种的尺度来进行生产，并且懂得处处都把内在的尺度运用于对象；因此，人也按照美的规律来构造。”[1]所以说，人是具有超越之维的高级动物，人的精神虽依存于自然（自然界和人体），但其又有超越于此的内在倾向和冲动。这就涉及人的内在精神如何看待整个世界（包括别人）及其自身、如何构建充实的意义世界来安定自我等关键的问题。显然，人精神自身层次的和谐大体涉及三个方面：第一，个人在看待世界时，内心统一而不失衡和分裂；第二，个人在看待自身时，内心积极乐观向上而不悲观沉沦；第三，个人构造了强大的精神力量（世俗或者超越的皆可）作为内心的寄托和依靠而避免走向价值虚无主义。这样的和谐虽然与第一层关系的和谐有关，并且归根结底由第一层关系来决定，但是要注意的是，其具有相对的独立性，一旦产生便在某种程度上摆脱物质关系的纠缠而进入自我世界中。另外与物质关系的普遍性的“公共问题”不同的是，这层关系是更多是个体意义上的“私人问题”。

2. 国家治理现代化与和谐社会的同构性

治理一词近年来频繁出现在学术讨论和政府规划当中，关于“社会治理”“政府治理”“环境治理”和“公司治理”的讨论颇为热烈，《中共中央关于全面深化改革若干重大问题的决定》把“完善和发展中国特色社会主义制度，推进国家治理体系和治理能力现代化”确立为全面深化改革的总目标，凸显了“治理”概念在当代中国承载着相当程度的政治共识，是中国政治发展的一个基本趋向。

---

[1] 马克思.1844 年经济学哲学手稿 [M]. 中共中央马克思恩格斯列宁斯大林著作编译局，译 . 北京：人民出版社，2008：58.

治理在20世纪90年代受到西方学界关注，是作为与传统的“统治”概念相区别的、重构国家—社会关系的一种新的政治活动方式，其基本的指向是：在公共事务当中对国家和政府强制力量的适度限制和自觉引入和强化社会自主力量，推进国家权力和社会权力之间的协商与合作。全球治理委员会对“治理”的界定颇具权威性：“治理是各种公共的或私人的个人与机构管理其共同事务的多种方式的总和。它是使不同的甚至是相互冲突的利益得以调和并且采取联合行动的持续的过程。它既包括那些迫使人们服从的正式制度和规则，也包括各种人们同意并符合其利益的非正式的制度安排。”[1]治理具有四个方面的显著特征：“其一，把治理视为一个过程，而不是一套规则或者一种活动；其二，治理的基础是协调而不是控制；其三，治理涉及的主体既包括公共部门也包括私人部门；其四，治理不是一种正式的制度，而是一个持续的互动过程。”[2]

从政治学的视角来看，治理通常被认为是区别于甚至取代传统政府管理和政治统治的概念。它不仅仅包含着政府活动范围和规模的变化，而且要求政府行为和运作方式的根本转变，意味着“统治的含义发生变化，意味着一种新的统治过程，意味着以新的方法来统治社会”。我国学者俞可平认为，治理的实质就是“建立在市场原则、公共利益和社会认同之上的合作。治理的实现，主要依赖的是合作的权威而不是政府的权威。其权力向度是多元和相互的，而非单一的和自上而下的”[3]。他概括了治理与统治的五个方面的区别。其一，就权力主体来说，统治的主体是单一的政府或其他国家公共权力，而治理的主体则是包括企业组织、社会组织和居民自治组织等在内的多元主体。其二，就权力的性质来说，统治是强制性的，而治理可以是强制的，但更多是协商的。其三，权力的来源不同。统治的来源就是强制性的国家法律；治理的来源除了法律外，还包括各种非国家强制的契约。其四，权力运行的向度不同。统治的权力运行是自上而下的；治理的

---

❶ The Commission on Global Governance.Our global neighborhood: The report of the commission on global governance[M].New York:Oxford University Press， 1995：2–3.

❷ The Commission on Global Governance.Our global neighborhood: The report of the commission on global governance[M].New York:Oxford University Press， 1995：.2–3.

❸ 俞可平．治理和善治[M]. 北京：社会科学文献出版社，2000：5–6.

权力运行可以是自上而下的，但更多是平行的。其五，两者作用所及的范围不同。统治所及的范围以政府权力所及领域为边界，而治理所及的范围则以公共领域为边界，后者比前者要宽广得多。[1]治理理念在实践的过程中，展现为一个上下结合的双向互动过程，合法性、参与性、公开性、透明性、回应性、法治性和责任性则构成其基本特征。[2]

基于当代中国的现实语境，国家治理现代化与构建社会主义和谐社会具有同构性，既是构建社会主义和谐社会的基本方向和有效路径，同时也是和谐社会构建的应有之义。正如习近平同志所指出的，“真正实现社会和谐稳定、国家长治久安，还是要靠制度，靠我们在国家治理上的高超能力，靠高素质干部队伍。我们要更好发挥中国特色社会主义制度的优越性，必须从各个领域推进国家治理体系和治理能力现代化”[3]。一般来说，国家治理现代化包括国家治理体系、治理方式和治理能力三个方面的现代化，核心是国家治理体系现代化，即治理制度体系的现代化。因为没有治理体系的现代化，也就谈不上治理方式和治理能力的现代化。从根本上来说，国家治理现代化是国家治理告别传统型、拥抱“现代性”的生成过程。

一方面，国家治理现代化，以人的社会关系现代化作为前提和背景。从统治到治理，从自上而下的单向管制到自下而上的多元协商，展示了现代社会人的社会关系发展的复杂性、多维性和综合性。传统的国家控制系统，仅靠政府的力量无法应对现代社会人的多元诉求和复杂境况。另一方面，国家治理现代化同时又必然指向和谐社会这一美好愿景和价值目标。国家治理现代化，既是追求国家治理科学化的过程，又在这一过程中体现了现代国家治理的价值维度。显然，现代社会人的社会关系嬗变、发展和变革，要求国家治理彻底告别人治的私人性、个别性和随意性，走向科学治理、民主治理、制度治理和法治治理，以“无人格统治”代替传统社会的“人格统治”。这既是一个追求科学化、效率化、民主化的

---

[1] 俞可平．推进国家治理体系和治理能力现代化 [J]. 前线，2014（1）．

[2] 徐晓全．从“管理”到“治理”：治国方略重大转型 [N]. 学习时报，2013-11-18.

[3] 中共中央文献研究室．十八大以来重要文献选编：上 [M]. 北京：中央文献出版社，2014：548.

探索过程，也必然以治理的有效性、人与人之间的和谐性和共生性作为价值导向。

3. 国家治理现代化的内在结构与基本维度

当代中国提出的国家治理现代化，基于当代中国人的社会关系发展境况，体现了社会主义制度的优越性，具有鲜明的中国特色。就其内在结构而言，包括国家治理体系、治理方式和治理能力三个方面的现代化；是一个涉及国家、社会与市场关系，主体的能动性和制度创建的稳定性，法治的刚性和德治的柔性，治理体系和治理能力等诸多关系的复杂命题和系统工程。其中理顺和处理好国家治理、社会治理和政党治理三大课题，协调推进，最为关键。

推进国家治理现代化，需要以坚持和完善中国特色社会主义为基础，以构建社会主义和谐社会为目标，以人本、协调和共享为理念，注意把握国家治理现代化的基本维度。

其一是坚持正确的发展方向。毫无疑问，中国国家治理现代化的目的是完善和发展中国特色社会主义制度，其根本方向是中国特色社会主义道路，这就决定了中国国家治理与西方国家治理在价值目标、治理机制等方面具有明显差异。习近平同志强调："我们治国理政的根本，就是中国共产党领导和社会主义制度。"在推进国家治理体系和治理能力现代化的过程中，要坚持从中国实际出发，突出中国特色、实践特色、时代特色。"一个国家选择什么样的治理体系，是由这个国家的历史传承、文化传统、经济社会发展水平决定的，是由这个国家的人民决定的。我国今天的国家治理体系，是在我国历史传承、文化传统、经济社会发展的基础上长期发展、渐进改进、内生性演化的结果。我国国家治理体系需要改进和完善，但怎么改、怎么完善，我们要有主张、有定力。"[1]

其二是注重系统性，协同推进国家治理。在推进治理的过程中，必须坚持整体、系统、协同的观点，避免"零敲碎打"式的"碎片化修补"，促进政治、经济、社会、文化、生态等各领域改革的联动和集成，形成总体效应、取得总体效果。具体而言，应注重以下几个"结合"："一是坚持将顶层设计和摸着石头过河相结合、整体推进和重点突破相促进的方法； 二是坚持中央与地方整体联动

[1] 习近平 . 习近平谈治国理政 [M]. 北京：外文出版社，2014：105.

相结合的方法，中央成立全面深化改革领导小组，负责整体设计、统筹协调、整体推进、督促落实，地方则需要将各项改革举措落到实处；三是坚持试点探索与全面推广相结合的方法，鼓励地方、基层和群众大胆探索，加强重大改革试点工作，及时总结经验，全面推广成熟的发展模式；四是坚持阶段性、局部性目标与长期性、全局性目标相结合的方法，力争在重要领域和关键环节改革上取得决定性成果，形成系统完备、科学规范、运行有效的制度体系，使各方面制度更加成熟、定型。”❶

其三，以民主化、法治化为基础，推进国家治理现代化。现代化是中国国家治理的努力方向和应有之义，应涵盖如下基本特质：第一，国家治理的民主化。人民民主是社会主义的生命，人民当家做主是社会主义民主政治的本质和核心。第二，国家治理的法治化。法治是治国理政的基本方式，是国家治理现代化的重要依托。在推进国家治理现代化的过程中，要坚持把国家治理主体及其治理行为全面纳入法治化轨道，依靠国家宪法和法律统筹社会力量、平衡社会利益、调节社会关系、规范社会行为，解决社会矛盾。第三，国家治理的科学化。在国家治理过程中，要遵循中国特色社会主义发展的客观规律，结合时代发展的要求，使国家治理体系和治理能力各要素之间、要素与整体之间的配置和功能发挥得到最大优化。一方面，要注重科学的顶层设计，增强制度设计的合理性，有效发挥治理主体的能动性，使“各类治理主体拥有更多的自主性，他们履行各自功能的专业化和职业化分工程度不断提高，执政党和政府行政机关协调其他治理主体的能力和进行战略和政策规划的能力不断提高，形塑各类治理主体互动行为的规则和程序的有效性不断增强”❷。另一方面，依托智能互联网技术，打造一个统一协调、有效沟通的信息管理平台。要按照“加快形成党委领导、政府负责、社会协同、公众参与、法治保障的社会管理体制”的要求，建立起一个包括“执政党建设智能治理体系、国民经济智能调控体系、思想文化智能管控服务体系、国家民主政

❶ 唐亚林 . 国家治理在中国的登场及其方法论价值 [J]. 复旦学报社会科学版，2014（2）.

❷ 何增科 . 理解国家治理及其现代化 [J]. 马克思主义与现实，2014（1）.

治和法治智能支持体系、社会治理智能服务体系、国家安全治理智能反应体系”[1]等多元主体协调共治的技术平台，使与民主和法治相关的技术、程序和机制更具可操作性。

二、国家治理现代化语境中“德法共治”的实现

德治与法治是协调人的社会关系的两大手段，如何处理好德治与法治的关系、发挥二者的积极功能是一个重要的命题。由于中国古代具有德治的传统，因而在现代国家治理中如何对待德治传统、处理二者关系引发了持久的争议。

1. 德治与法治：从工具性描述到合法性论证

国内学界对现代社会法治与德治的关系主要有三种观点：一是德治与法治“并列”关系，国家治理需要发挥法律制度和思想道德建设的共同作用，二者不可或缺、不可偏废。二是“主次”关系，认为“以德治国只能作为依法治国理论的重要补充”。三是从具体语境来辨析二者关系，二者关系表现为三个层面：第一个层面是法治框架下的德治与法治关系。这个层面法治无疑具有更高的地位和功能。第二个层面是法律的渊源来看，道德是法律背后的价值源。内隐于法律中的合理道德精神，是法的灵魂，制定合乎道德精神的良法是法治实施的前提和基础。第三个层面：从功能层面来看，二者是互补的。

我们认为，关于二者关系的理解要超越功能论的事实维度，上升到何以是的规范维度，论证治理方略的合法性问题。道德和法律作为协调社会关系的两种手段、两种方式是相互补充、无法替代的，但是，法律和道德在功能上的互补与国家治理应当采取何种方式是两个不同层次的问题。正如法的功用并不必然引领出法的统治，道德的功用也并不必然导引出道德的统治，道德与法在事实上的互动互补关系，并不就当然导引出德治与法治作为治式或治国方略的缺一不可。法与道德有何功用是一个事实性问题，法治与德治却是一个规范性问题。前者回答的是“是”的问题，后者解决的是“应当”的问题。“是”的问题只需承认、描述和解释，而“应当”则需要价值考量和正当性证成。当一个政党或国家将德治作

[1] 宋方敏．互联网时代的国家治理[J]. 红旗文稿，2015（10）.

为治式或治国方略来主张的时候，是在解决一个规范性问题，而不是道德在功用上不可替代这种事实性问题。

当前的德治与法治的关系，是在中国特色社会主义语境中，准确地说是推进国家治理现代化这一特定语境中的“德法共治”。众所周知，十八届三中全会提出“全面深化改革”的主题，明确提出全面深化改革的总目标是“国家治理体系和治理能力的现代化”；十八届四中全会提出“全面依法治国”的主题，强调实现国家治理现代化的关键在于实现依法治国。这两次全会是“姊妹篇”，需要把国家治理现代化和全面依法治国联系、统一起来考察。因而对于“法治”与“德治”的关系需要基于国家治理现代化的视域来阐释。下面谈两个问题：第一个问题是如何从国家治理现代化的语境来理解“德法共治”的独特内涵和意蕴，第二是如何实现德法共治。

2. 国家治理现代化语境中的“德法共治”意蕴

《中共中央关于全面推进依法治国若干重大问题的决定》有一个重要的提法：“法律是治国之重器，良法是善治之前提。”这句话是我们理解德法共治关系的关键所在。从国家治理现代化的语境来看，德法共治包括四个方面的基本内涵。

第一，法治是国家治理现代化的基本表征和必由之路，在国家治理层面法治才是根本战略。德治是在法治大框架下的治理方式，因而从国家治理的视角来看，德治不是也不可能与法治相提并论、比肩而论。推动国家治理体系和治理能力现代化，最重要的是实现国家治理的法治化。法治是治国理政的基本方式，是国家治理现代化的重要标志。因此，通过健全和完善国家治理法律规范、法律制度、法律程序和法律实施机制，形成科学完备的以法治为基础的国家治理体系，使中国特色社会主义制度更加成熟、更加定型、更加管用。

尽管当前也注重德治，但都是在依法治国和推进国家治理现代化的框架和语境中来谈的，二者并不是一个层面的问题。目前学界对于“德治”从规范的视角、从正当性的视角来阐释的理论成果并不多。从国家的导向来看，法治才是国家治理的根本方略。这可以从党的相关提法中体现出来。1997 年，党的十五大首次明确提出了“依法治国，建设社会主义法治国家”的治国方略。2001 年，江泽民在全国宣传部长会议上首次提出“以德治国”，并明确提出“依法治国与以德治国相结合”的构想。2002 年，十六大首次将“实行依法治国和以德治国相结合”作为我们党治国的基本经验。2013 年 2 月 23 日，习近平总书记在主持十八届中央政治局第四次集体学习时再次强调，要坚持依法治国和以德治国相结合。2013 年，十八届四中全会审议通过了《中共中央关于全面推进依法治国若干重大问题的决定》（以下简称《决定》），把“坚持依法治国和以德治国相结合”作为建设中国特色社会主义法治体系、建设社会主义法治国家总目标所要坚持的五项原则之一，法治在国家治理中由十五大的“基础性作用”转变为现在的“决定性作用”。

马克斯·韦伯指出，人类社会出现过三种统治类型：一是传统型；二是卡理斯玛型；三是法理型。法理型统治是建立在一系列明确的规则、法律和其他制度的基础上。统治者通过程序、规则和法律进行国家管理，并且民众服从程序、规则和法律的权威。[1]现代国家就是一种法理型类型，其根本标志就是从“人治”到“法治”的转型，法治成为治国理政的最重要的方式。国家治理体系和国家治理能力现代化与法治的现代化具有同步性。国家治理方式法治化就是国家治理体系中的一切主体，无论是政府权力主体，还是相关的权利主体，都应当在法律、规则、程序等条件下实施各自的职能活动或社会行为，各主体的行为都受到法律和规则的约束。从这个意义上讲，法治的刚性、制度性是国家治理现代化必不可少的内容和前提，德治内涵的模糊性、弹性，尤其是中国具有以德治为名人治为实的文化传统，使得法治在国家治理现代化中的地位更为突出、更为紧要。由此，习近平强调说：“全面推进依法治国是一个系统工程，是国家治理领域一场广泛而深刻的革命”，“法治是国家治理体系和治理能力的重要依托”。从国家治理现代化的视角来看，依法治国、依法行政具有更加重要的地位，也是当前我们需要强调的重点，是实现国家治理现代化的关键所在。法治是建立在对每一道德主体自主的道德选择充分尊重和承认的基础上的，是以对法的形式性、程序性、逻辑性、技术性的强调和尊重为标志的。需要指出的是，法治意味着法律至上

[1] 韦伯．经济与历史支配的类型 [M]. 康乐，等，译．桂林：广西师范大学出版社，2004：303.

这一法治根本要求。也就是说，法治在本质上是一种制度的品德，具有自足的价值意蕴，不能以功利主义、工具主义和实用主义的态度来看待法治，蜕化为法律工具主义的立场。

第二，国家治理现代化指向“善治”，要求法治的价值目标指向“良法”。以“良法”促“善治”的内在逻辑，要求制度的正当性作为前提，准确来说是社会主义政治文明的价值标尺，作为法治的价值源头。这种价值目标体系要基于中国特色社会主义制度，实现对“传统人治”与西方国家所谓价值中立的“治理”的双重超越。在日常生活中经常没有准确界定，它们的内涵及相互关系需要从具体的语境中来理解和把握。它们的相互关系也可以从操作（行为）层面、制度层面和文明层面等三个不同层面来审视。从国家治理现代化的视角来看，需要摒弃工具主义和政策操作的狭隘视野，从“话语标签”“统治艺术”“政策管理”“政治行为”等表层来分析，而需要从中国特色社会主义制度的完善（制度层面）、社会主义政治文明（价值、文明）的深层来诠释二者的统一。

譬如在中国古代，“儒法并重、阳儒阴法”一直是国家统治的手段，但这是“以法治国”而不是“依法治国”，更不是现代意义上的“法治”。以法治国不过是统治者的一种统治工具，是在人治的框架下来理解的。颇有意思的是中国古代法家最早提出“以法治国”的主张，并将这种政治主张阐述为系统理论，还在一定程度上付诸实践。但他们所说的“法”无非是严刑峻法，且“夫生法者君也，守法者臣也，法于法者民也”。皇帝和国家统治者奉行以君权神授、君临天下、专制独裁、权大于法为核心的法权观念，强调国家至上、君本位、官本位、义务本位，漠视个人权利及其保护； 主张德主刑辅、法律道德化；信奉重刑主义，实行严刑峻法，诸法合一，以刑为本；依靠刑讯逼供，屈打成招，甚至迷信神明裁判。这种“法治”不过是封建专制独裁的工具而已，本质上依然是人治。

西方国家倒是重视“法治”，但现代西方倡导的是一种形式主义的法治理念。形式主义法治又分为两类：一是形式合法性的法治。法治应当包括两个方面：人们应当受法律的统治并遵守它；法律也应当能够指引人们。二是形式正义的法治。形式正义的法治理念把法治看作形式正义在法律制度方面的实现。形式主义法律文化反对人治，倡导法治有积极意义，但这种“价值中立”的立场难以确保法治得到正当性的运用。马克思更是深刻地指出，资产阶级的法权观念是由它的所有制结构所决定的，由经济基础所决定并最终服务于统治阶级的利益。因而并不是西方国家所倡导的普世价值，它相对于传统人治有积极的意义，但在本质上、在制度上和价值观念上并没有超越资产阶级。恩格斯早在《英国工人阶级状况》一书中指出：“对资产者说来，法律当然是神圣的，因为法律是资产者本身的创造物，是经过他的同意并且是为了保护他和他的利益而颁布的。资产者懂得，即使个别的法律条文对他特别不利，但是整个立法毕竟是用来保护他的利益的。”所以，资产阶级法律的神圣性，并不在于它是所谓“超阶级”的，而在于它以程序正义为幌子掩盖了其虚伪性，其实质上始终是维护资产者社会地位的“最强有力的支柱”，而它对工人来说，则是“资产者给他准备的鞭子”。

应当追问建立在社会主义制度基础上，作为国家治理现代化“依托”的法治背后深层次的核心价值和精神元素是什么？答案就是：中国法治作为基于中国特色社会主义制度的现代法治，不仅应当是形式上的法律之治，而更应当是良法之治。何谓良法之治？必然要由更深层次的价值观念来保障和体现，具体而言是内涵民主、自由、平等、人权、理性、文明、秩序、正义、效率与合法性等诸社会价值的良法之治。从这个层面来看，法治从社会治理的工具上升为承载着现代价值理念的制度品德，涵盖了现代政治文明的基本价值范畴，包括民主观念、权利意识和正义理念，由这些价值理念所规约。法治和德治的统一，要求以民主为前提，以权利为本位，以正义为内核，以和谐为旨归。一方面，需要吸纳现代政治文明的积极要素。它意味着对国家权力（尤其是立法权力）的限制，对权力滥用的制约与制衡，对公民自由与权利的平等保护等；意味着立法、行政、司法以及其他国家活动必须服从法律的一些基本原则：人民主权原则、人权原则、正义的原则、公平合理且迅捷的程序保障原则等；意味着法治要求国家维护和保障法律秩序，但国家必须首先服从法律的约束；法治要求人民服从法律，但同时要求人民服从的法律必须是建立在尊重和保障人权的基础之上。另一方面，又要发挥中国特色社会主义制度优势，推进国家治理现代化。我们需要强调，民主是中国特色社会主义民主，我们的权利，不是基于西方的抽象的天赋人权，而是以生存权和发展权和核心的现实权利；我们的正义，也是历史的、具体的正义。中国特色社会主义制度为二者的统一提供了制度保障，当然，中国特色社会主义制度本身是在发展完善当中的，理想与现实、应然与实然的差距需要通过国家治理现代化的改革进程来缩小。

良法是善治之本，离开了良法就无法实现善治。国家治理现代化的一种理想状态，就是实现国家和社会的善治，即公共利益最大化的治理活动和治理过程。善治就是公共利益最大化的最优治理，它有许多要素，包括公正、参与、稳定、责任、回应、廉洁等。法治准确地说是良法贯穿于善治的所有这些要素之中，没有基本的法律规范和制度机制，善治的每一个要素都有可能发生性质的改变，危害公共治理，甚至导致恶政和劣治，最终损害公众利益。一言以蔽之，法治是善治的前提，没有法治，便无善治，也没有国家治理的现代化。而法治需要是良法，“良法”本身受到社会主义政治文明的价值规约，并体现和反映了德治和法治的统一。

从功能层面来看，国家治理现代化给德治、法治注入了现代价值目标、尺度和要求，推动着德治和法治从传统形式走向现代意蕴。法治和德治是不可替代和相互补充的，都是达到社会善治的有效手段和方式，但这种功能的实现同样需要立足于特定的价值目标，并且随着国家治理现代化的语境而 不断发展，其根本目标就是“善治”。善治所蕴含的公正、参与、稳定、责任、回应、廉洁等价值目标，给法治、德治的相互协调提出了目标和评价指标，推动着德治、法治二者关系的发展变化。通过法治和德治要实现的治理目标，至少包括秩序、公正、人权、效率和和谐。在社会主义制度下，和谐构成了法治和德治所要达到的良好状态，甚至可以说是其他几个价值尺度的元价值。秩序应当是和谐的秩序，自由应当是和谐的自由，正义应当是和谐的正义，人权应当是和谐的人权，效率应当是和谐的效率，等等。和谐引领和协调国家法治的价值，使它们成为内在统一、互为补充、互相支撑的价值体系。和谐反思和追问法治的价值，推动法治和国家治理的制度创新。进入 21 世纪以来，和谐越来越成为中国社会普遍关注的价值理念和标准，成为统摄一切价值的元价值。导入和谐精神，建设和谐法治，必将使中国社会主义法治体系和国家治理体系超越中国传统“统治”和西方传统“治理”而走向善治。

国家治理现代化也对德治、法治的主体、客体和路径提出了新的要求。德治的内涵不是传统意识上道德上绝对优越的主体，如君主、政府、政党或其领袖对存在着在道德上需要拯救、思想上需要纯化的客体，他们常常是草民之间的关系；而是建立在民主、平等的基础上，共同促进社会实现社会公共善的“公德”。国家治理现代化语境中的法治和德治，需要体现民主化的内涵与要求，治理的主体是包括党在内的多元主体，多元主体之间是平等互动而不是统治与被统治的关系；治理的客体或者说对象不仅是每个公民，同时也包括国家机器、国家权力和公职人员；治理的内容涵盖了国家治理、市场治理和社会治理等丰富内容；更为重要的是，从共同推进国家治理现代化的理论与实践的双重逻辑来看，良法的理论逻辑即法律是成文的道德；良序的理论逻辑即道德践行离不开法律约束；普遍守法的实践逻辑即以道德滋养法治；法律至上的实践逻辑即关键少数带头崇德守法。习近平提出了坚持依法治国和以德治国相结合，强调法治和德治两手抓、两手都要硬的四种具体路径。其一是要强化道德对法治的支撑作用；其二是要把道德要求贯彻到法治建设中；其三是要运用法治手段解决道德领域突出问题；其四是要提高全民法治意识和道德自觉。

第四，从中国的特殊国情出发，国家治理现代化与全面从严治党的统一，要求对德治和法治关系的把握还要辩证处理依法治国、依法执政、依法行政和依规治党之间的关系，党内依规治党和以德治党相结合可以视为德法共治关系的一种特殊体现形式。在中国，治国、理政、治党需要综合推进，依法执政、依法治国、依法行政，法治政党、法治国家、法治政府、法治社会一体建设。从理论上来看，党的领导、人民民主、依法治国是有机统一且以德治与法治的统一作为其实践条件。这是中国特色社会主义法治体系最鲜明的本质特征。坚持中国共产党的领导是人民民主和依法治国的根本保证。人民民主是社会主义法治的本质要求，依法治国是党领导人民治理国家的基本方略，是坚持和完善党的领导、实现人民当家做主的基本途径。

需要辩证看待党的执政地位和依法治党之间的关系。党作为一个整体具有领导和执政的地位，但是执政的方式却必须是法治的，党的领导地位和执政地位需要以加强和改进党的领导作为保障。也就是说，任何党组织和个人，要在宪法和法律的框架和范围内活动，增强党自身的法治化建设，建立完备的党内法规制度体系，提升党员干部运用法治思维和法治方式处理问题的能力，以法治政党带领全国人民共同推进依法治国的伟大事业。党要带头遵守法律，并且把作为整体的党和具体的党员、党组织区分开来，后者必须在法律的框架下行动。任何组织和个人都必须维护宪法和法律的权威，都必须在宪法和法律范围内活动，都必须依照宪法和法律行使权力或权利、履行职责或义务，而不得有超越宪法和法律的特权。党员干部必须讲规矩、守纪律，既不能碰政策的红线，也不能触犯宪法和法律的高压线。

党规国法联通于制度治党的合力。法治与德治相结合，体现在党内就是以党内依规治党和以德治党相结合，这是党的自我革命、自我净化、自我约束，也是国家层面实现德治与法治相结合的前提和条件。党内的“制度”，包括党章、准则、条例等党规制度和宪法、法律、行政法规等国法制度。党既要依照党规管党治党，也要依照国法管党治党，这样才能形成管党治党的制度合力。坚持思想建党和制度建党、依规治党与以德治党的统一，是国家层面坚持德治和法治相结合的前提和条件。中共十八大以来，制度治党受到空前重视，这与国家治理层面强调依法治国方略是相配合的。习近平强调：“制度问题更带有根本性、全局性、稳定性、长期性，保证权力正确行使，必须把权力关进制度的笼子里，坚持用制度管权管事管人。要建立决策科学、执行坚决、监督有力的权力运行体系，把笼子扎得紧一点，严防‘牛栏关猫’，使权力运行守边界、有约束受监督。”但是，党规党纪是挺在国法之前的，严于法律的，从实践功能来看，只有依规治党，才能为法治和德治创造条件。

3. 国家治理现代化语境中的德法共治的实现路径

作为一个后发法治国家，在推进国家治理现代化、实现德法共治的进程中存在着诸多悖论和问题，譬如在文化资源上，如何对待德治传统，如何批判地、合理地吸收西方法治经验等，国家主导、政府威权推进与法治控权（力）价值指向之间的悖论；对待法律的工具主义、实用主义态度与法律至上这一法治基本要素间的对立；对结果和绩效的关注与对形式或过程合理性漠视的反差；凭借经济绩效还是凭借政治共识确立统治合法性的利弊权衡。个人自由与整体秩序和稳定的价值冲突等。由此，实现德法共治注定是一个复杂而曲折的过程。在此，笔者提出个人对于几个问题的思考。

第一，把依宪执政作为国家治理现代化的突破口，破解法律执行力这一难题，推动整个社会形成法治信仰。法治的关键点在于对于宪法的尊崇和遵循，依宪执政既体现了法治层面的要害所在，也体现了德治层面的对于良法的信仰，是整个社会形成法律信仰的基石。因此，依宪执政是德法共治的基础和最为重要的表征。同时，唯有维护宪法尊严，才能破解法律执行力这一关键问题，在整个社会形成守法的道德氛围，并且确保党政领导干部在宪法和法律的范围内从事活动。当然，“依宪执政”是一个具有中国特色的中国话语，不同于具有特定内涵的西方“宪政”概念。正如习近平所说：“每一种政治形态背后都有一套政治理论，每一种法治模式当中都有一种政治逻辑，每一条法治道路底下都有一种政治立场。”我们所讲的依宪执政，依据的是中华人民共和国宪法，它所体现的政治原则是坚持党的领导、依法治国和人民民主的统一。

第二，政党的自我革命、自我完善从政治和道德的双重维度，为德法共治注入活力，提供保证。把依法治国、依法执政和依规治党结合起来，是当前实现德法共治的重要前提。比较而言，西方国家的治理走的是以国家、社会和市场相分离为基础，社会权力制约国家权力的“自下而上”的路径，法治在总体上“自然生成”（其中包含着国家与社会力量的斗争）。在社会基础上是以国家、社会二分作为前提，以个体权利意识作为基础，倡导“身体交给市场、灵魂交给上帝”，以社会权利来制衡国家权力，就其治理机制的生成来看，国家、社会和市场三者之间是一种分离、异质的力量，从制度层面形成对国家权力的监督和制约，这种异质的力量、外在的监督和制约是法治的一个重要前提。由此塑造的治理概念，具有技术主义、程序主义的倾向，它所依托的社会前提和政治前提，是社会权力的分散化和相互对抗性，又带来对所谓民主的一致性的拷问，社会组织之间的支配和从属结构是对社会民主的反叛。

但是，当前中国的国家治理现代化不是自然生长的方式存在，而是执政党自上而下推动、主动创制的过程。国家、社会和市场尽管也有一定程度的分离，但是政党和国家的力量却依然占据绝对优势和主导地位。这给国家治理现代化带来契机，尤其是德治和法治的相结合带来契机，因为构建从良法到善治的制度逻辑，不仅关涉执政党的地位，也关乎其政治理想和道德形象；但是也带来了潜在的阻力，因为国家治理现代化的推进过程必然涉及风险、冲突和阻力，从而具有一定程度的执政风险。尤其是容易带来对法律乃至法治的工具主义、功利主义立场和态度，对整体秩序和稳定的价值偏好，对结果和绩效的强烈关注，特别是对法的形式合理性以及程序和技术理性的漠视，这往往会影响到法治的实现。由此来看，从严治党、依法行政和依法治国不可分离，需要顶层设计、整体推进、协调配合。如何持续保持执政党自我革命的勇气和决心，既需要高度政治自觉，在一定程度上也需要外在的监督力量。从一开始就把国家治理现代化定位为对政府、对政党的治理，或许能够创立一个比较好的开端，破除国家治理现代化进程中的风险和阻力。同时，外在的监督力量在很大程度取决于民主制度尤其是协商民主的贯彻落实，需要以国家治理体系的完善作为前提。在这方面，还需要有更多的实践探索。

第三，需要系统性的治理思路。目前我们以政党治理作为突破口，这是一个很好的开端；但如何把政党治理的成果巩固下来，化为制度化的治本之计，颇为关键。因为按照制度经济学的观点，制度是短期行为和长期文化的联接点和沟通桥梁，制度对人们的短期行为产生规约作用，并通过制度的稳定性、持久性和规约性来实现主体的制度认同，最终沉淀为潜移默化的文化。以此来看，通过制度创制、制度执行到制度认同，来承载德治的价值理念，落实国家治理现代化的价值目标，是一个基本的思路。同时，如何打通从政党治理走向依法治国的路径，仍然需要探索。毕竟，党内法治法规不等同于国家法律，而当前党规党章的尊严和权威在一定程度上依赖于反腐倡廉的运动式治理，从党章党规到法律威严，同时发挥社会治理的功能，摆脱对于党和政府的单一依赖，仍然需要探索。

第四，如何对待中国德治传统的问题，进而实现其现代化转化需要审慎思考。如何看待传统中国的德治传统和法治精神，学界争议较大。有人认为是当前国家治理现代化可以利用的文化资源和文化传统，譬如贝淡宁提出的“贤能政治”，对《礼记》中的“大道之行也，天下为公。选贤与能，讲信修睦”的原则大为礼赞，把高层领导应该用“贤能政治”的选举方式，中层实验化，基层应该是民主化的作为一种方向；福山也在反思美国的民主制度，对中国治理的效能表示赞赏。也有人认为国家治理层面制度化是关键，认为法治即为制度的品德，其为个人的道德选择所铺设的制度性、结构性前提。其实，更应当思考的是德治传统所依托的社会结构在当下是否发生了变革，德治传统在今天适应的领域及其限度是什么。另外一个命题则是革命文化的传统。主要是政党治理过程中对于理想、信念的强调。个人的观点，从国家治理的维度来看，还是应当坚持法治的基础地位。塞缪尔·亨廷顿说：“一个拥有高度制度化的统治机构和程序的社会，能更好地阐明和实现其公共利益。”[1]他提出了发展中国家政治现代化的三个公式：社会动员 / 经济发展 = 社会颓丧；社会颓丧 / 流动机会 = 政治参与；政治参与 / 政治制度化 = 政治动乱。实际上强调的也是制度化对于社会新增政治参与诉求的吸纳过程。因此，如何汲取传统文化要素，结合实践进行探索，至为关键。

三、国家治理现代化视域中的从严治党

中共十八大以来，党中央站在实现“两个一百年”奋斗目标、实现中华民族伟大复兴的战略高度，针对党执政所面临的四大挑战、四大风险，提出“全面从严治党”的重大课题。习近平总书记强调：“党要管党，才能管好党；从严治党，才能治好党。如果管党不力、治党不严，人民群众反映强烈的党内突出问题得不到解决，那我们党迟早会失去执政资格，不可避免地要被历史淘汰。这决不是危言耸听。”十八届六中全会确立了“全面从严治党”的主题，党中央将对全面从

[1] 亨廷顿 . 变化社会中的政治秩序 [M]. 王冠华，刘为，等，译 . 沈宗灵，校 . 上海：上海人民出版社，2008：2.

严治党进行周密部署和统筹安排，昭示了管党治党永远在路上，只有进行时，没有完成时。从严治党要在实践基础上不断进行理论创新和制度创新的过程，形成思想建党和制度治党的合力，制度建设、制度创新和制度完善是全面从严治党的根本方略，既是党风廉政建设的治本之策，也是构建管党治党长效机制的根本保障。

1. 制度治党是从严治党的根本方略

中共十八大以来，党中央做出了“打铁还需自身硬”的庄严承诺，立下了全面从严治党的军令状，从“八项规定”转变作风到“打老虎”“拍苍蝇”的重拳反腐雷霆行动，从“群众路线教育”“三严三实”到“两学一做”等宣传学习活动到《中国共产党廉洁自律准则》《中国共产党纪律处分条例》《中国共产党问责条例》等一系列规章制度的出台实施，党的建设尤其是党风廉政建设的明显趋势就是：越来越重视制度治党的长期功效，着力实现标本兼治、依规治党和以德治党的统一。三年多来，管党治党取得了重大成效，反腐败斗争压倒性态势正在形成。但也要清醒地认识到，党风廉政建设形势依然严峻，管党治党任务依然艰巨，把转变作风反腐倡廉的成果保持下去，防止消极腐败现象的反弹，让暂时变成长期，让权宜成为常态，让被动变主动，这就要靠制度，要坚持用制度治党，凸显制度的长期功效，不断推进制度创新。

强化制度治党、推动制度创新是党风廉政建设的治本之策，也是构建管党治党长效机制的根本保障。有效的制度可以巩固反腐成果，规约党员行为，转变领导干部作风，根治腐败现象，净化政治生态。邓小平同志在1980年《党和国家领导人制度改革》的讲话中就强调了制度建设在党的建设中的治本功效：“我们过去发生的各种错误，固然与某些领导人的思想、作风有关，但是组织制度、工作制度方面的问题更重要。这些方面的制度好可以使坏人无法任意横行，制度不好可以使好人无法充分做好事，甚至会走向反面。如果不坚决改革现行制度中的弊端，过去出现过的一些严重问题今后就有可能重新出现。”在新的历史条件下，习近平总书记也强调：“制度问题更带有根本性、全局性、稳定性、长期性，保证权力正确行使，必须把权力关进制度的笼子里，坚持用制度管权管事管人。要建立决策科学、执行坚决、监督有力的权力运行体系，把笼子扎得紧一点，严防‘牛栏关猫’，使权力运行守边界、有约束受监督。”

美国学者塞缪尔·亨廷顿指出：制度在本质是“稳定的、受珍重的和周期性发生的行为模式”。制度治党强调制度的刚性约束，要求党的一切组织和个人都必须依法依规在制度范围内活动，都应当按制度程序和规范办事，并自觉接受制度的管束和监督。制度治党、推进制度创新需要着力解决三大问题：制度的严密性、制度的执行力和制度的认同感，从而把规矩立起来、把制度严起来，把要求深入下去。制度的严密性是前提，制度治党要避免宽松软，力求严紧硬，编制出严密有效、具有针对性和威慑力的制度之网。制度的执行力是关键，显示了规章制度不是“橡皮图章”和“摆设花瓶”，而是带电高压线和高悬利剑，要求有规必依、执规必严、违规必究，真正体现出制度的权威性，发挥制度的预防功能、约束功能和塑造功能。制度的认同感是提升和归宿，是依规治党和以德治党的结合点，是外在强制向主体自觉、从惩治到预防、从治行到治心的连接点和转化点，最终使得政治要求、规章制度得到广大党员的自觉遵循和高度认同。

2. 完善法规体系，增强制度严密性

从严治党首先要有章可循，有规可依，树规矩、立规章、订规则，编制严密、有效的制度之网，不断推进制度创新。中共十八大以来，建规立矩的步伐明显加快，制度笼子日益严密。这些规章制度都具有鲜明的时代特色、中国特色和很强的现实针对性，提供了党员的行为指南，成为从严治党的利器。

注重完善党内规章制度，强化党的政治要求、党的纪律和党的规矩，体现党要管党、从严治党的根本要求。1859 年，马克思在致恩格斯的信中指出：“必须绝对保持党的纪律，否则将一事无成。”当前我国治党制度的突出特点和显著优势就是坚持纪严于法、纪在法前，把执纪和执法贯通起来，把党的纪律和规矩挺在前面，用纪律和规矩管住大多数，做到有规在先、抓早抓小，使全体党员、干部严格执行党规党纪，模范遵守国家法律法规。这与西方国家执政党的制度约束主要来自外部，主要靠政治制度层面的权力制衡和三权分立、两党制或者多党制竞争不同，体现了从严治党作为党的自我革命、自我完善和自我发展的本质要求，发挥了党要管党、从严治党的制度优势。中共十八大以来，我们坚持依规治党和以德治党相统一，坚持高标准和守底线相结合，在学习贯彻《中国共产党章程》（以下简称《党章》）这一党内根本大法的基础上，一系列党内规章制度的修订或者颁布：《中国共产党廉洁自律准则》是执政以来的首份廉洁自律“正面清单”，重在立德向善；《中国共产党纪律处分条例》是纪法分开、纪比法严的“负面清单”，重在立规纠错；《中国共产党巡视工作条例》是加强巡视监督的“任务清单”，重在立威震慑；《中国共产党问责条例》是从严治党的“问责清单”，重在问责执行。这一系列党内规则相互协调，各有侧重，在很大程度上废除了“稻草人”制度，让纪律成为高压线，把笼子扎得更紧并通上电，都是着眼于让制度更严密、更管用，共同扎紧了依规治党的制度笼子。

制度建设是一个与时俱进的过程，要根据实践的不断发展，补齐制度“短板”，优化制度体系，增强制度可操作性，不断推进制度发展、制度创新、制度变迁，使制度在动态的发展变化中始终保持有效性。一是构建结构合理、相互协调的制度体系。“制度不在多，而在于精，在于务实管用”。全面盘点党内法规制度的“家底”，仔细梳理、清除冗杂，合理归并，科学分类，有效维护党内法规制度的协调统一。二是本着“于法周延、于事简便”的原则，增强制度的可操作性。注意制度条文表述的明晰性，使原则性的要求刚性化、模糊性的用语明确化、抽象性的内容具体化、定性的条文计量化，降低制度执行的随意性，压缩制度执行的自由裁量空间。三是突出重点，牵住关键性、要害性制度建设的“牛鼻子”：建立健全监督制约权力的稳定制度和规范干部行为举止的长效机制，关键是建立健全科学规范的干部选拔任用和管理制度，对权力的运行进行有效的监督，逐步完善信息公开、权力清单、党内监督等关键性制度建设。四是加强制度设计和执行中的程序化、民主化和规范化，形成制度建设的合力，既要注意把党中央颁布的制度贯彻落实下去，也注意把地方有益经验提升为有效制度。

3. 落实主体责任，增强制度执行力

“天下之事，不难于立法，而难于法之必行。”制度的生命力在于执行，执行制度关键在人。制度治党，就要抓住落实主体责任这个“牛鼻子”，真正贯彻

“有权必有责，责任要担当，失责必追究”的原则，实现制度执行到人到事，杜绝权力的任性、责任的虚化和追责的乏力。

首先，科学配置权力，列出权力运作清单，用制度规约权力，防止权力任性、以权谋私，杜绝权力大于制度、潜规则大于明规章等消极现象。英国思想家阿克顿有句名言：权力导致腐败，绝对的权力导致绝对的腐败。当前发生的消极腐败现象在很大程度上源于权力的任性尤其是一把手权力的膨胀。为此，用制度管党治党，要继续强化制约、强化公开、强化监督和强化追究，打造好从权力配置、权力运行到权力监督各个环节的闭合环路，确保权力配置的科学性、权力运行的公开性和规范性，防止权力运行过程中的私人化、圈层化和团伙化。一是强化对权力运行的制约和监督，形成科学的权力结构和运行机制。着力改进对领导干部特别是一把手行使权力的监督，认真执行民主集中制，加强领导班子内部监督。二是强化公开，依法公开权力运行流程，让广大干部群众在公开中监督，保证权力正确行使。防止暗箱操作，清除潜规则滋生的灰色空间。三是要制定权力清单，规范权力运行流程，从根本上解决制度执行失之于宽、失之于松、失之于软的问题，从而实现以制度刚性代替主体的操作柔性，以全覆盖的制度之网兜牢制度的刚性之维，让人情、潜规则和面子等服从制度的刚性规约。

其次，强化制度执行的主体责任，落实党风廉政责任制。党风廉政制度的执行需要解决“谁来执行”和“谁来担责”的问题，明确相关主体的责任，防止相互推诿、互相扯皮，避免好人主义盛行、搞一团和气和不愿得罪人的弊端，其中最关键的是落实党委的主体责任和纪委的监督责任，强化领导干部的担当意识，让制度成为利剑而不是纸老虎、稻草人。中共十八届三中会议对党风廉政的主体责任做出了明确的规定，习近平总书记在《第十八届中央纪律检查委员会第六次全体会议上的讲话》中进一步强调：“既追究主体责任、监督责任，又上查一级追究领导责任、党组织责任。要完善和规范责任追究工作，建立健全责任追究典型问题通报制度，把问责同其他监督方式结合起来，以问责常态化促进履职到位，促进党的纪律执行到位。”《中国共产党问责条例》更是突出主体责任，聚焦“关键少数”，明确了党组织领导班子在职责范围内负有全面领导责任，领导班子主要负责人和直接主管的班子成员承担主要领导责任，参与决策和工作的班子其他成员承担重要领导责任，细化了问责主体、问责对象、问责情形和处罚方式等内容，把问责的责任压给各级党组织，体现了细化责任、层层传导压力，释放了强烈政治信号：党中央对问责是动真格的，要让失责必问、问责必严成为常态。正所谓“动员千次不如问责一次”，问责条例为不折不扣、坚定不移地贯彻党的路线方针政策提供了有力保障，也为增强制度的执行力提供了尚方宝剑。

最后，解决当前影响制度执行的顽症痼疾，以典型案例推动制度执行，不断优化制度执行的政治与社会生态，完善制度执行的监管和考评。一是维护制度的严肃性和权威性，“要坚持制度面前人人平等、执行制度没有例外，不留‘暗门’、不开‘天窗’，坚决维护制度的严肃性和权威性，坚决纠正有令不行、有禁不止的行为，使制度成为硬约束而不是橡皮筋”。二是用好巡视、监察、问责和查处等有力武器，以典型案例来推动制度执行，以继续保持反腐败的高压态势来根治“人情”“人治”等文化顽症，通过形成“四种常态”，强化规则意识和制度理性。三是推动三个“及时”，运用现代信息手段强化制度执行的监管与考评。及时发现制度执行过程中出现的问题，提高制度执行的效力；及时对执行制度情况进行综合评估，纳入绩效考核；及时进行问责，维护制度的权威性，增强制度运行的惩戒性和震慑力。

4. 治“行”治“心”并举，增强制度认同度

习近平总书记提出了从严治党要思想建党与制度治党相结合、依规治党和以德治党相结合的重要思想，使加强制度治党的过程成为加强思想建党的过程，也要使加强思想建党的过程成为加强制度治党的过程，二者要同向发力、同时发力。这就指导我们：制度治党不仅要治“行”，也要治“心”；不仅能够约束、塑造广大党员的言行举止，也能够通过严肃党的纪律的久久为功，促使领导干部从不相信到相信，由被动到主动的积极转变，最终校准思想之标，调整行为之舵，绷紧作风之弦。从“要我清正廉洁”到“我要清正廉洁”，从外在强制规约到主体自觉自律，制度认同实现转化的关键环节。

制度认同是广大党员相对稳定的心理感受和价值判断，体现了广大党员对反腐倡廉规章制度的积极接纳、充分肯定和高度认可，而不是将之视为外在的强制力量。制度认同是思想建党和从严治党的有效结合点，融合了制度建设的“刚性”和思想教育的“柔性”、制度的约束性和理想信念的引导性、制度的工具性和文化的价值性、制度的外在性和文化的内省性，并最终汇聚于作为主体的人身上，通过对广大党员尤其是领导干部的规约、塑造和影响来发挥其功能。制度认同促使广大党员有自觉遵循党章党规的内在力量，内化于心、外化于行，真正体现了共产党人高度的政治意识、大局意识、核心意识和看齐意识。

增强广大党员的制度认同是制度治党的理想目标，是制度治党取得明显成效的衡量标尺，也是实现制度治党的重要保障。法律界有这样的共识：“即使制定了优良的法律，却得不到人们心甘情愿的遵守，也不能说是建立了优良的法制。”这就提醒我们，制度治党的长效机制建立在高度的制度认同基础之上，制度运行的理想目标就是将外在的、强制的制度规约转变为内在的、自觉的心理认同。应当说，人们对党风廉政建设和反腐败工作成效是高度认可的。中国社科院一个问卷调查显示，93.7% 的领导干部、92.8% 的普通干部、87.9% 的企业人员、86.9% 的城乡居民对中国反腐败表示有信心或比较有信心。这再次印证党风廉政建设和反腐败斗争顺党心、合民意，有着广泛和坚实的政治基础和群众基础。但是，领导干部中还存在着“两面人”的现象，黄先耀同志形象地描绘了“两面人”表里不一的八个特征：一是表面信仰马列，背后迷信大师；二是表面勤勤恳恳，背后吃喝享乐；三是表面谋划发展，背后官商勾结；四是表面一心为公，背后“一家两制”；五是表面是国家干部，背后脚踏两条船；六是表面中规中矩，背后我行我素；七是表面任人唯贤，背后任人唯钱；八是表面五湖四海，背后拉帮结派。产生“两面人”的根源是理想信念缺失，精神缺钙，这些人不可能对制度治党有真正的认同，说明实现制度认同的任务依然艰巨。

增强广大党员对于制度治党的认同，一方面需要规章制度的雷霆手段，抓铁有痕，踏石留印，久久为功，通过优化政治生态、增强政治担当、强化党纪自律，另一方面也需要思想建设的菩萨心肠，春风化雨，点滴渗透，易风化俗。首先，在反腐倡廉制度建设上常抓不懈，积极建构长久有效的“内化—外化”机制。“内化”机制，指广大党员尤其是领导干部积极认识、有效理解反腐倡廉工作的重要价值和意义，把外在的法纪要求转变为内在的价值认同，把社会和国家的需要转变为主体的需求。外化机制，指主体用内在的价值标尺来自觉指导言行。在整个机制中，坚持制度的一视同仁、持久有效至为关键。习近平总书记强调：“反腐倡廉必须常抓不懈，拒腐防变必须警钟长鸣，关键就在‘常’‘长’二字，一个是要经常抓，一个是要长期抓。”应当有这个信心和决心，惩腐反贪全覆盖和零容忍，作风建设的毫不松懈、制度执行的不打折扣，最终能够起到移风易俗、净化政治生态的功效，让清正廉洁之风吹遍神州大地，增强广大党员的制度认同。其次，教育广大党员尤其是领导干部深刻认识制度治党的普遍性、正义性和长期性，为制度治党营造良好的舆论氛围。习近平同志多次强调：我们党反腐败不是看人下菜的“势利店”，不是争权夺利的“纸牌屋”，也不是有头无尾的“烂尾楼”，其最终目标是为了保持党的先进性和纯洁性，完成历史使命，战胜风险挑战，确保党始终成为中国特色社会主义事业的坚强领导核心。对党中央在反腐败斗争上的决心要有足够自信，对反腐败斗争取得的成绩要有足够自信，对反腐败斗争带来的正能量要有足够自信，对反腐败斗争的光明前景要有足够自信，就能增强对于制度治党的认同。最后，推动党内民主发展，强化党内监督，是增强制度认同的重要保障。归根到底，治党管党关系到全体党员的根本利益，需要发挥全体党员的高度政治自觉。唤醒责任意识，激发担当精神，充分发挥广大党员的主人翁精神，注重制度建立、执行和监督过程中的民主化，从而增进广大党员对于反腐倡廉制度的认同，永葆党的凝聚力和战斗力。

四、以全面深化改革促进社会关系协调

全面深化改革是决定当代中国命运的关键一招，也是决定实现“两个一百年”

奋斗目标、实现中华民族伟大复兴的关键一招。习近平总书记十九大报告中强调："只有社会主义才能救中国，只有改革开放才能发展中国、发展社会主义、发展马克思主义。"他指出："必须坚持和完善中国特色社会主义制度，不断推进国家治理体系和治理能力现代化，坚决破除一切不合时宜的思想观念和体制机制弊端，突破利益固化的藩篱，吸收人类文明有益成果，构建系统完备、科学规范、运行有效的制度体系，充分发挥我国社会主义制度优越性。"❶

全面深化改革必然涉及利益关系的调整，并且是社会主义条件下协调利益关系的一种主要方式。为此，全面深化改革坚持何种价值标尺、遵循何种路径、使用何种方式，对于当代中国社会关系的协调具有绝大的影响。

1. 坚持把公平正义作为首要的价值准则

全面深化改革要立足于满足人民美好生活的需要。习近平总书记指出："人民对美好生活的向往，就是我们的奋斗目标。"从人民利益出发谋划改革，顺应人民期盼抓好改革，始终是改革的出发点和落脚点，也是改革赢得人民支持、汇聚人民力量的关键所在。

在社会结构复杂化和利益主体多样化的当代中国，由于社会利益格局的调整，社会资源的分配和流向打破了过去的平衡，个体之间、地区之间、行业之间的分配差距拉大，既得利益群体和弱势群体形成了分野，利益固化的藩篱对全面深化改革提出了很高的要求。事实上，唯有在公平正义上才能达成改革的最大共识、汇聚深化改革的强大动力。习近平同志在十九大报告中指出："中国特色社会主义进入新时代，我国社会主要矛盾已经转化为人民日益增长的美好生活需要和不平衡不充分的发展之间的矛盾。"❷这一具有全局性、整体性的重大战略判断为全面深化改革提供了理论依据和现实基础，也对坚持以公平正义为导向的改革提出了更高的要求。

中国特色社会主义进入新时代，"人民日益增长的美好生活需要"取代"人

❶ 习近平.决胜全面建成小康社会，夺取新时代中国特色社会主义伟大胜利——在中国共产党第十九次全国代表大会上的报告[M].北京：人民出版社，2017：21.

❷ 习近平.决胜全面建成小康社会，夺取新时代中国特色社会主义伟大胜利——在中国共产党第十九次全国代表大会上的报告[M].北京：人民出版社，2017：11.

民日益增长的物质文化需要”是社会主要矛盾变化的一个方面。人民日益增长的美好生活需要体现了人民需要在内涵上的扩展和层次上的提升。人民美好生活需要不仅对物质文化生活提出了更高要求，而且在民主、法治、公平、正义、安全、环境等方面的要求日益增长；不仅仅表现为满足基本生活的物质文化这些“硬性需要”，还表现为在此基础上衍生出的人民的参与感、公平感、安全感、幸福感、获得感等“软性需要”。由此，全面深化改革要坚持以人民为中心的发展观，深刻把握人民美好生活需要的新变化，尤其是关注民众对于教育、医疗、环境、社会治理等方面的新需求，自觉把民众关注的问题、民生短板作为改革重点，从而不断增强人民的获得感，使得全面深化改革更有针对性，更有温度。

全面深化改革要着眼于解决发展不平衡不充分问题，公平正义的凸显是其内在要求。“不平衡不充分的发展”是我国社会主要矛盾中的另一方面内容，成为满足“人民日益增长的美好生活需要”的主要制约因素，在矛盾中居于主导地位。从“落后的社会生产”转变为“不平衡不充分的发展”，既显示了改革开放取得了经济社会发展的巨大成就，也宣告了改革从“普惠型改革”进入到“利益调整型改革”新阶段。发展不平衡，主要体现在区域不平衡、行业不平衡、领域不平衡、群体不平衡等方面；发展不充分，主要体现在发展的质量和效益还有待提高等方面。同时，发展的不平衡不充分不仅仅表现在经济领域，还表现在政治、文化、社会、生态等领域。“发展起来以后的问题不比不发展时少。”解决“不平衡不充分的发展”问题，考验党的改革决心和协调能力，涉及利益调整难题，其艰巨性、复杂性丝毫不亚于改革开放之初。为此，需要在思想上克服自满意识、保守主义和畏难情绪，在战略上以新发展理念为指导，着力推进供给侧结构性改革、创新驱动发展战略，在举措上要凸显公正性、协调性和全面性，敢于啃硬骨头，敢于涉险滩，敢于向积存多年的顽瘴痼疾开刀，坚决打好全面深化改革的攻坚战。

事实上，近年来我们提出的中国梦愿景、社会主义核心价值观，都坚持了人民作为历史主体、权力属于人民的观点，而且从国家、社会和个体三个层面的统一性对其进行提炼和升华，尤其是将其纳入中国全面深化改革的规划当中，从而能够把人民主体的价值标尺变为改革发展的一种实践动力，展示出价值导向的积极建设力量。譬如在阐释“中国梦”的内涵时，习近平同志强调：“中国梦”包含了“国家富强、民族复兴和人民幸福”三个方面的内容，既是中华民族的复兴之梦，也是每一个中国人的幸福之梦，体现着人们对美好生活的向往，需要凝聚全体人民的力量为之努力奋斗。这就把人民作为历史主体的价值标尺纳入到中国建设发展的实践当中来，使其成为一种价值标尺和精神动力。[1]在社会主义核心价值观和中国梦的话语表述中，社会公正的价值目标受到了重视，但还需要通过制度设计和宣传教育，促使其从理论层面扩展到实践层面，从主流话语深入到民众的心理层面。公平正义应当成为弘扬社会主义核心价值观的着力点，成为向上支撑“富强、民主、文化、和谐”的价值理念，以及向下促进“爱国、敬业、诚信、友善”的价值基础。中国梦也应当强调“让人民群众共同享有人生出彩的机会，共同享有梦想成真的机会，共同享有同祖国和时代一起成长与进步的机会”[2]。

2. 坚持独立自主地探索全面深化改革之路

中国共产党的辉煌历程带给我们宝贵的启示是：中国革命、建设和改革，都要从中国的具体国情出发，既要善于借鉴、为我所用，也要勇于创新、独辟蹊径。走自己的路，这是历史的经验、时代的真谛，也是中华民族智慧的结晶。全面深化改革，是一场深刻的社会革命，坚持独立自主的原则，自主探索、自主创新，是不忘初心、继续前进的根本动力。

走自己的路，是改革实践得出的宝贵经验，也是全面深化改革的基本立足点。中国处于社会主义初级阶段的基本国情，尤其是苏联模式的社会主义走向历史终点的前车之鉴，决定了我们没有可以照搬的榜样，唯有独立自主，靠自己的力量方能杀出一条血路，否则就是死路一条。40 年来，党领导人民始终坚持独立自主的原则，以“闯”和“冒”的勇气，探索出了中国特色社会主义发展之路。实践证明，这条自主探索的路子走对了：中国改革取得了举世瞩目的伟大成就，不仅带来了中国社会的历史巨变，也给社会主义发展带来了新的希望；世界范围内

---

[1] 钟明华，刘小龙．论“中国梦”的意识形态话语创新意蕴 [J]. 青海社会科学，2015（5）.

[2] 习近平．在第十二届全国人民代表大会第一次会议上的讲话 [N]. 北京：人民日报，2013-3-18（1）.

关于“中国模式”的理解度和接受度越来越高，“中国模式”不仅丰富了全球发展模式的形式和内容，而且影响了世界经济和政治的游戏规则。面向未来，高举改革开放伟大旗帜，实现中华民族伟大复兴，更加需要独立自主的思考与实践，从中国实际出发，创造性地运用科学社会主义原理，在中国特色社会主义道路上努力探索，继续前进。

走自己的路，关键是要坚持改革的正确方向，既不走封闭僵化的老路、也不走改旗易帜的邪路。改革的性质是社会制度的自我完善和发展，改革的目标是为了解放生产力和发展生产力，从而更好地发挥社会主义制度的优越性。党的十八大以来，以习近平同志为总书记的党中央不忘初心、继续前进，带领全党全国人民在新的历史起点上全面深化改革。但是，也有一些国内外势力打着所谓“普世价值”“宪政”“自由民主人权”等旗号煽风点火，企图干扰中国改革的正确方向。因此，在当前形势下强调走自己的路，很重要的一点是破除仰视西方的习惯，增强道路自信、理论自信、制度自信和文化自信。当前世界局势风云变幻，金融危机的“余震”仍在持续，全球经济增长缓慢、英国脱欧事件、难民危机和恐怖主义成为全球公害，在很大程度上都是西方制度所带来的危机，这也提醒我们，西方国家所谓的普世价值、民主宪政和人人自由面临的问题重重。相反，中国在稳定发展中显示了自身的优势和魅力。倘若对于这种鲜明对比视而不见，妄言西方的月亮更圆，其结果必然是邯郸学步、东施效颦，丧失了自主性的后果只能是依附性发展。为此，需要谨记，全面深化改革是中国共产党领导中国人民进行的自主性改革，改革的主体只能是中国共产党及其领导的中国人民，决不是什么外来的力量；改革的立足点只能是我国社会主义初级阶段的基本国情，决不走依附他人的路子，照搬别国的模式；改革的目的是为了发展中国特色社会主义而非附庸他人，决不会屈从于任何势力而改变自己的方向。当然，这里所说的走自己的路并不是对西方有益经验一概拒斥，而是说要在根本方向面前不能迷茫，在改革的自主性原则面前不能疲软，为我所用的前提是承认和强调“我”的独立性和自主性。

走自己的路，重点是推进国家治理体系和治理能力现代化。完善和发展中国特色社会主义制度是全面深化改革的根本方向，推进国家治理体系和治理能力现代化则是全面深化改革的总目标。今天我们的国家治理体系是在历史文化传承和经济社会发展的双重基础上，经过长期的逐步改进、内生性演化的结果。正因为没有拄着别人的拐棍，坚持独立自主选择自己的道路，我们才能始终站稳脚跟，走出了一条不同于西方国家的成功发展道路，形成了一套不同于西方国家的成功制度体系。目前，国家治理和全球治理都进入了深度调整期，国内的矛盾重重和国际的风云变幻更紧密地联系在一起。在国内我们须跨越“中等收入陷阱”，国际上我们要避免“修昔底德陷阱”，这一切都使我们坚持发展中国特色社会主义道路的任务更艰巨、矛盾更复杂、需求更迫切。面对这种新任务、新趋势、新局面，我们必须立足于中国的基本国情，自主探索，改革创新，不断推进国家治理体系和治理能力的现代化，既完善不适应实践发展要求的体制机制、法律法规，又不断构建新的体制机制、法律法规，使各方面制度更加科学、更加完善，实现党、国家、社会各项事务治理制度化、规范化、程序化。

3. 凸显制度建构在全面深化改革中的地位

全面深化改革要致力于完善中国特色社会主义制度体系。经过近四十年的改革开放实践探索，全面深化改革站在了新的起点上，进入了新阶段，对于制度的依赖程度在显著增强。为此，与改革开放初期强调“摸着石头过河”的自主探索不同，全面深化改革要把顶层设计和基层探索结合起来，注重系统部署，统筹规划。从党和政府的视角来说，这就需要强化全面深化改革的系统部署。以贯彻新发展理念为统领，以满足广大人民群众的美好生活愿望为旨归，对经济、政治、文化、社会和生态文明建设等各个领域进行统筹规划和总体部署，聚焦难点，补齐短板，尤其是针对当前区域发展不协调、民生问题尚待进一步解决、生态环境需要进一步优化等突出难题列出任务清单、提出时间要求、明确责任主体是全面深化改革的内在要求。

邓小平曾在《党和国家领导制度的改革》这篇著名讲话中指出：“我们过去发生的各种错误，但是组织制度、工作制度方面的问题更重要。这些方面的制度好可以使坏人无法任意横行，制度不好可以使好人无法充分做好事，甚至会走向反面……而是说领导制度、组织制度问题更带有根本性、全局性、稳定性和长期性”，“制度好可以使坏人无法任意横行，制度不好可以使好人无法充分做好事，甚至会走向反面”[1]。制度问题带有根本性、全局性、稳定性和长期性是邓小平留给我们的宝贵遗产，也是全面深化改革应当遵循的基本方向。

充分发挥制度建设的全局性、根本性和长效性功能，把完善制度体系建设作为全面深化改革的总目标是我们全面深化改革、协调社会关系的大原则。习近平在十九大报告中强调：“必须坚持和完善中国特色社会主义制度，不断推进国家治理体系和治理能力现代化，坚决破除一切不合时宜的思想观念和体制机制弊端，突破利益固化的藩篱，吸收人类文明有益成果，构建系统完备、科学规范、运行有效的制度体系，充分发挥我国社会主义制度优越性。”[2]这就明确了完善制度体系、发挥制度优势是全面深化改革的总目标、总要求。开启全面深化改革新征程，既是一个破除妨碍经济社会发展体制机制的“除旧”过程，也是一个不断推动制度机制创新的“布新”过程。党的十八大以来，全面深化改革的主体框架已经构建起来，开启全面深化改革新征程要注重发挥制度设计在全面深化改革中的引领作用，不断把改革发展中的有益经验、积极成果以制度的方式稳固下来，适时补齐制度短板，增强制度实施过程中的执行力和广大人民群众对于制度的认同感。面向未来，以制度创新推动供给侧结构性改革，实施创新驱动发展战略，构建开放型经济新体制，着力破解区域发展不平衡、创新动力相对不足、开放层次尚待提升、生态环境保护尚待完善等突出问题是开启全面深化改革新征程需要重点关注的问题。

---

❶ 邓小平 . 邓小平文选：第 2 卷 [M]. 北京：人民出版社，1994：333.

❷ 习近平 . 决胜全面建成小康社会，夺取新时代中国特色社会主义伟大胜利——在中国共产党第十九次全国代表大会上的报告 [M]. 北京：人民出版社，2017：21.

参考文献

[1] 罗荣渠. 现代化新论 [M]. 北京：北京大学出版社，1994.

[2] 姚纪纲. 交往的世界 [M]. 北京：人民出版社，2003.

[3] 王晓东. 交往理论研究中的若干问题 [J]. 求是学刊，2000（3）.

[4] 吴晓明. “理性的法”和“私人利益”[J]. 复旦学报，1994（5）.

[5] 罗嘉昌，张昌盛. 视角变换中的世界的显现：从关系实在论到关系整体论 [J]. 天津社会科学，2010（6）.

[6] 孙伯鍨，张一兵，陈胜云. 从“实践”转向“物质生产”的逻辑过渡——试析社会关系范畴在马克思主义哲学中的地位和意义 [J]. 江苏社会科学，1997（1）.

[7] 马克思，恩格斯. 马克思恩格斯文集：第1卷 [M]. 北京：人民出版社，2009.

[8] 马克思，恩格斯. 马克思恩格斯全集：第42卷 [M]. 北京：人民出版社，1979.

[9] 马克思，恩格斯. 马克思恩格斯选集：第2卷 [M]. 北京：人民出版社，1995.

[10] 马克思，恩格斯. 马克思恩格斯全集：第2卷 [M]. 北京：人民出版社，1960.

[11] 马克思，恩格斯. 马克思恩格斯全集：第2卷 [M]. 北京：人民出版社，1979.

[12] 马克思，恩格斯. 马克思恩格斯全集：第30卷 [M]. 北京：人民出版社，1995.

[13] 周志山. 马克思人的全面发展学说的社会关系解释模式 [J]. 学习与探索，2005（1）.

[14] 马克思，恩格斯. 马克思恩格斯全集：第1卷 [M]. 北京：人民出版社，1956.

[15] 马克思，恩格斯. 马克思恩格斯全集：第23卷 [M]. 北京：人民出版社，1979.

[16] 马克思，恩格斯. 马克思恩格斯全集：第3卷 [M]. 北京：人民出版社，1960.

[17] 马克思，恩格斯. 马克思恩格斯文集：第2卷 [M]. 北京：人民出版社，2009.

[18] 习近平. 决胜全面建成小康社会，夺取新时代中国特色社会主义伟大胜利——在中国共产党第十九次全国代表大会上的报告 [M]. 北京：人民出版社，2017.

[19] 邓小平. 邓小平文选：第3卷 [M]. 北京：人民出版社，1993.

[20] 萨利茨基．中国模式的特点恰恰在于没有规定形式——专访俄罗斯国际问题专家 [N]．参考消息，2009-09-03（1）.

[21] 马克思，恩格斯．马克思恩格斯选集：第1卷 [M]．北京：人民出版社，1995.

[22] 齐泽克，等．图绘意识形态 [M]．方杰，译．南京：南京大学出版社，2002.

[23] 习近平．习近平谈治国理政：第1卷 [M]．北京：外文出版社，2014.

[24] 习近平．习近平谈治国理政：第2卷 [M]．北京：外文出版社，2017.

[25] 马克思．1844年经济学哲学手稿 [M]．北京：人民出版社，2005.

[26] 季塔连科．论中国现代化经验的国际意义 [N]．远东问题，2004-10-22（1）.

[27] 本书编写组．十九大党章学习手册 [M]．北京：人民出版社，2017.

[28] 马克思，恩格斯．马克思恩格斯选集：第4卷 [M]．北京：人民出版社，1995.

[29] 列宁．列宁选集：第4卷 [M]．北京：人民出版社，1972.

[30] 白淑英．从技术思辨到社会哲学关于虚拟世界研究的方法论转向问题 [J]．自然辩证法研究，2007（23）.

[31] 毛泽东．毛泽东文选：第7卷 [M]．北京：人民出版社，1999.

[32] 阿隆．社会学主要思潮 [M]．葛秉宁，译．上海：译文出版社，2015.

[33] 邓小平．邓小平文选：第2卷 [M]．北京：人民出版社，1994.

[34] 中华人民共和国国家统计局．中华人民共和国2016年国民经济和社会发展统计公报 [R/OL]．（2017-02-28）[2017-06-19]．http://www.stats.gov.cn/tjsj/zxfb./201702/t20170228_1467424.html.

[35] 郭玉贵．老龄化：全球共同面对的危机与挑战 [J]．社会治理，2017（1）.

[36] 刘宏，高松，王俊．养老模式对健康的影响 [J]．经济研究，2011（4）.

[37] 翟振武，陈佳，鞠李龙．中国人口老龄化的大趋势、新特点及相应养老政策 [J]．山东大学学报（哲学社会科学版），2016（3）.

[38] 宋澜，王超．从覆盖到发展：医养结合养老模式三步走战略 [J]．求实，2016（9）.

[39] 孙敏．大都市近郊“自主养老”模式的机制分析——以上海市近郊W村为考察中心 [J]．南方人口，2017（1）.

[40] 杨静慧. 互助养老模式：特质、价值与建构路径 [J]. 中州学刊，2016 (3).

[41] 孙迎春. 我国社区居家养老调查及对策研究——基于南京市栖霞区居家养老调查 [J]. 特区经济，2011 (11).

[42] 费孝通. 社会学概论 [M]. 天津：天津人民出版社，1984.

[43] 吴江霖. 社会学与社会心理学 [M]. 北京：工人出版社，1986.

[44] 帕金翰. 童年之死 [M]. 张建中，译. 北京：华夏出版社，2005.

[45] 米德. 代沟 [M]. 曾胡，译. 北京：光明日报出版社，1988.

[46] 郝文武. 师生主体间性建构的哲学基础和实践策略 [J]. 北京师范大学学报（社会科学版），2005 (4).

[47] 哈贝马斯. 交往行动理论 [M]. 重庆：重庆出版社，1994.

[48] 哈贝马斯. 后行而上学思想 [M]. 南京：译林出版社，2001.

[49] 毛泽东. 毛泽东选集：第 2 卷 [M]. 北京：人民出版社，1991.

[50] 马克思，恩格斯. 马克思恩格斯全集：第 44 卷 [M]. 北京：人民出版社，2001.

[51] 马克思. 资本论：第 3 卷 [M]. 北京：人民出版社，2004.

[52] 科茨. 美国此次金融危机的根本原因是新自由主义的资本主义 [J]. 红旗文稿，2008 (13).

[53] 费孝通. 关于"文化自觉"的一些自白 [J]. 学术研究，2003 (7).

[55] 亨廷顿. 文明的冲突与世界秩序的重建 [M]. 北京：新华出版社，1998.

[56] 金耀基. 从传统到现代 [M]. 北京：中国人民大学出版社，1999.

[57] 江泽民. 江泽民文选：第 3 卷 [M]. 北京：人民出版社，2006.

[58] 江泽民. 江泽民论有中国特色社会主义（专题摘编）[M]. 北京：中央文献出版社，2002.

[59] 英格利斯. 文化 [M]. 南京：南京大学出版社，2008.

[60] 列宁. 列宁选集：第 4 卷 [M]. 北京：人民出版社，1995.

[61] 俞吾金. 意识形态论 [M]. 北京：人民出版社，2009.

[62] 阮建平. 话语权与国际秩序的建构 [J]. 现代国际关系，2003 (5).

[63] 刘北成．福柯思想肖像［M］．北京：北京师范大学出版社，1995.
[64] 吕敬美．权力、话语与意识形态有效性的内在关联［J］．社会科学论坛，2013（10）.
[65] 希克．第三条道路——马克思列宁主义理论与现代工业社会［M］．张斌，译．北京：人民出版社，1982.
[66] 汤普森．意识形态与现代文化［M］．高铦，等，译．南京：译林出版社，2012.
[67] 中共中央办公厅．关于培育和践行社会主义核心价值观的意见［N］．人民日报，2013-12-24（1）.
[68] 付克新．社会主义核心价值整体性的语义分析［J］．探索，2015（1）.
[69] 吴向东．价值观：社会主义本质之维［J］．马克思主义研究，2007（4）.
[70] 马克思，恩格斯．马克思恩格斯选集：第 3 卷［M］．北京：人民出版社，1995.
[71] 列宁．列宁全集：第 36 卷［M］．北京：人民出版社，1985.
[72] 李泽厚．中国近代思想史论［M］．北京：人民出版社，1979.
[73] 钟明华，罗贵榕．论马克思主义的启蒙精神在中国启蒙运动进程中的遗忘与回归［J］．学术研究，2012（5）.
[74] 习近平．在北京大学师生座谈会上的讲话［N］．人民日报，2014-05-4（1）.
[75] 李德顺．价值论［M］．北京：中国人民大学出版社，1987.
[76] 马克思，恩格斯．马克思恩格斯全集：第 2 卷［M］．北京：人民出版社，1957.
[77] 毛泽东．毛泽东选集：第 3 卷［M］．北京：人民出版社，1991.
[78] 习近平．在第十二届全国人民代表大会第一次会议上的讲话［N］．人民日报，2013-03-18（1）.
[79] 李秀林，等．中国现代化之哲学探讨［M］．北京：人民出版社，1992.
[80] 马克思，恩格斯．马克思恩格斯全集：第 2 卷［M］．北京：人民出版社，1992.
[81] 联合国教科文组织国际发展委员会．学会生存——教育的今天和明天［M］．华东师范大学比较教育研究所，译．北京：上海译文出版社，1982.
[82] 李良荣．以互联网寻路国家治理方式与治理能力现代化［M］// 张志安．网络空间法治化——互联网与国家治理年度报告（2015）．北京：商务印书馆，2015.

[83] 新浪微博数据中心．2016 微博用户发展报告 [EB/OL]．(2017-06-20) [2017-08-22]．http://data.weibo.com/report/reportDetail?id=346.

[84] 托夫勒．权力的转移 [M]．吴迎春，译．北京：中信出版社，2006.

[85] 李永刚．互联网络与民主的前景 [J]．江海学刊，1999 (4).

[86] 方兴东，王俊秀．博客：E 时代的盗火者 [M]．北京：中国方正出版社，2003.

[87] 陈卫星．微博时代的媒体围观 [J]．今传媒，2011 (2).

[88] 吴家庆，严卿．国内学术界执政党公信力研究述评 [J]．政治学研究，2011 (4).

[89] 上官酒瑞．政治信任的结构序列及其现实启示 [J]．江苏社会科学，2011 (5).

[90] 喻国明．新型传播方式的崛起与传统媒介的价值落点 [J]．新闻与写作，2010 (4).

[91] 郭庆光．传播学教程 [M]．北京：中国人民大学出版社，1999.

[92] 邵培仁．媒介舆论学：通向和谐社会的舆论传播研究 [M]．北京：中国传媒大学出版社，2009.

[93] 哈贝马斯．在事实与规范之间：关于法律和民主治国的商谈理论 [M]．童世骏，译．北京：生活·读书·新知三联书店，2003.

[94] 孙晓晖．网络群体性事件中执政公信力的流失及其防范——基于社会动员的分析视角 [J]．理论与改革，2010 (4).

[95] NYE J S，ZELIKOW P D，KING D C. Why people don't trust government [M]． New York: Harvard University Press，1997.

[96] 董春宇，宋桂祝．信任与不信任的政治哲学反思 [J]．党政干部学刊，2009 (8).

[97] 沃伦．民主与信任 [M]．吴辉，译．北京：华夏出版社，2004.

[98] 金湘军．电子政务背景下的公民参与和政府管理创新 [J]．马克思主义与现实，2010 (3).

[99] 喻国：直面数字化：媒介市场新趋势研究 [J]．新闻实践，2006 (6).

[100] 庞帝．数字化生存 [M]．海口：海南出版社，1997.

[101] 刘北成．福柯思想肖像 [M]．北京：北京师范大学出版社，2001.

[102] 葛兰西．狱中杂记 [M]．北京：人民出版社，1983.

[103] 托夫勒. 权力的转移 [M]. 北京：中信出版社，2006.

[104] 郑智斌，李淑欢. 试论网络时代的个人传播 [J]. 江西社会科学，2008（8）.

[105] 喻国明. 新型传播方式的崛起与传统媒介的价值落点 [J]. 新闻与写作，2010（7）.

[106] 陆小华. 新媒体观：信息化生存时代的思维方式 [M]. 北京：清华大学出版社，2008.

[107] 金里卡. 当代政治哲学 [M]. 上海：上海译文出版社，2011.

[108] 周根红. 微博45度仰望与话语权 [J]. 新媒体，2011（9）.

[109] HINDMAN M. The math of digital democracy [M]. Princeton：Princeton University Press，2009.

[110] MOROZOV E. The net delusion：The dark side of Internet freedom [M]. New York:Harper Collins Press，2012.

[111] LEIBOLD J. Blogging alone: China，the Internet，and the democratic illusion? [J]. The journal of Asian studies. 2011,70（4）.

[112] GLEISS M S. Speaking up for the suffering other: Weibo activism，discursive struggles，and minimal politics in China [J]. The journal of media，culture & society，2015，37.

[113] 涂尔干. 社会分工论 [M]. 渠东，译. 北京：生活·读书·新知三联书店，2013.

[114] TURNER B. The Cambridge dictionary of sociology edit [M]. New York:Cambridge University Press，2006.

[115] 勒庞. 乌合之众：大众心理研究 [M]. 冯克利，译. 北京：中央编译出版社，2005.

[116] 赵鼎新. 社会与政治运动讲义 [M]. 2版，北京：社会科学文献出版社，2012.

[117] 奥尔森. 集体行动的逻辑 [M]. 陈郁，郭宇峰，李崇新，译. 上海：格致出版社，上海三联书店，上海人民出版社，2011.

[118] TILLY C. From mobilization to revolution [M]. New York:Addison-Wesley Pub. Co，1978.

[119] 舍基. 人人时代：无组织的组织力量 [M]. 胡泳，沈满琳，译. 杭州：浙江人民出版社，2015.

[120] 林尚立. 当代中国政治形态研究 [M]. 天津：天津人民出版社，2000.

[121] 沈昌祥，左晓栋. 信息安全 [M]. 杭州：浙江大学出版社，2007.

[122] 娄成武，刘力锐．论网络政治动员：一种非对称态势 [J]．政治学研究，2010 (2)．

[123] 朱海龙．网络社会信息嬗变对政治参与动员的影响 [J]．湖南师范大学社会科学学报，2010 (3)．

[124] 陈华．互联网社会动员的初步研究 [D]．北京：中共中央党校，2011．

[125] 杜骏飞：弥漫的传播 [M]．北京：中国社会科学出版社，2002．

[126] 朱力，卢亚楠．现代集体行为中的新结构要素——网络助燃理论探讨 [J]．江苏社会科学，2009 (6)．

[127] 陈潭，罗晓俊．中国网络政治研究：进程与争鸣 [J]．政治学研究，2011 (4)．

[128] 中国互联网信息中心．2014 年中国社交类应用用户行为研究报告 [R/OL]．(2014-08-22) [2018-12-10]．http://www.cnnic.net.cn/hlwfzyj/hlwxzbg/sqbg/201408/t20140822_47860.htm．

[129] BENNETTW L, SEGERBERG A. The logic of connective action: Digital media and the personalization of contentious politics [J]. Information, communication & society, 2012.

[130] 杨国斌．连线力：中国网民在行动 [M]．邓燕华，译．桂林：广西师范大学出版社，2013．

[131] 应星．"气"与中国乡村集体行动的再生产 [J]．北京：开放时代，2007 (6)．

[132] TILLY C. From mobilization to revolution [M]. New York:Addison-Wesley Pub. Co., 1978: 7.

[133] 奥尔森．集体行动的逻辑 [M]．陈郁，郭宇峰，李崇新，译．上海：格致出版社，2011．

[134] 莫里斯，缪勒．社会运动理论的前沿领域 [M] // 克兰德尔曼斯．抗议的社会建构和多组织场域．刘能，译．北京：北京大学出版社，2002．

[135] 卓越．加强公民生态文明意识建设的思考 [J]．马克思主义与现实，2007 (3)．

[136] 龚天平．生态文明的伦理精神——一种实质伦理的探讨 [J]．华中师范大学学报 (人文社会科学版)，2013 (1)．

[137] 彭立威．生态人格：生态文明建设的主体呼唤 [N]．光明日报，2012-02-14 (11)．

[138] 廖才茂. 论生态文明的基本特征 [J]. 北京：当代财经，2004（9）.
[139] 米都斯，等. 增长的极限——罗马俱乐部关于人类困境的报告 [M]. 长春：吉林人民出版社，1997.
[140] 康德. 判断力批判 [M]. 邓晓芒，译. 北京：人民出版社，2002.
[141] 英格尔斯. 人的现代化 [M]. 殷陆君，译. 成都：四川人民出版社，1985.
[142] 张世英. 哲学导论 [M]. 北京：北京大学出版社，2004.
[143] 博登海默. 法理学——法律哲学与法律方法 [M]. 邓正来，译. 北京：中国政法大学出版社，1999.
[144] 徐婷婷，沈承诚. 论政府生态治理的三重困境：理念差异、利益博弈与技术障碍 [J]. 江海学刊，2012（3）.
[145] 郑也夫. 环保的困境：我们造不出坚硬的道德支点 [J]. 绿叶，2010（4）.
[146] 王姝. 环境群体事件年均递增 29% [N]. 新京报，2012-10-27（A5）.
[147] 王虹，仇艳艳. 生态文明视域中的政府职能转变 [J]. 马克思主义与现实，2009(1).
[148] 马克思. 1844 年经济学哲学手稿 [M]. 中共中央马克思恩格斯列宁斯大林著作编译局，译. 北京：人民出版社，2008.
[149] The Commission on Global Governance. Our global neighborhood: The report of the commission on global governance [M]. New York:Oxford University Press，1995.
[150] The Commission on Global Governance. Our global neighborhood: The report of the commission on global governance [M]. New York:Oxford University Press，1995：2-3.
[151] 俞可平. 治理和善治 [M]. 北京：社会科学文献出版社，2000.
[152] 俞可平. 推进国家治理体系和治理能力现代化 [J]. 前线，2014（1）.
[153] 徐晓全. 从“管理”到“治理”：治国方略重大转型 [N]. 学习时报，2013-11-18.
[154] 中共中央文献研究室. 十八大以来重要文献选编：上 [M]. 北京：中央文献出版社，2014.
[155] 习近平. 习近平谈治国理政 [M]. 北京：外文出版社，2014.
[156] 唐亚林. 国家治理在中国的登场及其方法论价值 [J]. 复旦学报社会科学版，2014

（2）.

[157] 何增科. 理解国家治理及其现代化 [J]. 马克思主义与现实，2014（1）.

[158] 宋方敏. 互联网时代的国家治理 [J]. 红旗文稿，2015（10）.

[159] 韦伯. 经济与历史支配的类型 [M]. 康乐，等，译. 桂林：广西师范大学出版社，2004.

[160] 亨廷顿. 变化社会中的政治秩序 [M]. 王冠华，刘为，等，译. 沈宗灵，校. 上海：上海人民出版社，2008：2.

[161] 钟明华，刘小龙. 论"中国梦"的意识形态话语创新意蕴 [J]. 青海社会科学，2015（5）.

[162] 习近平. 在第十二届全国人民代表大会第一次会议上的讲话 [N]. 北京：人民日报，2013-3-18（1）.